Type & Practice

유형과 실전

# YONSEI TOPIK II

Test of Proficiency in Korean

# Listening

토픽을 체계적으로 공부하기 위한

# 연세 토픽 II 듣기

연세대학교 한국어학당 편

연세대학교 출판문화원

토픽을 체계적으로 공부하기 위한

# 연세 토픽 II 듣기

**- 유형과 실전 -**

**편저자** 연세대학교 한국어학당 교재편찬위원회
**집필진** 손성희·장유진·성미현·정선영·하상연·한지은
**펴낸곳** 연세대학교 출판문화원

**주소** 서울시 서대문구 연세로 50
**전화** 02) 2123-3380~2
**팩스** 02) 2123-8673
ysup@yonsei.ac.kr
http://press.yonsei.ac.kr
**등록** 1955년 10월 13일 제9-60호
**인쇄** 네오프린텍(주)
**삽화** 문춘경 외
**녹음** MS미디어
**성우** 윤미나·전광주

2016년 4월 8일 1판 1쇄
2025년 9월 22일 1판 8쇄

ISBN 978-89-6850-149-4 (08710)

**값 25,000원**

# 머리말

1959년 설립된 후 지금까지 한국 내 한국어 교육을 선도해 온 연세대학교 언어연구교육원 한국어학당에서는 한국어 교육의 질을 높이기 위해 그 동안 많은 교재를 편찬해 왔다. 최근 한국어 학습자가 증가하고 한국어 학습의 목적도 다양해짐에 따라 한국어 교재에 대한 요구도 다양해지고 있다. 학습자 요구가 강한 교재 중의 하나가 한국어능력시험(TOPIK)대비서이다. 이에 연세대학교 언어연구교육원 한국어학당에서는 한국어능력시험(TOPIK)에 보다 체계적으로 대비할 수 있는 교재로서 연세 토픽Ⅱ 시리즈를 출간하게 되었다.

연세 토픽Ⅱ 시리즈는 한국어능력시험(TOPIK)의 '읽기 영역'에 대비하고 읽기 능력을 집중적으로 향상시킬 수 있는『연세 토픽 Ⅱ 읽기』와 한국어능력시험(TOPIK) 의 '듣기 영역'에 대비하고 듣기 능력을 집중적으로 향상시킬 수 있는『연세 토픽 Ⅱ 듣기』로 구성되어 있다.

연세 토픽Ⅱ 시리즈는 한국어능력시험(TOPIK)의 문제 유형을 분석하여 유형별로 문항에 대한 이해력과 적용력을 기를 수 있도록 유도한 '유형편'과 실제 시험 형태와 같은 구조로 시험에 대한 적응력을 기를 수 있도록 유도한 '실전편'으로 구성되어 있다. 뿐만 아니라 학습자들이 '유형편'과 '실전편'을 공부하는 동안 자연스럽게 한국어 어휘력과 고급 읽기 및 듣기 능력이 축적될 수 있도록 다양한 영역의 주제들을 다루었다.

연세 토픽 Ⅱ 시리즈는 한국어능력시험(TOPIK)에 대비하고자 하는 학습자뿐만 아니라 한국 대학이나 대학원에서 공부하려고 하는 학습자들에게도 훌륭한 고급 한국어 교재가 될 수 있을 것이다. 또한 한국 내에서 공부하고 있는 학습자는 물론 한국 밖에서 한국어를 공부하는 학습자에게도 좋은 안내서, 대비서가 될 것이다. 이 책이 보다 많은 학습자들에게 도움이 되기를 바란다.

연세대학교 언어연구교육원
한국어학당 교재편찬위원회

# 일러두기

- 『연세 토픽 II 듣기』는 한국어능력시험(TOPIK) II 듣기를 준비하는 외국인 및 교포 학습자들을 위한 교재이며, 유형편과 실전편으로 나누어 구성하였다.
- 본 교재는 유형편 5회 250문항, 실전편 5회 250문항으로 총 500문항을 수록하였다.
- 유형편은 각 유형별로 분류하여 구성하였다. 유형별 연습문제 풀이를 통해 한국어능력시험에 출제되는 유형들에 대한 이해에 도움이 되고자 하였다. 유형편은 제목과 문제풀이 방법, 예시문제, 예시문제 정답과 문제풀이, 연습문제로 구성하였다.

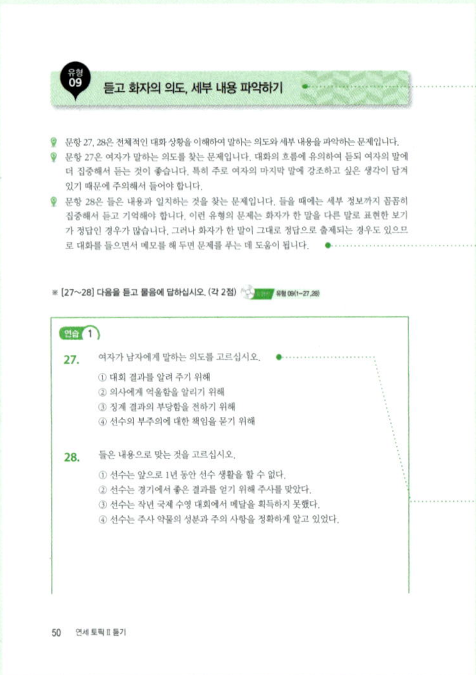

유형 09 듣고 화자의 의도, 세부 내용 파악하기

- 문항 27, 28은 전체적인 대화 상황을 이해하여 말하는 의도와 세부 내용을 파악하는 문제입니다.
- 문항 27은 여자가 말하는 의도를 찾는 문제입니다. 대화의 흐름에 유의하여 듣되 여자의 말에 더 집중해서 듣는 것이 좋습니다. 특히 주로 여자의 마지막 말에 강조하고 싶은 생각이 담겨 있기 때문에 주의해서 들어야 합니다.
- 문항 28은 들은 내용과 일치하는 것을 찾는 문제입니다. 들을 때에는 세부 정보까지 꼼꼼히 집중해서 듣고 기억해야 합니다. 이런 유형의 문제는 화자가 한 말을 다른 말로 표현한 보기가 정답인 경우가 많습니다. 그러나 화자가 한 말이 그대로 정답으로 출제되는 경우도 있으므로 대화를 들으면서 메모를 해 두면 문제를 푸는 데 도움이 됩니다.

※ [27~28] 다음을 듣고 물음에 답하십시오. (각 2점) 유형 09(1-27,28)

연습 1

27. 여자가 남자에게 말하는 의도를 고르십시오.
① 대회 결과를 알려 주기 위해
② 의사에게 억울함을 알리기 위해
③ 징계 결과의 부당함을 전하기 위해
④ 선수의 부주의에 대한 책임을 묻기 위해

28. 들은 내용으로 맞는 것을 고르십시오.
① 선수는 앞으로 1년 동안 선수 생활을 할 수 없다.
② 선수는 경기에서 좋은 결과를 얻기 위해 주사를 맞았다.
③ 선수는 작년 국제 수영 대회에서 메달을 획득하지 못했다.
④ 선수는 주사 약물의 성분과 주의 사항을 정확하게 알고 있었다.

50 연세 토픽 II 듣기

- 유형별로 어떠한 유형의 문제인지를 알 수 있도록 제목을 제시하였다.
- 문제풀이에 도움이 될 수 있는 풀이 방법을 제시하여 학습자가 문제를 풀이할 때 도움이 되도록 하였다.
- 유형별로 예시문제를 제공하여 학습자가 예시문제를 통해 문제를 이해하고 풀이하는 데 도움을 주고자 하였다.

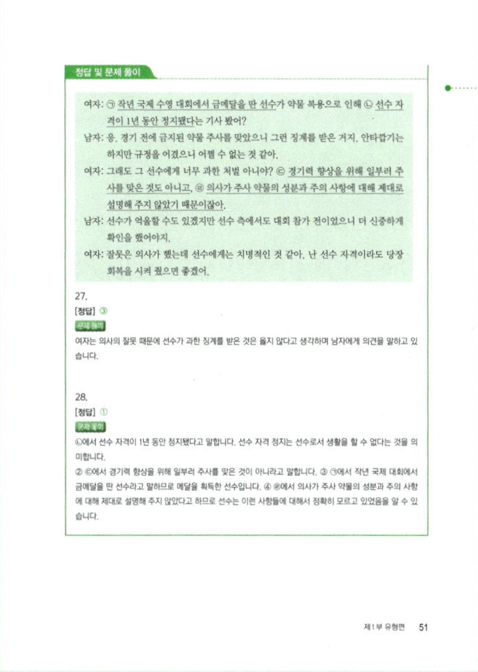

정답 및 문제 풀이

여자: ㉠ 작년 국제 수영 대회에서 금메달을 딴 선수가 약물 복용으로 인해 ㉡ 선수 자격이 1년 동안 정지됐다는 기사 봤어?
남자: 응. 경기 전에 금지된 약물 주사를 맞았으니 그런 징계를 받은 거지. 안타깝기는 하지만 규정을 어겼으니 어쩔 수 없는 것 같아.
여자: 그래도 그 선수에게 너무 과한 처벌 아니야? ㉢ 경기력 향상을 위해 일부러 주사를 맞은 것도 아니고, ㉣ 의사가 주사 약물의 성분과 주의 사항에 대해 제대로 설명해 주지 않았기 때문이잖아.
남자: 선수가 억울할 수도 있겠지만 선수 측에서도 대회 참가 전이었으니 더 신중하게 확인을 했어야지.
여자: 잘못은 의사가 했는데 선수에게는 치명적인 것 같아. 난 선수 자격이라도 당장 회복을 시켜 줬으면 좋겠어.

27.
[정답] ③
문제 풀이
여자는 의사의 잘못 때문에 선수가 과한 징계를 받은 것은 옳지 않다고 생각하며 남자에게 의견을 말하고 있습니다.

28.
[정답] ①
문제 풀이
㉡에서 선수 자격이 1년 동안 정지됐다고 말합니다. 선수 자격 정지는 선수로서 생활을 할 수 없다는 것을 의미합니다.
② ㉢에서 경기력 향상을 위해 일부러 주사를 맞은 것이 아니라고 말합니다. ③ ㉠에서 작년 국제 대회에서 금메달을 딴 선수라고 말하므로 메달을 획득한 선수입니다. ④ ㉣에서 의사가 주사 약물의 성분과 주의 사항에 대해 제대로 설명해 주지 않았다고 하므로 선수는 이런 사항들에 대해서 정확히 모르고 있었음을 알 수 있습니다.

제1부 유형편 51

예시문제 제시 후에는 정답과 문제풀이를 제공하여 학습자가 스스로 문제풀이를 확인해 볼 수 있도록 하였다.

예시문제와 유사한 연습문제들을 덧붙여 공부한 내용을 점검해 볼 수 있도록 구성하였다.

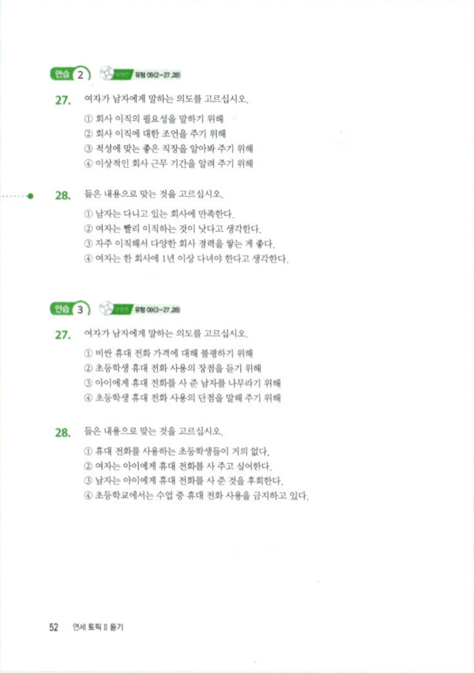

연습 2 유형 09(2-27,28)

27. 여자가 남자에게 말하는 의도를 고르십시오.
① 회사 이직의 필요성을 말하기 위해
② 회사 이직에 대한 조언을 주기 위해
③ 적성에 맞는 좋은 직장을 알아봐 주기 위해
④ 이상적인 회사 근무 기간을 알려 주기 위해

28. 들은 내용으로 맞는 것을 고르십시오.
① 남자는 다니고 있는 회사에 만족한다.
② 여자는 빨리 이직하는 것이 낫다고 생각한다.
③ 자주 이직해서 다양한 회사 경력을 쌓는 게 좋다.
④ 여자는 한 회사에 1년 이상 다녀야 한다고 생각한다.

연습 3 유형 09(3-27,28)

27. 여자가 남자에게 말하는 의도를 고르십시오.
① 비싼 휴대 전화 가격에 대해 불평하기 위해
② 초등학생 휴대 전화 사용의 장점을 듣기 위해
③ 아이에게 휴대 전화를 사 준 남자를 나무라기 위해
④ 초등학생 휴대 전화 사용의 단점을 말해 주기 위해

28. 들은 내용으로 맞는 것을 고르십시오.
① 휴대 전화를 사용하는 초등학생들이 거의 없다.
② 여자는 아이에게 휴대 전화를 사 주고 싶어한다.
③ 남자는 아이에게 휴대 전화를 사 준 것을 후회한다.
④ 초등학교에서는 수업 중 휴대 전화 사용을 금지하고 있다.

52 연세 토픽 II 듣기

실전 1회

※ [1~3] 다음을 듣고 알맞은 그림을 고르십시오. (각 2점)

1.

2.

100 연세 토픽 II 듣기

실전편은 총 5회로 구성하여 한국어능력시험을 보기 전에 실제와 유사한 형태의 문제들을 접할 수 있도록 하였다.

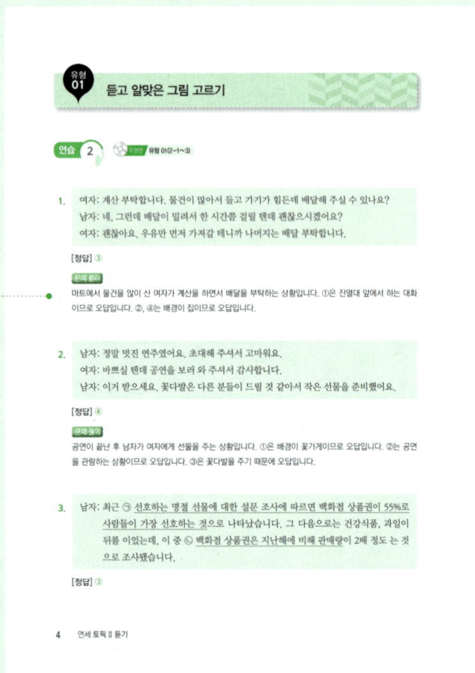

유형 01 듣고 알맞은 그림 고르기

연습 2 유형 01(2-1~3)

1. 여자: 계산 부탁합니다. 물건이 많아서 들고 가기가 힘든데 배달해 주실 수 있나요?
남자: 네, 그런데 배달이 밀려서 한 시간쯤 걸릴 텐데 괜찮으시겠어요?
여자: 괜찮아요. 우유만 먼저 가져갈 테니까 나머지는 배달 부탁합니다.

[정답] ③

마트에서 물건을 많이 산 여자가 계산을 하면서 배달을 부탁하는 상황입니다. ①은 진열대 앞에서 하는 대화이므로 오답입니다. ②, ④는 배경이 집이므로 오답입니다.

2. 남자: 정말 멋진 연주였어요. 초대해 주셔서 고마워요.
여자: 바쁘실 텐데 공연을 보러 와 주셔서 감사합니다.
남자: 이거 받으세요. 꽃다발은 다른 분들이 드릴 것 같아서 작은 선물을 준비했어요.

[정답] ④

공연이 끝난 후 남자가 여자에게 선물을 주는 상황입니다. ①은 배경이 꽃가게이므로 오답입니다. ②는 공연을 관람하는 상황이므로 오답입니다. ③은 꽃다발을 주기 때문에 오답입니다.

3. 남자: 최근 ㉠ 선호하는 명절 선물에 대한 설문 조사에 따르면 백화점 상품권이 55%로 사람들이 가장 선호하는 것으로 나타났습니다. 그 다음으로는 건강식품, 과일이 뒤를 이었는데, 이 중 ㉡ 백화점 상품권은 지난해에 비해 판매량이 2배 정도 는 것으로 조사됐습니다.

[정답] ③

4 연세 토픽 II 듣기

부록으로 유형편 듣기 지문과 정답풀이, 실전편 듣기 지문과 정답을 수록하였다. 유형편의 문항들은 모두 정답풀이를 제공하여 학습자가 스스로 공부할 수 있도록 하였다.

# 차례



## 제 1 부 유형편

## 제2부 실전편

# 제 1 부

## 유형편

연세 토픽 II

듣기

## 유형편 문항 구성표

| 대문항 | 문항 유형 | 소문항 | 주제 | 담화 유형 | 배점 |
|---|---|---|---|---|---|
| 1 | 알맞은 그림 고르기 | 1 | 응급 상황 | 대화 | 2점 |
| | | | 물건 배달 | 대화 | |
| | | | 길 찾기 | 대화 | |
| | | | 호텔 이용 | 대화 | |
| | | | 물건 대여 | 대화 | |
| | | 2 | 사진 촬영 | 대화 | 2점 |
| | | | 공연 축하 | 대화 | |
| | | | 미용실 이용 | 대화 | |
| | | | 약속과 변명 | 대화 | |
| | | | 승진 축하 | 대화 | |
| | | 3 | 소득과 여가 활동 | 뉴스 | 2점 |
| | | | 명절 선물 선호도 조사 | 뉴스 | |
| | | | 직업 선택의 요인 | 뉴스 | |
| | | | 도서 구입 | 뉴스 | |
| | | | 한류 열풍과 한식 | 뉴스 | |
| 2 | 이어지는 말 고르기 | 4 | 새벽 운동의 장점 | 대화 | 2점 |
| | | | 바쁜 생활과 건강 | 대화 | |
| | | | 택배 수령 | 대화 | |
| | | | 전화 통화 | 대화 | |
| | | | 아르바이트 면접 | 대화 | |
| | | 5 | 벚꽃 축제 | 대화 | 2점 |
| | | | 휴대 전화 수리 | 대화 | |
| | | | 수강 신청 | 대화 | |
| | | | 대중 문화 | 대화 | |
| | | | 실수와 사과 | 대화 | |
| | | 6 | 적립 쿠폰 이용 | 대화 | 2점 |
| | | | 출퇴근 교통 수단 | 대화 | |
| | | | 요리 | 대화 | |
| | | | 비행기표 예약 | 대화 | |
| | | | 야구 경기 관람 | 대화 | |
| | | 7 | 추천서 | 대화 | 2점 |
| | | | 오해 | 대화 | |
| | | | 국제 우편 발송 | 대화 | |

| 대문항 | 문항 유형 | 소문항 | 주제 | 담화 유형 | 배점 |
|---|---|---|---|---|---|
| 3 | 이어지는 행동 고르기 | | 봉사 | 대화 | |
| | | | 물건 배달 | 대화 | |
| | | 8 | 사업 계획서 발표 | 대화 | 2점 |
| | | | 공과금 납부 | 대화 | |
| | | | 사무실 방문 | 대화 | |
| | | | 은행 카드 발급 | 대화 | |
| | | | 출장 경비 | 대화 | |
| | | 9 | 노트북 빌리기 | 대화 | 2점 |
| | | | 백화점 카드 발급 | 대화 | |
| | | | 실수 | 대화 | |
| | | | 이사 준비 | 대화 | |
| | | | 비행기표 구매 | 대화 | |
| | | 10 | 운동 경기 관람 | 대화 | 2점 |
| | | | 분실물 센터 | 대화 | |
| | | | 회식 | 대화 | |
| | | | 물건 분실 | 대화 | |
| | | | 장소 문의 | 대화 | |
| | | 11 | 지하철 교통카드 | 대화 | 2점 |
| | | | 집 계약 | 대화 | |
| | | | 수학여행 | 대화 | |
| | | | 취업 준비 | 대화 | |
| | | | 사무 공간 이동 | 대화 | |
| | | 12 | 장학금 신청 | 대화 | 2점 |
| | | | 부탁 | 대화 | |
| | | | 장소 예약 | 대화 | |
| | | | 대회 준비 | 대화 | |
| | | | 광고 모델 섭외 | 대화 | |
| 4 | 세부 내용 파악하기 | 13 | 자외선 차단제 | 대화 | 2점 |
| | | | 방 구하기 | 대화 | |
| | | | 휴대 전화 요금 명세서 | 대화 | |
| | | | 경복궁 야간 개장 | 대화 | |
| | | | 렌터카 이용 | 대화 | |
| | | 14 | 식당 공사 | 안내 방송 | 2점 |
| | | | 아파트 소독 | 안내 방송 | |
| | | | 공연 관람 예절 | 안내 방송 | |
| | | | 기내 안내 방송 | 안내 방송 | |

| 대문항 | 문항 유형 | 소문항 | 주제 | 담화 유형 | 배점 |
|---|---|---|---|---|---|
| | | | 시험 전 주의 사항 | 안내 방송 | |
| | | 15 | 시를 써 놓은 버스 | 안내 뉴스 | 2점 |
| | | | 서울 세계 불꽃 축제 | 안내 뉴스 | |
| | | | 근로 장려금 신청 | 안내 뉴스 | |
| | | | 학교 축제 | 안내 뉴스 | |
| | | | 해수욕장 개장 | 안내 뉴스 | |
| | | 16 | 어린이 뮤지컬 | 인터뷰 | 2점 |
| | | | 심야 버스 운행 | 인터뷰 | |
| | | | 에너지 절약 운동 | 인터뷰 | |
| | | | 호텔 특별 행사 | 인터뷰 | |
| | | | 녹차 박물관 | 인터뷰 | |
| 5 | 중심 생각 고르기 | 17 | 외식과 건강 | 대화 | 2점 |
| | | | 회사 물품 남용 | 대화 | |
| | | | 인생 설계 | 대화 | |
| | | | 공용 공간 | 대화 | |
| | | | 종이 신문 | 대화 | |
| | | 18 | 성형 수술 | 대화 | 2점 |
| | | | 박물관 관람 | 대화 | |
| | | | 첨단 기기 소개 | 대화 | |
| | | | 애완견 산책 예절 | 대화 | |
| | | | 건강 보조 식품 | 대화 | |
| | | 19 | 계획과 무계획 | 대화 | 2점 |
| | | | 연예계 조기 진출 | 대화 | |
| | | | 금연 거리 | 대화 | |
| | | | 감시 카메라 | 대화 | |
| | | | 자동차 공회전 | 대화 | |
| | | 20 | 건강 검진 | 인터뷰 | 2점 |
| | | | 발명가의 자질 | 인터뷰 | |
| | | | 환우 돕기 운동 | 인터뷰 | |
| | | | 청소년 진로 | 인터뷰 | |
| | | | 클래식의 이해 | 인터뷰 | |
| 6 | 중심 생각, 세부 내용 파악하기 | 21-22 | 해외 파견 | 대화 | 각 2점 |
| | | | 장난감 대여 | 대화 | |
| | | | 저축 | 대화 | |
| | | | 자동차 사고 | 대화 | |
| | | | 졸업 유예 | 대화 | |

| 대문항 | 문항 유형 | 소문항 | 주제 | 담화 유형 | 배점 |
|---|---|---|---|---|---|
| 7 | 특정 정보, 세부 내용 파악하기 | 23-24 | 대형 폐기물 처리 | 대화 | 각 2점 |
| | | | 건의함 설치 | 대화 | |
| | | | 탄력근무제 | 대화 | |
| | | | 독거노인 돕기 | 대화 | |
| | | | 쌀 소비 증진 방안 | 대화 | |
| 8 | 중심 생각, 세부 내용 파악하기 | 25-26 | 철인3종 경기 | 인터뷰 | 각 2점 |
| | | | 장애인 가족 복지 | 인터뷰 | |
| | | | 어린이 축구 교실 | 인터뷰 | |
| | | | 청소년 안전 교육 | 인터뷰 | |
| | | | 모발 기증 | 인터뷰 | |
| 9 | 화자의 의도, 세부 내용 파악하기 | 27-28 | 약물 복용 | 대화 | 각 2점 |
| | | | 이직 | 대화 | |
| | | | 어린이 휴대 전화 사용 | 대화 | |
| | | | 지역 축제 | 대화 | |
| | | | 빈병 보증금 | 대화 | |
| 10 | 특정 정보, 세부 내용 파악하기 | 29-30 | 도서 전시회 | 인터뷰 | 각 2점 |
| | | | 패션 박람회 | 인터뷰 | |
| | | | 24시간 개방 도서관 | 인터뷰 | |
| | | | 대중 문화 | 인터뷰 | |
| | | | 성공과 실패 | 인터뷰 | |
| 11 | 화자의 생각, 태도 고르기 | 31-32 | 정년 연장 | 대화 | 각 2점 |
| | | | 조기 교육 | 대화 | |
| | | | 전통 시장 | 대화 | |
| | | | 술잔 돌리기 | 대화 | |
| | | | 에스컬레이터 이용 | 대화 | |
| 12 | 중심 내용, 세부 내용 파악하기 | 33-34 | 생활 속의 과학 | 강연 | 각 2점 |
| | | | 운동 선수의 은퇴 | 강연 | |
| | | | 실수와 사과 | 강연 | |
| | | | 상처의 치유 | 강연 | |
| | | | 온난화 | 강연 | |
| 13 | 특정 정보, 세부 내용 파악하기 | 35-36 | 졸업식 | 축사 | 각 2점 |
| | | | 행사 소개 | 축사 | |
| | | | 영화제 | 축사 | |
| | | | 광화문 글판 | 축사 | |
| | | | 빌딩 개관식 | 축사 | |

| 대문항 | 문항 유형 | 소문항 | 주제 | 담화 유형 | 배점 |
| --- | --- | --- | --- | --- | --- |
| 14 | 중심 생각, 세부 내용 파악하기 (교양 프로그램) | 37-38 | 공소 시효 | 인터뷰 | 각 2점 |
| | | | 학습 방법 | 인터뷰 | |
| | | | 생활 속의 건강 | 인터뷰 | |
| | | | 협소 주택 | 인터뷰 | |
| | | | 학력 지상주의 | 인터뷰 | |
| 15 | 앞의 내용 추론, 세부 내용 파악하기 (대담) | 39-40 | 열대야 극복 방법 | 인터뷰 | 각 2점 |
| | | | 동물 실험 | 인터뷰 | |
| | | | 공정 무역 커피 | 인터뷰 | |
| | | | 광고 제작 | 인터뷰 | |
| | | | 인터넷 댓글 | 인터뷰 | |
| 16 | 세부 내용, 중심 생각 파악하기 (강연) | 41-42 | 고령화 사회 | 강연 | 각 2점 |
| | | | 기부 문화 | 강연 | |
| | | | 헌혈 | 강연 | |
| | | | 외국어 습득 방법 | 강연 | |
| | | | 황금만능주의 | 강연 | |
| 17 | 세부 내용, 중심 내용 파악하기 (다큐멘터리) | 43-44 | 북극의 생활 | 다큐멘터리 | 각 2점 |
| | | | 황제 펭귄 | 다큐멘터리 | |
| | | | 바다와 기후 | 다큐멘터리 | |
| | | | 해녀 | 다큐멘터리 | |
| | | | 전통 부엌 | 다큐멘터리 | |
| 18 | 세부 내용, 화자의 태도 파악하기 (강연) | 45-46 | 소비자의 권리 | 강연 | 각 2점 |
| | | | 정치 참여 | 강연 | |
| | | | 감성 마케팅 | 강연 | |
| | | | 행복 | 강연 | |
| | | | 배려 | 강연 | |
| 19 | 세부 내용, 화자의 태도 파악하기 (대담) | 47-48 | 대중과의 소통 | 대담 | 각 2점 |
| | | | 원격 의료 | 대담 | |
| | | | 생태계 위협 | 대담 | |
| | | | 인문학의 현실 | 대담 | |
| | | | 장기 이식 | 대담 | |
| 20 | 세부 내용, 화자의 태도 파악하기 (강연) | 49-50 | 우주여행 | 강연 | 각 2점 |
| | | | 유전자 조작 | 강연 | |
| | | | 경제 이론 | 강연 | |
| | | | 과학과 속담 | 강연 | |
| | | | 정보화 사회 | 강연 | |

# 유형 01 듣고 알맞은 그림 고르기

- 문항 1, 2는 대화를 듣고 그림에 등장하는 남자와 여자의 동작이나 상태를 잘 표현한 것을 찾는 문제입니다. 대화는 다양한 주제로 구성됩니다. 대화를 듣기 전에 짧은 시간 동안 그림을 보며 등장하는 두 사람이 어떤 상황에서 이야기하고 있는지 빠르게 알아내는 것이 중요합니다. 대화를 들으면서는 이야기가 일어나는 상황을 가장 정확하게 표현한 그림을 정답으로 선택해야 합니다.
- 문항 3은 이야기를 듣고 들은 정보와 일치하는 그래프를 찾는 문제입니다. 이야기는 일상생활과 관련된 설문 조사 결과로 구성됩니다.
  이야기를 들으면서 알 수 있는 정보는 크게 두 가지인데, 주어진 정보로 그래프를 보며 빨리 정답을 찾는 것이 중요합니다. 이때 오답이라고 생각되는 보기를 하나씩 지워가면서 정답을 찾는 것이 좋습니다. 또한 설문 조사 결과를 말할 때 자주 사용되는 어휘와 표현들을 익히면 문제를 푸는 데 도움이 됩니다.

※ [1~3] 다음을 듣고 알맞은 그림을 고르십시오. (각 2점) 유형편 **유형 01(1-1~3)**

MP3_1-1

**연습 1**

**1.**

①

②

③
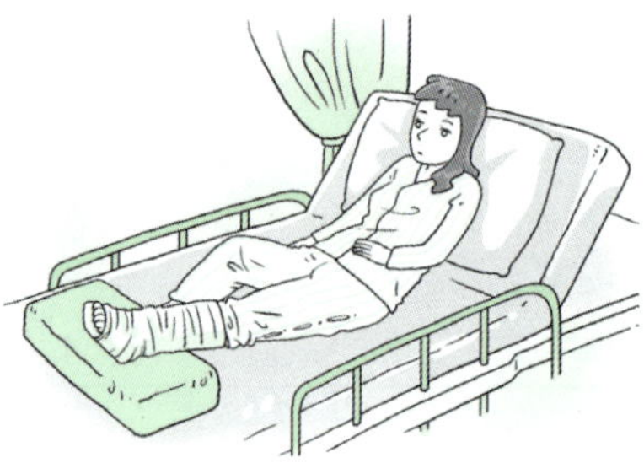

④

**2.**

①

○○ 대학교 졸업식

②

③

○○ 대학교 졸업식

④

**3.**

①
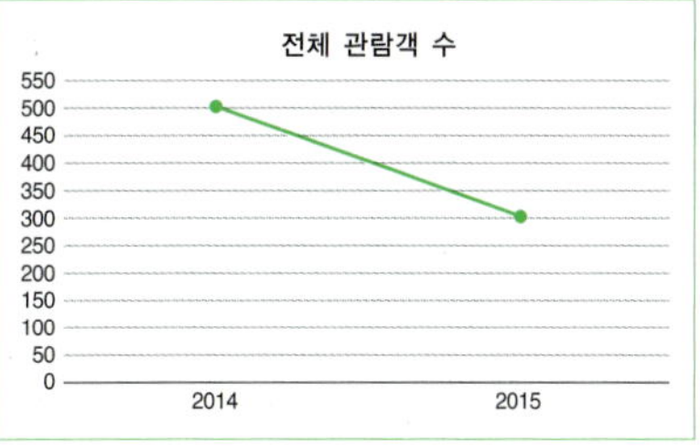
전체 관람객 수
550
500
450
400
350
300
250
200
150
100
50
0
2014
2015

②
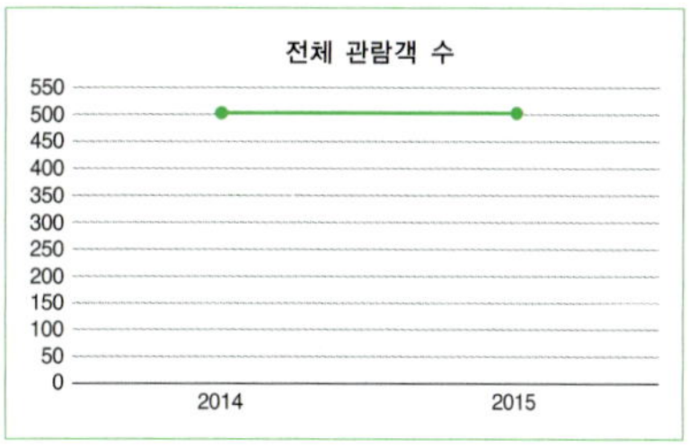
전체 관람객 수
550
500
450
400
350
300
250
200
150
100
50
0
2014
2015

③
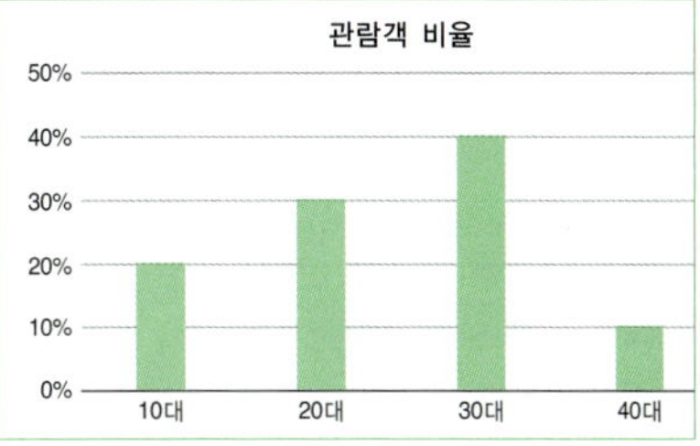
관람객 비율
50%
40%
30%
20%
10%
0%
10대
20대
30대
40대

④

관람객 비율
50%
40%
30%
20%
10%
0%
10대
20대
30대
40대

## 정답 및 문제 풀이

1. 남자: 많이 아파요? 걸을 수 있겠어요?
여자: 아니요, 너무 아파서 못 걷겠어요.
남자: 지금 119에 전화할게요. 조금만 참아요.

[정답] ④

문제 풀이

여자가 다리를 다쳐서 걸을 수 없고, 남자가 119에 전화하려는 상황입니다. ①, ③은 배경이 병원이므로 오답입니다. 대화는 남자가 119에 전화하기 전 상황이므로 ②는 오답입니다.

2. 여자: 저, 죄송한데 사진 좀 찍어 주실 수 있어요?
남자: 네, 찍어 드릴게요. 그런데, 뭘 눌러야 되지요?
여자: 이걸 누르면 사진을 찍을 수 있어요.

[정답] ③

문제 풀이

여자가 남자에게 사진을 찍어 달라고 부탁하면서 남자에게 카메라 사용법을 가르쳐 주는 상황입니다. 대화는 사진을 찍기 전 상황이므로 ①, ④는 오답입니다. 가게에서 카메라 사용법을 배우는 그림은 대화 상황과 맞지 않으므로 ②는 오답입니다.

3. 남자: 소득 수준이 높아지면서 여가 활동을 즐기는 사람들이 많아졌는데, 특히 공연을 관람하는 ㉠ 관람객 수가 증가한 것으로 나타났습니다. ㉡ 20대가 공연을 가장 많이 관람하는 것으로 나타났으며 30대가 그 뒤를 이었습니다. 앞으로도 다양한 공연을 관람하는 관람객 수가 점점 많아질 것으로 예상됩니다.

[정답] ④

문제 풀이

지문에서 알 수 있는 정보는 ㉠전체 관람객 추이와 ㉡연령별 관람객 비율 두 가지입니다. ①은 관람객 수가 감소하였고, ②는 관람객 수의 변동이 없으므로 오답입니다. ③은 20대보다 30대의 관람객 비율이 높으므로 오답입니다.

## 연습 2

유형편 **유형 01(2-1~3)**

MP3_1-2

**1.**

①

②

③

④

**2.**

①

②

③

④

## 3.

①

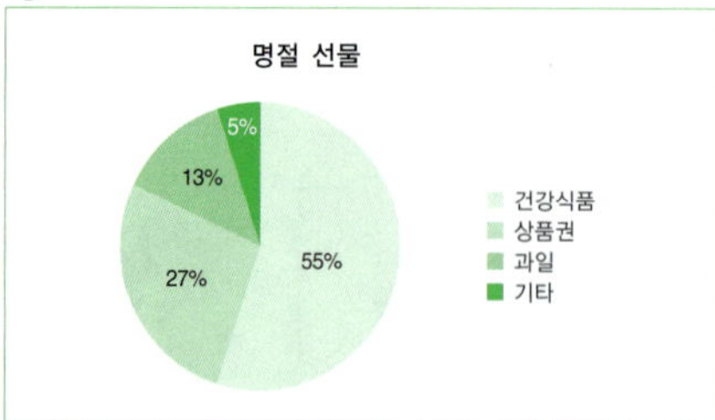


②

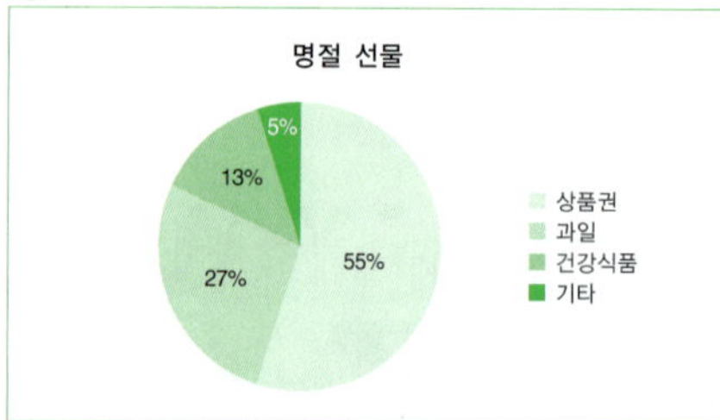


③

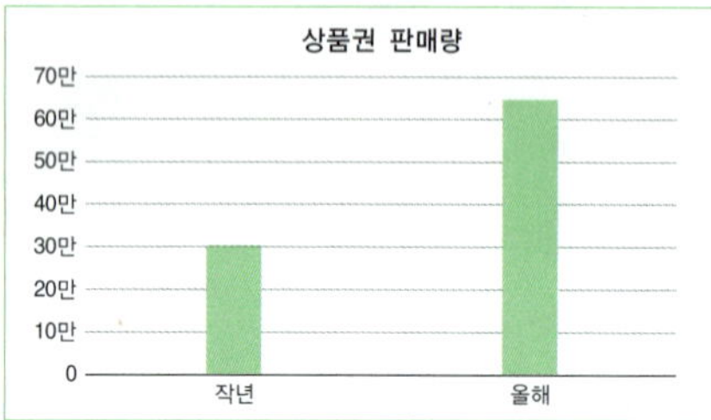


④

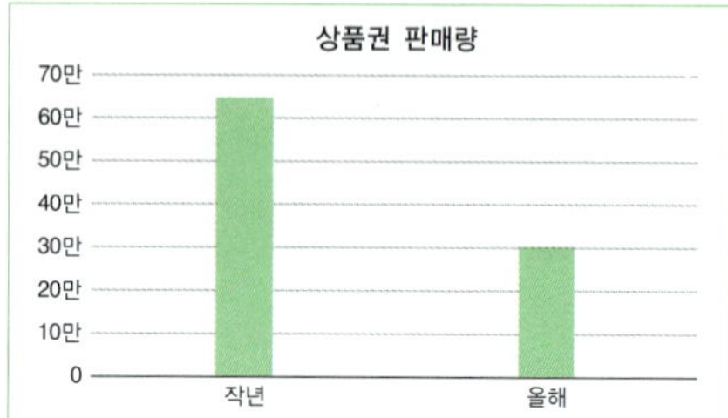


## 연습 3 유형편 유형 01(3-1~3)

MP3_1-3

## 1.

①

②

③

④

## 2.

①

②

③

④

## 3.

①

직업 선택의 요인
100%
80%
60%
40%
20%
0%
20년 전
현재
수입
안정성


②

직업 선택의 요인
100%
80%
60%
40%
20%
0%
20년 전
현재
수입
안정성


③

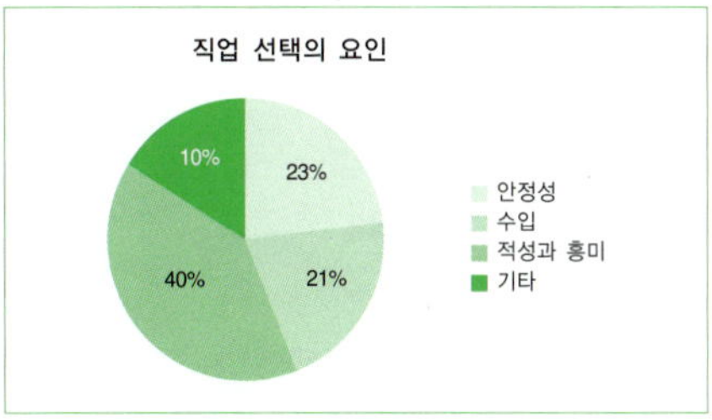

직업 선택의 요인
10%
23%
40%
21%
안정성
수입
적성과 흥미
기타


④

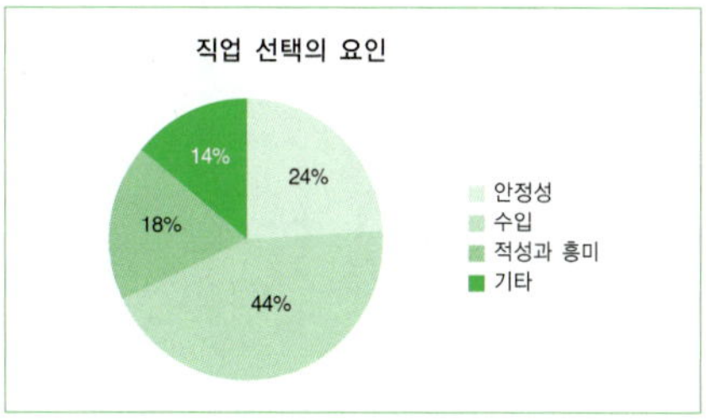

직업 선택의 요인
14%
24%
18%
44%
안정성
수입
적성과 흥미
기타

연습 4　유형편 유형 01(4-1~3)

MP3_1-4

**1.**

①

②

③

④

**2.**

①

②

③

④

**3.**

①

②
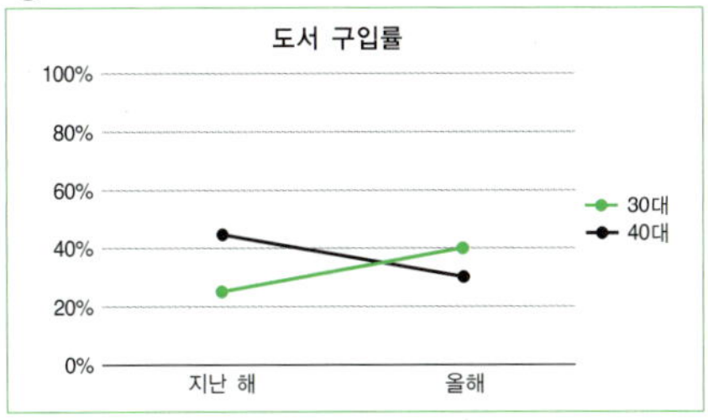


③
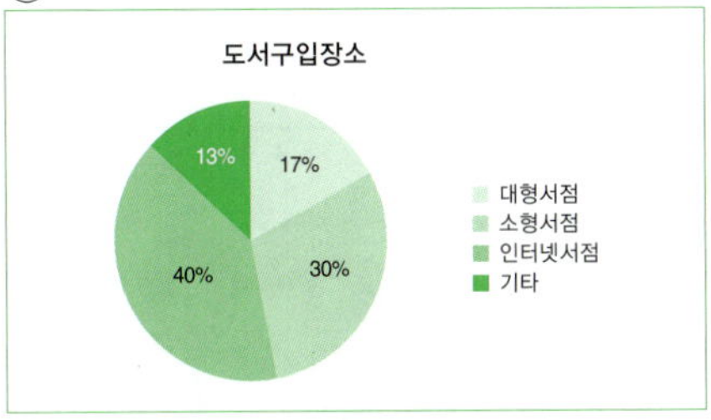


④
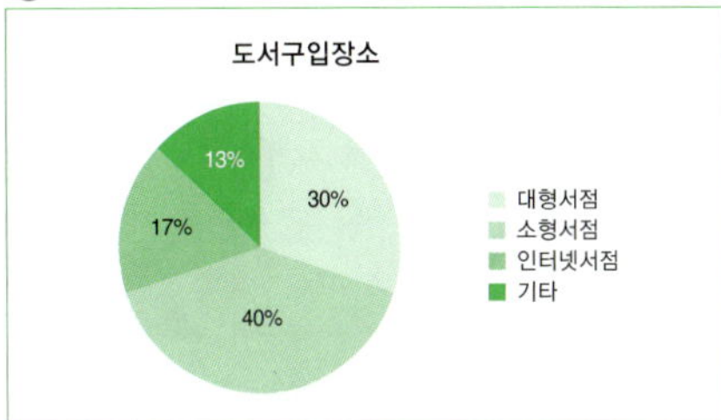


## 연습 5

유형편 **유형 01(5-1~3)**

MP3_1-5

**1.**

①

②

③

④

**2.** ①

②

③

④

차림판
불고기
삼겹살
냉면
된장찌개
김치찌개
한우

**3.** ①

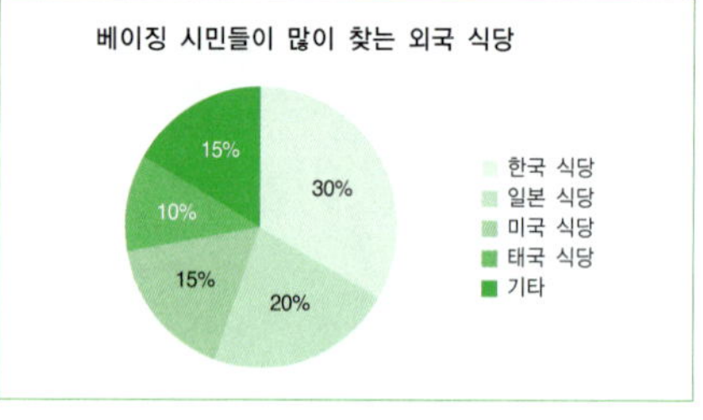
베이징 시민들이 많이 찾는 외국 식당
15%
30%
10%
15%
20%
한국 식당
일본 식당
미국 식당
태국 식당
기타

②

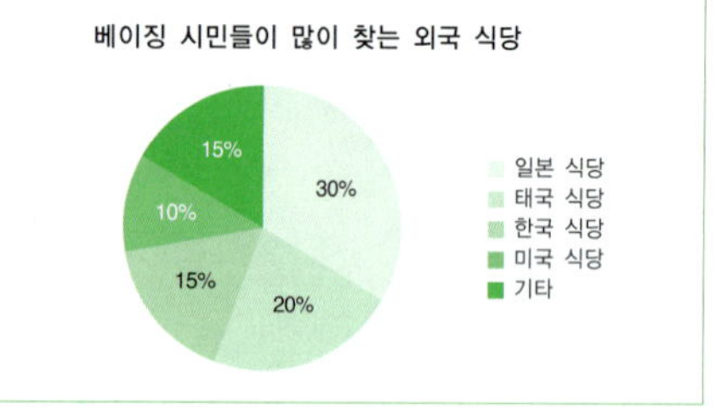
베이징 시민들이 많이 찾는 외국 식당
15%
30%
10%
15%
20%
일본 식당
태국 식당
한국 식당
미국 식당
기타

③

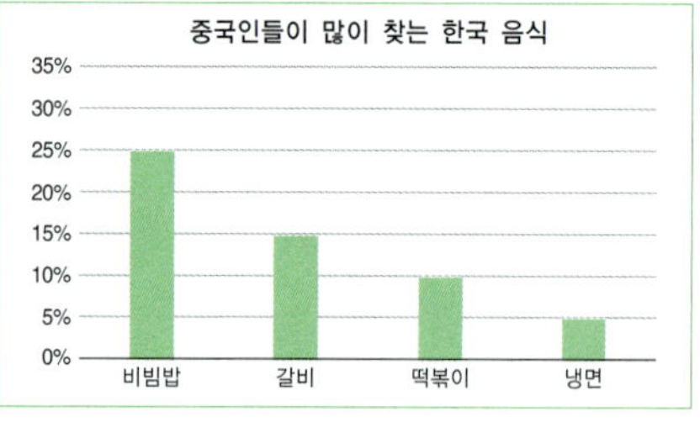
중국인들이 많이 찾는 한국 음식
35%
30%
25%
20%
15%
10%
5%
0%
비빔밥
갈비
떡볶이
냉면

④

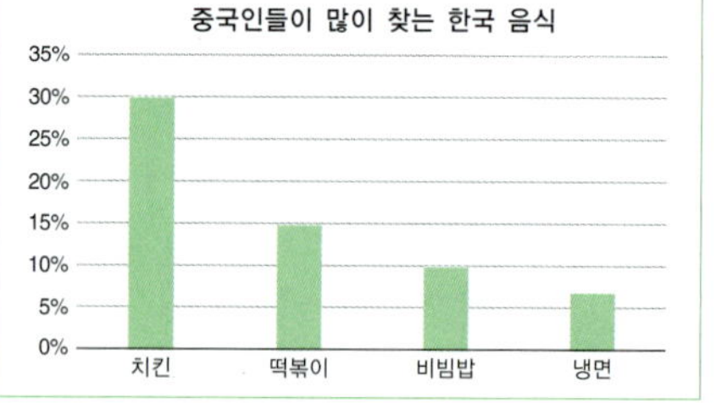
중국인들이 많이 찾는 한국 음식
35%
30%
25%
20%
15%
10%
5%
0%
치킨
떡볶이
비빔밥
냉면

유형 02

## 듣고 이어지는 말 고르기

문항 4~8은 여자와 남자의 짧은 대화를 듣고 뒤에 이어질 수 있는 말을 고르는 문제입니다. 대화 상황은 주로 질문, 부탁, 제안, 확인, 정보 제공 등으로 이루어져 있으며, 이어지는 말로 수용, 거절 등의 내용이 옵니다. 특히 마지막 사람이 한 말이 문제의 답을 찾는 중요한 내용이 되는 경우가 많으므로 신경을 써서 듣는 것이 좋습니다.

※ [4~8] 다음 대화를 잘 듣고 이어질 수 있는 말을 고르십시오. (각 2점) 유형편 유형 02(1-4~8)

MP3_2-1

연습 1

**4.** ① 하루가 힘들겠어요. ② 일찍 일어나지 그러셨어요.
③ 저도 운동을 시작해야겠어요. ④ 새벽에 일을 시작하니까 좋아요.

**5.** ① 사진 찍는 걸 좋아해요. ② 축제가 벌써 끝나다니요?
③ 벚꽃이 피었으면 좋겠어요. ④ 그럼 여의도로 가야겠네요.

**6.** ① 다음부터는 나도 모아야지. ② 도장 대신에 사인으로 할게요.
③ 10개를 무료로 주다니 좋겠다. ④ 나도 도장을 찍으려던 참이었어.

**7.** ① 취직이 되었다니 축하한다. ② 졸업식 때 받으러 오면 되겠구나.
③ 언제까지 추천서를 써 주면 되니? ④ 졸업하려면 추천서가 필요하구나.

**8.** ① 이미 다 만들어 놓았습니다. ② 사업 계획서를 만들겠습니다.
③ 사업에 성공할 거라고 봅니다. ④ 발표를 잘 하도록 하겠습니다.

### 정답 및 문제 풀이

4. 여자: 요즘도 새벽마다 수영을 해요?
남자: 네, 한 달쯤 꾸준히 했더니 건강도 좋아지고 활기차게 하루를 시작해서 좋아요.
여자: ______________________

[정답] ③

문제 풀이

남자가 새벽 수영의 장점에 대해서 이야기했으므로 여자도 거기에 호응하는 ③이 정답입니다.

5. 남자: 요즘 벚꽃이 한창이에요. 공원에 가서 벚꽃도 구경하고 사진도 찍으려고요.
여자: 어느 공원에 갈 생각이에요? 여의도에서 벚꽃 축제 중이라던데요.
남자: ______________________

[정답] ④

문제 풀이

벚꽃 구경을 하려고 하는 남자에게 여의도 벚꽃 축제에 대한 정보를 제공했으므로 정보 수용의 의미가 있는 ④가 정답입니다.

6. 여자: 아까 계산할 때 보니까 도장을 찍어 주던데 그게 뭐야?
남자: 적립 쿠폰이야. 커피를 한 잔 살 때마다 하나씩 찍는데 10개가 모이면 음료 한 잔을 무료로 마실 수 있어.
여자: ______________________

[정답] ①

문제 풀이

적립 쿠폰의 장점에 대한 이야기를 듣고 정보를 수용하고 의지를 말하는 ①이 정답입니다.

7. 여자: 어서 와라. 졸업식 때 보고 오랜만이구나. 그런데 무슨 일이니?
남자: 회사 입사 원서를 내려고 하는데 추천서가 필요하다고 합니다. 바쁘시겠지만 교수님께 부탁 좀 드려도 될까요?
여자: ______________________

[정답] ③

문제 풀이

부탁을 받고 수락의 의미를 담고 있는 ③이 정답입니다.

8. 남자: 부장님, 내일 회의 때 제출할 사업 계획서입니다.
여자: 수고하셨습니다. 사업 계획을 발표할 때 사용할 다른 자료들도 다 준비되었습니까?
남자: ____________________

[정답] ①

문제 풀이

발표 자료 준비를 확인하는 질문에 대한 대답으로 준비 완료를 의미하는 ①이 정답입니다.

MP3_2-2

## 연습 2 유형편 유형 02(2-4~8)

**4.** ① 바쁜데도 갔다 왔어요? ② 바빠도 시간을 내야지요.
③ 병원에 사람이 그렇게 많았어요? ④ 눈병이 심해서 회사에 못 갔군요.

**5.** ① 수리가 불가능하겠네요.
② 수리비가 많이 나올 텐데, 사는 게 어때요?
③ 휴대 전화를 수리하는 데 한 시간쯤 걸려요.
④ 휴대 전화를 구입한 지 1년 지났으니까 수리비를 내야 합니다.

**6.** ① 지하철을 탈걸 그랬어요.
② 저야 같이 출근하면 편하고 좋지요.
③ 30분 일찍 출발하면 버스에 사람이 적겠지요?
④ 버스에 사람이 많아도 같이 출근하면 덜 심심하겠네요.

**7.** ① 고민이 해결됐다니 다행이야.
② 오해가 생길 수 있으니까 조심해.
③ 먼저 만나자고 이야기해 보는 게 어때?
④ 미선이하고 화해할 마음이 없단 말이야?

**8.** ① 관리비는 따로 없어요. ② 관리비 잘 받았습니다.
③ 내일까지 처리해 주시면 좋겠어요. ④ 지난주에 관리비를 벌써 냈다니요?

## 연습 3

유형편 유형 02(3-4~8)

MP3_2-3

**4.** ① 택배비는 5000원이에요.
② 그림 지금 바로 가겠습니다.
③ 배송이 좀 늦어질 것 같아요.
④ 그럼 경비실에 맡겨 놓을까요?

**5.** ① 시간이 많이 남았는데 벌써 마감됐어?
② 금요일인데 수강 신청을 아직 안 했어?
③ 듣고 싶은 강의가 있는데 서둘러야겠네.
④ 주말까지 수강 신청을 해야 하는 줄 알았는데.

**6.** ① 잘하고말고요.
② 실력이 늘기는요.
③ 배우면 배울수록 쉬워요.
④ 요리가 어려운 줄 알았어요.

**7.** ① 하루만에 가는 방법은 없어요?
② 10년 전만 해도 5일 정도 걸렸어요.
③ 빠른 배송으로 하면 얼마나 드나요?
④ 보통 5일 정도 걸린다던데 얼마예요?

**8.** ① 벌써 퇴근하셨다고요?
② 이따가 다시 오겠습니다.
③ 교육 일정이 아직 안 나왔어요?
④ 신입 사원 교육 중이라고 전해 주세요.

## 연습 4

유형편 유형 02(4-4~8)

MP3_2-4

**4.** ① 제가 다시 연락드리겠습니다.
② 돌아오시면 꼭 연락해 주세요.
③ 연락하기 어려울 것 같은데요.
④ 그럼 연락처를 알려 주시겠어요?

**5.** ① 방금 인터넷 뉴스에 나왔어.
② 내일 방송에서 이야기 한다고?
③ 그 가수의 여자 친구도 가수였어?
④ 벌써 자기 여자 친구 이야기를 했구나.

**6.** ① 제주도에 간다고 했잖아요.
② 제주도에 가지 말 걸 그랬어요.
③ 이렇게 빨리 표가 다 팔릴 줄 몰랐어요.
④ 아마 비행기 표가 있을 텐데 같이 갈래요?

7. ① 저도 더 열심히 공부할 걸 그랬어요.
② 상담을 받고 싶거든 저한테 연락하세요.
③ 학생들도 동아리에서 외국어를 배울 수 있어요.
④ 어렸을 때부터 남을 도와주는 일을 하고 싶었거든요.

8. ① 통장을 개설하면 어떨까요?
② 통장에 잔액이 얼마나 있는지 몰라요.
③ 그럼 저도 체크카드를 만들어야겠네요.
④ 신용카드가 좋다던데 하나 만들까 봐요.

## 연습 5 유형편 유형 02(5-4~8)

MP3_2-5

4. ① 저도 고향에서 일을 해야겠어요.
② 경험이 전혀 없어도 할 수 있을 거예요.
③ 초보자가 하기는 힘든 일인데 괜찮겠어요?
④ 그럼 저희 가게에서 일을 해도 괜찮겠네요.

5. ① 이해해 주셔서 감사합니다. ② 아이스크림을 맛있게 드세요.
③ 저도 아이스크림을 사야겠네요. ④ 다음에는 혼나지 않게 조심하겠습니다.

6. ① 그럼 혼자 보러 가시겠어요?
② 직접 가서 보면 재미있을 거예요.
③ 그럼 평일에 같이 보러 가겠어요?
④ 그래요? 그럼 야구를 아주 잘 하시겠군요.

7. ① 네. 올려 드리겠습니다. ② 네. 지금 갖다 드릴게요.
③ 네. 1층에 내려 드릴게요. ④ 네. 계속 사용하셔도 됩니다.

8. ① 출장 경비를 내야 합니까?
② 제출한 영수증이 없습니다.
③ 출장을 가서 사용한 경비가 없습니다.
④ 출장 경비 신청서는 어디에서 받습니까?

유형 03

# 듣고 이어지는 행동 고르기

- 문항 9~12는 남자와 여자의 대화를 듣고 여자가 이어서 할 행동을 고르는 문제입니다. 여자의 이어질 행동을 묻기 때문에 여자의 말이 중요하지만 남자가 시키거나 제안하는 대로 행동해야 하는 경우가 많으니 주의해야 합니다. 남자의 말은 제안이나 명령도 있지만, 여자의 행동을 찾는 것을 방해하거나 혼동을 주기 위한 내용도 많습니다.
- 문항 9~11은 일상의 대화가 많고 문항 12는 공식적인 상황에서의 대화가 많습니다. 남자와 여자가 할 행동의 순서를 생각하면서 들으면 답을 찾기가 더 쉽습니다.

※ [9~12] 다음 대화를 잘 듣고 여자가 이어서 할 행동으로 알맞은 것을 고르십시오. (각 2점)

MP3_3-1

유형편 유형 03(1-9~12)

연습 1

**9.** ① 도서관에 간다. ② 남자의 집에 간다.
③ 수리 센터에 간다. ④ 보고서를 내러 간다.

**10.** ① 매점에 음료수를 사러 간다.
② 표를 사기 위해서 줄을 선다.
③ 인터넷으로 입장권을 구입한다.
④ 매표소에서 예매한 입장권을 찾는다.

**11.** ① 편의점에서 교통카드를 산다.
② 편의점에서 보증금을 환불 받는다.
③ 교통카드 발매기에서 일회용 교통카드를 산다.
④ 지하철역 밖에 나가서 일회용 교통카드를 산다.

**12.** ① 신청서를 작성한다.
② 사무실에서 기다린다.
③ 교수님의 추천서를 받는다.
④ 성적 증명서를 발급 받는다.

## 정답 및 문제 풀이

9. 여자: 재석아, 부탁이 있는데 노트북 컴퓨터 좀 빌려줄 수 있어? 보고서를 완성해야 하거든.

남자: 지금 도서관에 있는데 와서 받아 갈래? 그런데 며칠 전에 새 컴퓨터 샀다고 하지 않았어?

여자: 사자마자 고장이 나서 수리를 맡겼어.

남자: 그렇구나. 도서관에 도착하면 문자 보내. 바로 나갈게.

[정답] ①

**문제 풀이**

여자가 남자에게 노트북 컴퓨터를 빌려 달라고 부탁하고 있고, 남자는 도서관에 있으니 와서 받아가라고 말했기 때문에 ①이 정답입니다.

10. 여자: 오랜만에 축구 경기장에 오니까 기분이 좋다. 그런데, 표를 사는 줄이 기네.

남자: 내가 인터넷으로 표를 미리 사 놨지. 저쪽에서 받아서 들어가면 돼.

여자: 그럼 나는 음료수 좀 사올 테니까 너는 표를 받아 가지고 와.

남자: 그럼 10분 후에 출입구 앞에서 만나자.

[정답] ①

**문제 풀이**

여자와 남자는 축구 경기장에 있습니다. 여자가 표 사는 줄이 길어서 걱정하니까 남자가 이미 인터넷으로 예매했다고 말합니다. 여자는 자기는 음료수를 사오고 남자에게 예매한 표를 찾아오라고 말하고 있기 때문에 ①이 정답입니다.

11. 여자: 지하철을 타야 하는데 교통카드를 안 가지고 왔어요. 어떻게 해야 하죠?

남자: 일회용 교통카드를 파니까 그걸 사서 쓰시면 됩니다. 보증금 500원은 나중에 돌려받으실 수 있습니다.

여자: 어디에서 사요? 이 지하철역에는 편의점이 없던데 나갔다 와야 하나요?

남자: 개찰구 앞에 일회용 교통카드를 파는 기계가 있으니까 그걸 이용하세요.

[정답] ③

문제 풀이

여자가 교통카드를 가지고 오지 않아서 문의했는데 역무원이 일회용 교통카드를 사면 된다고 대답해 줍니다. 여자는 편의점에서 일회용 교통카드를 판다고 생각했지만 역무원에게 물어보니 개찰구 앞에 있는 교통카드 판매기를 이용하라고 이야기해 주고 있기 때문에 ③이 정답입니다.

12. 여자: 장학금을 신청하러 왔습니다.
남자: 잠깐만요. 서류를 확인해 보겠습니다. 성적 증명서가 빠졌네요. 모든 서류를 구비해서 다시 제출하세요.
여자: 추천서와 재학 증명서만 내면 되는 줄 알았어요. 결과는 언제 알 수 있어요?
남자: 다음 주 초에 결정이 되는 대로 개별적으로 연락을 드리겠습니다.

[정답] ④

문제 풀이

여자가 장학금을 신청하러 사무실에 가서 직원과 이야기하는 내용입니다. 남자가 여자에게 성적 증명서가 빠졌으니까 준비해 오라고 말하고 있기 때문에 ④가 정답입니다.

## 연습 2

유형편 유형 03(2-9~12)

MP3_3-2

**9.** ① 사은품을 받는다. ② 고객 상담실로 간다.
③ 전화로 백화점 카드를 신청한다. ④ 남자에게 백화점 카드를 빌려 준다.

**10.** ① 분실물 목록을 확인한다.
② 기차 안에서 가방을 찾는다.
③ 가방을 확인하러 기차역에 간다.
④ 주운 분실물을 분실물 센터로 가지고 간다.

**11.** ① 집 주인과 만난다. ② 인터넷 게시판에 글을 올린다.
③ 부동산에 가서 집을 내놓는다. ④ 새 집을 구하러 부동산에 간다.

**12.** ① 연말 특집 화보를 준비한다.
② 사진을 전공한 후배에게 연락한다.
③ 그만둔 사진작가의 개인 사정을 알아본다.
④ 화보 사진을 찍어 줄 사진작가를 추천한다.

## 연습 3

유형편 유형 03(3-9~12)

MP3_3-3

**9.** ① 커피를 준비한다.
② 커피를 주문한다.
③ 음료를 다시 준비한다.
④ 손님의 차 주문을 받는다.

**10.** ① 삼겹살 집 예약을 취소한다.
② 회식 날짜를 다른 요일로 바꾼다.
③ 당일 예약이 가능한 식당을 찾아서 예약한다.
④ 회사 동료들과 갔던 삼겹살 집에서 저녁을 먹는다.

**11.** ① 수학여행 갈 수 있는 곳을 조사한다.
② 경주에 가는 기차와 버스 시간을 알아본다.
③ 수학여행에서 무엇을 해야 할지 계획을 세운다.
④ 한국의 전통 분위기를 느낄 수 있는 숙박시설을 알아본다.

**12.** ① 참석 인원을 확인한다.
② 행사에 필요한 음식을 준비한다.
③ 가게에 전화해서 음식을 주문한다.
④ 시청에 전화해서 행사 장소를 예약한다.

## 연습 4

유형편 유형 03(4-9~12)

MP3_3-4

**9.** ① 이사철을 기다린다.
② 이사할 집을 정한다.
③ 가스 회사에 전화한다.
④ 이삿짐센터에 연락한다.

**10.** ① 수험표를 다시 받으러 간다.
② 잃어버린 가방을 찾으러 간다.
③ 운전면허증이 있는지 확인한다.
④ 시험을 볼 교실로 바로 들어간다.

**11.** ① 남자와 모의 면접을 한다.
② 면접에 나올 질문을 정리한다.
③ 다른 사람들의 면접 후기를 읽는다.
④ 취업한 사람을 만나서 면접 정보를 듣는다.

**12.** ① 피아노 대회의 결선 진출자를 뽑는다.
② 피아노 대회 참가자가 연주할 곡을 정한다.
③ 지난 피아노 대회의 심사 위원에게 연락한다.
④ 피아노 대회 참가자들에게 본선 일정을 알린다.

## 연습 5

유형편 유형 03(5-9~12)

MP3_3-5

**9.** ① 남자와 여행을 같이 간다.
② 항공사 홈페이지를 찾아본다.
③ 남자에게 비행기 표 예약을 부탁한다.
④ 항공사 직원에게 비행기 표 할인을 부탁한다.

**10.** ① 옷을 직접 다린다.
② 정장을 호텔에 맡긴다.
③ 다른 주문을 취소한다.
④ 근처 세탁소에 옷을 맡긴다.

**11.** ① 개인 물품을 정리한다.
② 새 사무실로 짐을 옮긴다.
③ 물건들을 바닥에 내려놓는다.
④ 서랍 안 물건들을 봉투에 넣는다.

**12.** ① 이민우 씨에게 광고를 부탁한다.
② 팀 사람들과 모델 선정 회의를 한다.
③ 겨울 신상품을 고급 이미지로 만든다.
④ 자신의 지금 생각대로 홍보를 진행한다.

## 유형 04 듣고 세부 내용 파악하기

- 문항 13~16은 다양한 상황의 대화나 이야기를 듣고 세부 내용을 파악하는 능력을 알아보기 위해서 들은 내용과 일치하는 것을 고르는 문제가 출제됩니다. 정답은 들은 내용과 똑같은 단어로 이루어진 문장보다는 비슷하거나 요약한 내용이 많기 때문에 꼼꼼하게 내용을 파악할 필요가 있습니다.
- 문항 13은 상대방이 정보를 알려주는 내용의 대화문으로 이루어져 있는데 남자가 정보를 알려주는 경우가 대부분이므로 남자의 말을 더 신경을 써서 들을 필요가 있습니다.
- 문항 14는 안내방송으로 필요한 정보가 처음부터 끝까지 계속 나올 수 있기 때문에 주의해서 잘 들어야 합니다.
- 문항 15는 새로운 서비스, 공연 등에 대한 소식을 전달하는 내용입니다. 지역 행사나 새로운 서비스, 공연 소식 등에 관한 내용이기 때문에 지금까지 들은 적이 없었던 단어들이 나올 수 있습니다. 따라서 앞뒤 내용을 잘 듣고 모르는 단어를 추측해 낼 수 있어야 합니다.
- 문항 16은 다양한 정보를 소개하는 인터뷰입니다. 먼저 여자가 간단한 소개를 하고 인터뷰 대상자에게 질문을 하면 인터뷰 대상자인 남자가 정보를 소개하는 내용입니다. 남자가 정보에 대한 소개를 하기 때문에 남자의 말을 신경 써서 듣는 것이 도움이 됩니다.

MP3_4-1

※ [13~16] 다음을 듣고 내용과 일치하는 것을 고르십시오. (각 2점) 유형편 유형 04(1-13~16)

**연습 1**

**13.**
① 맑은 날 자외선 지수가 가장 높다.
② 자외선 차단제는 종류를 잘 골라서 사용해야 한다.
③ 여자는 흐린 날에는 자외선 차단제를 바르지 않았다.
④ 자외선 차단제는 한 번만 바르면 하루 종일 효과가 지속된다.

**14.**
① 사내 식당 공사는 오늘부터 이 주 동안 실시한다.
② 오늘부터 회사와 근처 식당을 도는 회사 버스가 운행된다.
③ 회사 식당 공사를 하더라도 회사 식당에서 식사를 할 수 있다.
④ 회사 근처 식당 중 일부는 사원증을 제시하면 할인을 받을 수 있다.

**15.** ① 시민들에게 희망을 줄 시가 버스에 부착된다.
② 버스에 부착된 시는 1년에 3번씩 바뀔 예정이다.
③ 시내버스에 부착될 시는 유명한 작가의 시에서 뽑는다.
④ 내용과 관계없이 가장 추천을 많이 받는 시를 부착한다.

**16.** ① 안전에 신경 쓰지 않는 청소년들을 위한 뮤지컬이다.
② 교통사고를 막을 수 있는 방법을 노래와 춤으로 소개한다.
③ 생활이 복잡하지 않은 시골 사람들에게 잘 맞는 뮤지컬이다.
④ 아이들은 뮤지컬을 무료로 볼 수 있고 어른들은 돈을 내야 한다.

## 정답 및 문제 풀이

13. 여자: 밖에서 운동할 때는 자외선 차단제를 발랐는데도 효과가 없네. 내가 바른 자외선 차단제가 효과가 없나봐. 다른 걸 사 볼까?
남자: 뉴스에서 보니까 ㉠ 야외 활동을 할 때는 중간 중간에 다시 발라야 한다던데? 구름이 낀 날도 자외선 차단제를 꼭 발라야 한대. ㉡ 자외선 차단제의 종류는 크게 상관없다고 하더라.
여자: ㉢ 난 날씨가 흐린 날은 자외선이 별로 없는 줄 알고 자외선 차단제를 안 발랐는데 앞으로는 날씨와 관계없이 꾸준히 발라야겠다.
남자: ㉣ 맑은 날보다 오히려 구름이 조금 낀 날의 자외선 지수가 더 높다니까 꼭 바르고 운동해.

[정답] ③

문제 풀이

여자는 흐린 날에는 자외선이 별로 없는 줄 알고 자외선 차단제를 안 발랐다고 말했기 때문에 ③이 정답입니다. ① ㉣에서 남자는 구름이 조금 낀 날 자외선 지수가 더 높다고 말하기 때문에 오답입니다. ② ㉡에서 남자는 자외선 차단제의 종류는 크게 상관없다고 말하기 때문에 자외선 차단제 종류를 골라야 한다는 ②는 오답입니다. ④ ㉠에서 남자는 야외 활동을 할 때는 중간 중간에 다시 발라야 한다고 말하기 때문에 한 번만 바르면 하루 종일 효과가 지속된다는 것은 오답입니다.

14. 여자: 안내 말씀 드리겠습니다. ㉠ 이번 주 수요일부터 이 주 동안 ㉡ 공사로 인해 잠시 사내 식당 문을 닫습니다. 회사에서는 직원들의 편의를 위해 ㉢ 공사

첫날부터 회사와 근처 식당을 도는 버스를 운행할 것입니다. 그리고 게시판에 공지한 것처럼 ㉣ 몇몇 식당에서는 사원증을 제시하시면 할인 혜택도 받으실 수 있습니다. 조금 불편하시더라도 양해해 주시기 바랍니다.

[정답] ④

문제 풀이

몇몇 식당에서 사원증을 제시하면 할인 혜택을 받을 수 있다고 했기 때문에 회사 근처 식당 중 일부는 사원증을 제시하면 할인을 받을 수 있다는 ④가 정답입니다.

① ㉠에서 이번 주 수요일부터라고 말합니다. ② ㉢에서 회사 버스를 운행하는 것은 공사 첫날부터라고 말했기 때문에 수요일부터입니다. ③ ㉡에서 공사로 인해 잠시 사내 식당 문을 닫는다고 말합니다. 따라서 회사 식당에서 식사를 할 수 없습니다.

15. 남자: 서울시에서 전국 최초로 7월 중순부터 버스 양쪽 면에 60편의 좋은 시를 부착해 운행한다고 밝혔습니다. 시내버스에 부착될 시 문장은 ㉠ 시민들이 좋아하는 것을 선정하기로 했습니다. 시민들의 추천을 많이 받은 시 문장 중에서 생활에 지친 ㉡ 시민들의 삶에 꿈과 희망을 줄 수 있는 짧고 강한 문장을 선정할 예정이라고 밝혔습니다. 시내버스에 부착되는 시는 ㉢ 계절마다 3회씩 바뀔 예정이며, ㉣ 아름다운 시가 시민들에게 큰 희망과 위안이 되기를 기대한다고 말했습니다.

[정답] ①

문제 풀이

㉣에서 버스에 부착될 시가 시민들에게 큰 희망과 위안이 되기를 기대한다고 말합니다. 따라서 ①이 정답입니다.

② ㉢에서 버스에 부착된 시는 계절마다 3번씩 바뀔 예정이라고 말하기 때문에 4계절이 있는 대한민국에서는 1년에 12번 바뀐다는 의미입니다. ③ ㉠에서 버스에 부착될 시는 시민들이 좋아하는 시 중에서 선정한다고 말합니다. ④ ㉡에서 시민들의 삶에 꿈과 희망을 줄 수 있는 시를 선정할 예정이라고 말합니다.

16. 여자: 서울의 한 구청에서 어린이와 학부모를 대상으로 교통사고 예방 내용을 담은 ㉠ 어린이 뮤지컬을 ㉡ 무료로 공연한다고 합니다. 구청장님, 소개 좀 부탁드립니다.

남자: '노노 이야기'라는 이 뮤지컬은 말썽꾸러기 주인공 노노와 인형 친구들이 여러 사건을 겪으며 엄마의 소중함과 안전의 중요성을 깨닫는 이야기입니

다. 또한 ⓒ 교통사고 예방법을 알기 쉬운 노래와 율동으로 알려 주어 ⓓ 유아들이나 초등학교 저학년 학생들도 스스로 교통사고를 예방할 수 있도록 만들었습니다. ⓔ 복잡한 도시 생활에서 아이들의 안전을 걱정하고 계시는 부모님들의 많은 관심 부탁드립니다.

[정답] ②

**문제 풀이**

ⓒ에서 교통사고를 막을 수 있는 예방법을 알기 쉬운 노래와 율동으로 알려준다고 말하고 있기 때문에 ②가 정답입니다.

① ㉠과 ㉣에서 어린이들을 위한 뮤지컬이라고 말합니다. ③ ㉤에서 복잡한 도시 생활에서 안전을 걱정하는 부모님들에게 관람을 권유하고 있습니다. ④ ㉡에서 무료라고 말하고 있는데 아무런 조건을 말하지 않은 걸 보면 어른과 아이 모두 무료입니다.

## 연습 2

유형편 유형 04(2-13~16)

MP3_4-2

**13.** ① 여자는 이사할 곳을 찾고 있다.
② 남자는 기숙사에 들어갈 것이다.
③ 여자는 기숙사가 마음에 들지 않는다.
④ 남자는 고시원으로 이사하고 싶어한다.

**14.** ① 소독할 때 집 밖에 나가 있어야 한다.
② 주민들은 모두 소독약을 받아 가야 한다.
③ 주민들은 모두 내일 소독을 받아야 한다.
④ 방문 소독을 원하지 않으면 소독약을 받아 가면 된다.

**15.** ① 불꽃 축제 행사에 세계 13개국이 참가한다.
② 불꽃 축제를 위해서 한국은 새로운 부채를 개발했다.
③ 불꽃 축제날에 24시간 동안 여의도에 차가 다닐 수 없다.
④ 불꽃 축제날에 평소보다 늦은 시간까지 지하철을 이용할 수 있다.

**16.** ① 심야 버스 배차 시간은 40분이다.
② 심야 버스 요금은 일반 버스 요금과 같다.
③ 심야 버스 기사는 낮에도 버스를 운행한다.
④ 심야 버스는 다른 지역에서도 운행 중이다.

MP3_4-3

## 연습 3 유형편 유형 04(3-13~16)

13. ① 이번 달에 30건의 무료 문자 서비스를 받을 수 있다.
② 여자는 휴대 전화 요금 명세서를 받지 못한 적이 있다.
③ 이메일 요금 명세서를 받으면 휴대 전화 요금을 할인해 준다.
④ 이메일 요금 명세서를 받으면 무제한 문자 서비스 혜택이 있다.

14. ① 공연하는 모습을 사진으로 남길 수 있다.
② 공연이 시작돼도 공연장에 들어갈 수 있다.
③ 문자 메시지 알림 소리는 공연에 방해가 안 된다.
④ 공연장 측과 미리 논의된 동영상 촬영은 가능하다.

15. ① 근로 장려금 신청률이 매우 높다.
② 누구나 근로 장려금을 신청할 수 있다.
③ 선착순으로 근로 장려금 신청을 받는다.
④ 다음 달에 신청하면 근로 장려금을 덜 받는다.

16. ① 전월 에너지 사용량 비교를 통해 우수 회원을 선정한다.
② 에코 마일리지 운동은 시민 모두 참여해야 하는 운동이다.
③ 시에서는 6개월마다 회원들의 에너지 사용량을 수집한다.
④ 에코 마일리지 운동을 통해 에너지 절약을 실천할 수 있다.

MP3_4-4

## 연습 4 유형편 유형 04(4-13~16)

13. ① 언제든지 밤에 경복궁을 구경할 수 있다.
② 정해진 인원만 밤에 경복궁을 구경할 수 있다.
③ 경복궁 매표소에서는 야간 개장 입장권을 팔지 않는다.
④ 남자는 오늘 인터넷으로 경복궁 입장권을 예매할 것이다.

14. ① 이 항공기는 런던에서 출발을 준비 중이다.
② 모든 짐은 좌석 위에 있는 짐칸에 넣어야 한다.
③ 좌석벨트 표시등을 확인하고 좌석벨트를 풀어야 한다.
④ 모든 전자 기기는 비행하는 동안 전원을 꺼 놓아야 한다.

15. ① 축제 마지막 날에는 응원제를 한다.
② 가수들의 콘서트로 축제를 시작한다.
③ 축제는 13일부터 15일까지 열릴 예정이다.
④ 축제 둘째 날에 가면 체육 대회에 참가할 수 있다.

16. ① 수영장 이용은 행사에 포함되지 않는다.
② 가족이 숙박하면 어린이는 모두 아침이 무료이다.
③ 5월에 호텔에서 식사를 하면 와인을 서비스로 준다.
④ 객실에 묵으면 호텔의 체육 시설 이용 요금이 할인된다.

## 연습 5

유형편 유형 04(5-13~16)

MP3_4-5

13. ① 전화로 예약하면 차를 빌릴 수 있다.
② 수리 센터에 차를 맡기면 차를 빌려 준다.
③ 잠깐만 차를 이용할 때도 하루를 빌려야 한다.
④ 짧은 시간을 이용해도 하루를 빌리는 것이 싸다.

14. ① 시험을 볼 때 빨간색 볼펜을 사용해도 된다.
② 컴퓨터용 사인펜은 개인이 준비할 필요가 없다.
③ 시험실에 연필과 시계를 가지고 들어갈 수 없다.
④ 사전과 흑색 연필은 가방 속에 넣어 두어야 한다.

15. ① 광안리 해수욕장은 작년보다 늦게 개장했다.
② 광안리 해수욕장의 샤워장과 화장실을 수리했다.
③ 광안리 해수욕장에서 날마다 야외 공연과 콘서트를 볼 수 있다.
④ 광안리 해수욕장은 도로를 넓히는 공사 때문에 늦게 문을 열었다.

16. ① 이 박물관 1층에 전망대가 있다.
② 이 박물관의 건물은 녹차 잎 모양이다.
③ 이 박물관 2층에서 녹차를 만들어 볼 수 있다.
④ 이 박물관은 외국인 관광객에게도 인기가 있다.

유형 05

# 듣고 중심 생각 고르기

- 문항 17~20은 남자의 중심 생각을 고르는 문제입니다. 남자와 여자의 대화를 듣고 남자의 중심 생각이 무엇인지 알아보는 것입니다. 남자의 중심 생각을 주로 묻기 때문에 남자의 말에 더 집중해야 합니다.
- 문항 17~19의 대화에서 여자는 주로 남자의 생각이나 의견과 반대거나 다른 생각을 가지고 있는 경우가 많습니다. 여자의 말은 남자의 생각을 파악하는 데에 방해를 하거나 혼동을 주기 위한 내용이 많으므로 주의해서 들어야 합니다.
- 문항 20은 인터뷰의 형식으로 여자의 간단한 질문에 남자가 소개나 설명을 해 주는 내용에서 남자의 중심 생각을 고르는 문제입니다.

※ [17~20] 다음을 듣고 남자의 중심 생각을 고르십시오. (각 2점) 유형편 유형 05(1-17~20)

MP3_5-1

연습 1

**17.** ① 외식을 하면 좀 피곤하지만 식비를 아낄 수 있다.
② 집에서 만들어 먹는 것이 귀찮지만 건강에는 좋다.
③ 집에서 만들어 먹으면 시간이 많이 걸려서 힘들다.
④ 외식을 하면 건강에 좋은 음식을 골라서 먹을 수 있다.

**18.** ① 자기만족만을 위한 성형 수술은 반대한다.
② 원만한 사회생활을 위해서 성형 수술을 해야 한다.
③ 성형 수술은 중독될 수 있기 때문에 안 하는 것이 좋다.
④ 일상생활에 문제가 되지 않으면 성형 수술을 해도 괜찮다.

**19.** ① 계획을 세우면 효율적으로 일할 수 있다.
② 계획을 세우지 않는 것이 더 효과적이다.
③ 시간에 쫓기면서 일하면 집중력이 생긴다.
④ 계획을 세우지 않으면 스트레스를 많이 받는다.

**20.** ① 30대는 40대 이상보다 건강에 더 신경을 많이 써야 한다.
② 30대 회사원들은 건강 검진 때문에 스트레스를 많이 받는다.
③ 30대 회사원들은 2년마다 건강 검진을 받는 것이 바람직하다.
④ 30대 회사원들은 암에 잘 걸리므로 매년 건강 검진을 받아야 한다.

## 정답 및 문제 풀이

17. 남자: 미선 씨, 또 외식 했어요? 요즘 너무 밖에서만 먹는 거 아니에요?
여자: 장 봐서 음식을 하는 게 돈이 더 많이 드는 것 같아요. 게다가 요즘 회사 일도 많아서 피곤한데 저녁에 요리까지 하려니까 힘들더라고요.
남자: 그래도 그렇게 날마다 밖에서 밥을 먹으면 건강에 안 좋을 것 같아요. 조금 귀찮기는 하지만 건강에 좋은 음식을 챙겨서 먹는 게 어때요? 제가 간단한 요리법을 알려 줄게요.

[정답] ②

문제 풀이

여자는 돈도 많이 들고 피곤해서 집에서 음식을 만들어 먹기가 힘들다고 했습니다. 남자는 여자가 너무 자주 외식을 해서 건강이 안 좋아질 것 같으니까 귀찮아도 음식을 만들어 먹으라고 하면서 간단한 요리법을 가르쳐 주겠다고 제안했습니다. 따라서 남자의 생각은 ② 집에서 만들어 먹는 것이 건강에 좋다는 것입니다.

18. 남자: 요즘 보면 여자 남자 할 것 없이 성형 수술을 많이들 하는 것 같아.
여자: 너무 심하게 하는 건 나도 반대하지만, 외모가 달라지면 자신감이 생겨서 사회 생활하는 데 많은 도움이 되는 것 같아. 그리고 자기만족도 무시할 수 없다고 생각해.
남자: 그래? 하지만 부작용도 많고, 무엇보다도 더 예뻐지려는 욕망 때문에 성형 중독에 빠지는 사람도 많잖아. 게다가 일상생활이 어려울 정도로 성형 중독에 빠지는 사람들도 많대.

[정답] ③

문제 풀이

여자는 자신감과 자기만족이 생기기 때문에 성형 수술을 찬성하고, 남자는 ③ 부작용이나 성형 중독에 빠질 수 있기 때문에 반대하는 입장입니다.

19. 남자: 가끔은 계획을 세우지 않는 것이 일하는 데 도움이 될 때가 있어.
여자: 그래? 계획을 잘 세워야 시간을 낭비하지 않고 실패할 확률이 적어지는 것 같은데?
남자: 나는 계획대로 되지 않으면 오히려 스트레스를 많이 받고 그냥 포기해버리는 경우가 많아서 말이야. 시간에 쫓겨 가면서 일하면 가끔 숨이 막힐 것 같아.
여자: 난 계획을 세우는 데 시간을 많이 쓰는 편이야. 구체적으로 계획을 세우면 집중해서 효율적으로 일할 수 있어.

[정답] ②

문제 풀이

여자는 계획을 세워야 시간을 낭비하지 않고 실패할 확률이 적다고 하고, 남자는 계획을 세웠다가 계획대로 되지 않으면 스트레스를 받아서 ② 계획을 세우지 않는 것이 일에 도움이 된다고 말하고 있습니다.

20. 여자: 최근 젊은 회사원 사이에서도 건강 검진의 중요성이 높아져 가고 있습니다. 그래서 오늘은 현대 건강 검진 센터 과장님을 모시고 이야기를 들어보겠습니다.
남자: 이전에는 건강 검진이 선택 사항이었다고 한다면 최근에는 필수 사항으로 바뀌고 있습니다. 특히 젊은 삼십 대의 경우에 중장년층에 비해 건강에 대한 걱정이 적기 때문에 건강 검진을 소홀히 하기 쉽습니다. 삼십 대도 직장 생활로 인한 스트레스, 불규칙한 식사, 잦은 회식, 자극적인 음식 섭취 등으로 인해 위와 장에 질환이 발생할 위험이 높습니다. 사십 대 이상은 1년에 한 번 삼십 대의 경우는 2년에 한 번 건강 검진을 받을 것을 권장합니다.

[정답] ③

문제 풀이

남자는 30대 회사원들도 스트레스 등으로 병에 걸릴 수 있으므로 2년에 한 번 이상 건강 검진을 받을 것을 권장하고 있습니다.

## 연습 2

유형편 **유형 05(2-17~20)**

MP3_5-2

**17.** ① 프린터 잉크를 자주 교체해야 한다.
② 필요한 서류도 조금만 출력해야 한다.
③ 회사에서 사용하는 물품도 자신의 것처럼 아껴야 한다.
④ 개인적인 것을 회사 프린트로 출력하는 것을 금지해야 한다.

**18.** ① 역사박물관을 구경하는 것은 지루한 일이다.
② 역사박물관 관람은 교육적으로 가치가 있다.
③ 아이들을 위한 역사박물관 관람 교육이 필요하다.
④ 역사박물관의 발전을 위해 여러 전시를 해야 한다.

**19.** ① 어린 나이에 연예계 생활을 하게 되면 부작용이 많다.
② 목표가 확실하면 어릴 때부터 한 분야에 집중하는 것이 좋다.
③ 어릴 때는 비슷한 나이의 친구들과 많이 어울려 노는 것이 좋다.
④ 부모님이 원하면 어릴 때 기획사에 들어가서 가수 준비를 하는 것이 낫다.

**20.** ① 발명하는 데 전문적인 지식은 필요 없다.
② 창의력을 키우기 위해 지식을 쌓아야 한다.
③ 창의력을 키우기 위해서 많이 노는 게 좋다.
④ 전문가가 되면 누구나 발명왕이 될 수 있다.

## 연습 3

유형편 **유형 05(3-17~20)**

MP3_5-3

**17.** ① 승진을 하면 유학을 가기가 쉬워진다.
② 하고 싶은 일은 시도해 보는 것이 좋다.
③ 나이가 많으면 새로운 일에 도전하기 힘들다.
④ 다른 분야로 일을 바꾸면 후회하게 될 것이다.

**18.** ① 스마트 시계는 다양한 기능이 있어서 좋다.
② 휴대 전화가 있으면 스마트 시계가 필요 없다.
③ 휴대 전화보다 스마트 시계의 통화 품질이 좋다.
④ 바쁜 현대인을 위해 스마트 시계를 개발해야 한다.

**19.** ① 흡연자들도 배려해야 한다.
② 금연 거리를 더 늘려야 한다.
③ 앞으로 금연하는 사람이 많아질 것이다.
④ 금연 거리가 생기면 여러 가지 장점이 많다.

**20.** ① 일반인은 희귀암 환우 돕기 운동에 참여하면 안 된다.
② 희귀암 환자들에게 사회적인 관심과 지원이 필요하다.
③ 희귀암 환자들을 대상으로 운동의 필요성을 알려야 한다.
④ 희귀암 환우 돕기 운동에 참여하면 의료 복지 혜택이 있다.

## 연습 4

유형편 유형 05(4-17~20)

MP3_5-4

**17.** ① 복도에 개인 물건을 두지 말아야 한다.
② 복도에 자전거 보관소를 만들어야 한다.
③ 복도를 잘 사용할 수 있는 방법을 찾아야 한다.
④ 복도는 자주 청소해서 깨끗하게 관리해야 한다.

**18.** ① 개를 자주 산책시켜 줘야 한다.
② 개 배설물 처리는 번거로운 일이다.
③ 개를 데리고 집 밖으로 나오면 안 된다.
④ 개와 외출 시에 다른 사람을 배려해서 행동해야 한다.

**19.** ① 감시 카메라 덕분에 안전하게 생활할 수 있다.
② 감시 카메라가 많아서 보호 받는 느낌이 든다.
③ 꼭 필요한 곳에만 감시 카메라를 설치해야 한다.
④ 감시 카메라를 많이 설치해야 범인 검거에 도움이 된다.

**20.** ① 재능이 있어야 배우가 될 수 있다.
② 열심히 노력하면 재능을 키울 수 있다.
③ 열심히 노력하면 누구나 배우가 될 수 있다.
④ 배우가 되려면 남들보다 몇 배 노력해야 한다.

연습 5 유형편 유형 05(5-17~20)

MP3_5-5

**17.** ① 아침에 신문이 배달되지 않으면 불안하다.
② 종이 신문을 보지 않으면 세상 돌아가는 소식을 모르겠다.
③ 인터넷으로 여러 신문사의 기사를 보면 더 많은 정보를 얻는다.
④ 관심 있는 기사를 검색해서 보면 관심 없는 뉴스를 보지 못한다.

**18.** ① 여러 건강 보조 식품을 함께 섭취해야 효과가 있다.
② 건강 보조 식품은 조금만 먹어도 몸에 부담을 준다.
③ 전문가의 의견을 들은 후 건강 보조 식품을 섭취해야 한다.
④ 야근을 하는 사람은 쉽게 피곤해져서 건강 보조 식품이 필요하다.

**19.** ① 공회전 때문에 벌금을 내는 것은 문제가 있다.
② 자동차를 출발시키기 전에 공회전이 필요하다.
③ 더운 여름에는 자동차 공회전 시간을 늘려야 한다.
④ 요즘 자동차들은 잘 만들어서 공회전이 필요 없다.

**20.** ① 클래식을 통해 지식을 배우는 것이 의미가 있다.
② 클래식은 어려운 것이 아니므로 누구나 쉽게 들을 수 있다.
③ 클래식 속에 담긴 의미를 생각하지 않으면 곡을 알 수 없다.
④ 클래식을 만든 시대에 대한 역사를 알아야 음악을 이해할 수 있다.

유형 06

## 듣고 중심 생각, 세부 내용 파악하기

MP3_6

- 문항 21, 22는 다양한 상황의 대화를 듣고 중심 생각과 세부 내용을 파악하는 능력을 알아보는 문제입니다.
- 문항 21은 남자의 중심 생각을 묻는 문제입니다. 대화를 듣고 중심 생각이 무엇인지 파악하는 것입니다.
- 문항 22는 들은 내용과 일치하는 것을 찾는 문제입니다. 들을 때에는 세부 정보까지 꼼꼼히 집중해서 듣고 기억해야 합니다. 이런 유형의 문제는 화자가 한 말을 다른 말로 표현한 보기가 정답인 경우가 많습니다. 그러나 화자가 한 말이 그대로 정답으로 출제되는 경우도 있으므로 대화를 들으면서 메모를 해 두면 문제를 푸는 데 도움이 됩니다.

※ [21~22] 다음을 듣고 물음에 답하십시오. (각 2점) 유형편 유형 06(1-21,22)

**연습 1**

**21.** 남자의 중심 생각으로 맞는 것을 고르십시오.

① 회사에서 경력을 더 쌓으면 해외 근무를 해 볼만하다.
② 해외 근무는 신중히 더 생각해 보고 결정하는 것이 좋다.
③ 해외 파견 근무를 하면 여러 혜택이 많으므로 가야 한다.
④ 회사에서 능력을 인정받으려면 해외 경험이 있어야 한다.

**22.** 들은 내용으로 알맞은 것을 고르십시오.

① 해외 근무자와 국내 근무자의 임금 조건은 동일하다.
② 해외 지사 파견자에게 회사에서 살 곳을 마련해 준다.
③ 남자는 누구든지 해외 파견을 갈 수 있다고 생각한다.
④ 여자는 회사에서 제시한 조건을 마음에 들어하지 않는다.

## 정답 및 문제 풀이

여자: 부장님이 저에게 해외 지사 파견 근무를 제안하셨는데 좀 더 생각해 보고 결정하려고요.

남자: 그건 회사에서 능력을 인정받았다는 뜻 아니에요? ㉠ 아무나 해외 근무를 할 수 있는 건 아니잖아요.

여자: ㉡ 파견 조건도 괜찮고 좋은 기회이긴 한데 해외에서 잘 지낼 수 있을지 모르겠어요. 지금까지 혼자 생활해 본 적이 없는데 더구나 한국도 아닌 외국이잖아요.

남자: 해외 파견 근무를 가게 되면 회사에서 ㉢ 주거 제공과 생활비 지원은 물론 ㉣ 월급도 지금 받는 것보다 더 준다던데요. 새로운 세계도 접할 수 있고 경력도 쌓을 수 있는데 생각해 보고 말고 할 게 어디 있어요?

21.

[정답] ③

문제 풀이

남자는 해외 근무에 대해 긍정적인 생각을 가지고 있습니다. 해외 파견 시 주거 제공, 생활비 지원, 월급 인상 등의 혜택이 있으므로 생각해 볼 필요 없이 가야 한다고 생각합니다.

22.

[정답] ②

문제 풀이

㉢에서 해외 파견자에게 주거 제공을 한다고 말합니다. 주거는 사는 곳을 의미하므로 정답입니다.

① ㉣에서 월급을 지금 받는 것 보다 더 준다고 말합니다. ③ ㉠에서 남자는 아무나 해외 근무를 할 수 없다고 말하므로 누구든지 갈 수 있는 것은 아닙니다. ④ ㉡에서 여자는 회사의 파견 조건은 괜찮다고 말하므로 회사에서 제시한 조건이 마음에 들지 않는 건 아닙니다.

## 연습 2 유형편 유형 06(2-21,22)

**21.** 남자의 중심 생각으로 맞는 것을 고르십시오.

① 장난감은 오래 사용할 수 있다.
② 장난감 대여는 위생 관리가 문제다.
③ 장난감은 새 것으로 사 주는 것이 좋다.
④ 장난감은 대여해서 쓰는 게 경제적이다.

**22.** 들은 내용으로 알맞은 것을 고르십시오.

① 장난감은 무료로 대여해 준다.
② 장난감은 15일간 대여할 수 있다.
③ 빌린 장난감은 본인이 직접 닦아야 한다.
④ 구청에서 하는 장난감 대여 서비스 반응이 좋다.

## 연습 3 유형편 유형 06(3-21,22)

**21.** 남자의 중심 생각으로 맞는 것을 고르십시오.

① 매달 돈을 쓰고 저축할 돈을 남겨야 한다.
② 사회 초년생이 돈을 모으는 것은 불가능한 일이다.
③ 돈을 모으려면 우선 저축한 후에 남은 돈을 써야 한다.
④ 월급을 받자마자 쓰고 남은 돈을 저축하면 큰 돈을 모을 수 있다.

**22.** 들은 내용으로 알맞은 것을 고르십시오.

① 여자는 지난 1년 동안 돈을 모으지 못했다.
② 여자는 지금 가계부를 쓰면서 돈을 저축 하고 있다.
③ 남자는 신입 사원이라서 돈을 하나도 모으지 못했다.
④ 남자는 가계부 쓰기는 저축에 도움이 안 된다고 생각한다.

## 연습 4 유형편 유형 06(4-21,22)

**21.** 남자의 중심 생각으로 맞는 것을 고르십시오.

① 주차장에서의 작은 사고들은 피할 수 없다.
② 주차장에서 차를 타고 내릴 때 조심해야 한다.
③ 주차장에서 흠집을 낸 자동차를 고쳐줘야 한다.
④ 주차장을 넓혀서 타고 내리기 편하게 해야 한다.

**22.** 들은 내용으로 알맞은 것을 고르십시오.

① 여자는 좋은 차를 운전한다.
② 요즘은 옛날 차에 비해 차가 커졌다.
③ 여자는 사고를 당해서 기분이 나쁘다.
④ 옆 차 때문에 여자 차에 흠집이 생겼다.

## 연습 5 유형편 유형 06(5-21,22)

**21.** 남자의 중심 생각으로 맞는 것을 고르십시오.

① 취업 전에 다양한 경험을 쌓아야 한다.
② 졸업을 하지 않은 사람은 취직이 되면 안 된다.
③ 취업하고 싶은 회사에 맞는 취업 준비가 필요하다.
④ 좋은 회사에 취직하기 위해 졸업을 미루고 준비해야 한다.

**22.** 들은 내용으로 알맞은 것을 고르십시오.

① 취직을 한 후 업무 능력을 키워야 한다.
② 졸업을 한 선배들은 대부분 취직을 했다.
③ 졸업을 미룬 경우에는 등록금을 내야 한다.
④ 경험이 많은 사람이 업무 능력도 뛰어나다.

## 유형 07 듣고 특정 정보, 세부 내용 파악하기

MP3_7

- 문항 23, 24는 다양한 상황의 대화를 듣고 전체적인 내용 이해를 확인하는 것과 세부 내용을 파악하는 능력을 알아보는 문제입니다.
- 문항 23은 남자가 무엇을 하고 있는지를 찾는 문제입니다. 대화의 전체적인 내용을 이해해야 하며 남자가 처음 하는 말을 주의해서 들으면 정답을 찾는 데 도움이 됩니다.
- 문항24는 들은 내용과 일치하는 것을 찾는 문제입니다. 들을 때에는 자세한 정보까지 꼼꼼히 집중해서 듣고 기억해야 합니다. 들은 내용과 일치하는 것을 찾는 문제는 화자가 한 말을 다른 말로 표현한 보기가 정답인 경우가 많습니다. 그러나 화자가 한 말이 그대로 정답으로 출제되는 경우도 있으므로 대화를 들으면서 메모를 해 두면 문제를 푸는 데 도움이 됩니다.

※ [23~24] 다음을 듣고 물음에 답하십시오. (각 2점) 유형편 유형 07(1-23,24)

**연습 1**

**23.** 남자는 무엇을 하고 있는지 고르십시오.

① 주민센터의 문제점에 대해 이야기하고 있다.
② 인터넷으로 결제하는 방법을 알아보고 있다.
③ 과태료 부과에 대한 불만을 이야기하고 있다.
④ 대형 폐기물 배출 방법에 대해 문의하고 있다.

**24.** 들은 내용으로 알맞은 것을 고르십시오.

① 쓰던 책장은 신고 후 구청에 가져다 주면 된다.
② 대형 폐기물 수거 신청은 방문 신청만 가능하다.
③ 대형 폐기물은 구청에 신고하면 무료로 수거한다.
④ 납부 확인증이 없는 대형 폐기물은 과태료를 내야 한다.

## 정답 및 문제 풀이

남자: 여보세요, 주민센터지요? 쓰던 책장을 버리려고 하는데 대형 폐기물은 그냥 내놓으면 안 된다고 들어서요.

여자: 아, 그건 구청에 가서 신청하시면 됩니다.

남자: 꼭 직접 가서 신청해야 하나요? 제가 일 때문에 구청 근무 시간에 맞춰서 방문을 못 할 것 같은데요.

여자: ㉠ 인터넷으로도 간단하게 신청하실 수 있습니다. 구청 홈페이지에서 신청서를 작성하시고 ㉡ 수수료를 결제해 주세요. ㉢ 수수료 납부 확인증을 버리는 책장에 붙여서 내놓으시면 됩니다. ㉣ 확인증이 없으면 수거도 안 되고 과태료도 부과되니까 떨어지지 않게 잘 붙여 주세요.

23.

[정답] ④

**문제 풀이**

대형 폐기물은 못 쓰게 되어 버리는 큰 물건을 의미합니다. 남자는 쓰던 책장을 내놓는 방법을 전화로 묻고 있습니다.

24.

[정답] ④

**문제 풀이**

책장은 대형 폐기물에 포함되는 것으로 ㉣에서 수수료 납부 확인증이 없으면 과태료가 부과된다고 말합니다. ① ㉢에서 납부 확인증을 버리는 책장에 붙여서 내놓으면 된다고 말합니다. ② ㉠에서 인터넷으로도 간단하게 신청할 수 있다고 말합니다. ③ ㉡에서 수수료를 결제해야 한다고 말하므로 무료로 폐기물을 가져가는 것이 아닙니다.

연습 2 유형편 유형 07(2-23,24)

**23.** 남자는 무엇을 하고 있는지 고르십시오.

① 직원 소리함 설치를 제안하고 있다.
② 직원 소리함에 들어온 의견을 읽고 있다.
③ 직원들에게 직원 소리함을 홍보하고 있다.
④ 직원 소리함 설치 후 반응을 보고하고 있다.

**24.** 들은 내용으로 맞는 것을 고르십시오.

① 층마다 직원 소리함이 설치돼 있다.
② 직원 소리함에 대한 반응이 좋은 편이다.
③ 직원 소리함 덕분에 회사가 많이 발전됐다.
④ 직원들이 적극적으로 직원 소리함을 이용한다.

연습 3 유형편 유형 07(3-23,24)

**23.** 남자는 무엇을 하고 있는지 고르십시오.

① 탄력근무제 도입을 제안하고 있다.
② 출퇴근 스트레스에 대한 조언해 주고 있다.
③ 탄력근무제의 의미와 장점을 설명하고 있다.
④ 대기업 대표에게 탄력근무제를 소개해 주고 있다.

**24.** 들은 내용으로 맞는 것을 고르십시오.

① 여자는 탄력근무제가 아직 비효율적이라고 생각한다.
② 탄력근무제는 근무 시간이나 일수에 따라 급여가 다르다.
③ 남자는 집이 먼 사람들이 탄력근무제를 좋아할 거라고 생각한다.
④ 탄력근무제는 시간의 제한 없이 근무 시간을 자유롭게 정할 수 있다.

연습 4 유형편 유형 07(4-23,24)

**23.** 남자는 무엇을 하고 있는지 고르십시오.

① 독거노인들을 정성껏 도울 주부 봉사자를 찾고 있다.
② 독거노인들이 따뜻하게 먹을 수 있는 식사를 만들고 있다.
③ 독거노인들에게 따뜻한 마음을 전달할 수 있는 방법을 찾고 있다.
④ 독거노인들에게 식사를 대접하는 일의 진행 상황을 보고 받고 있다.

**24.** 들은 내용으로 알맞은 것을 고르십시오.

① 이 사업은 2년째 시행하고 있다.
② 이 사업은 한 달에 2번 시행한다.
③ 이 사업은 구청 강당에서 진행된다.
④ 이 사업에서는 구입한 음식을 사용한다.

연습 5 유형편 유형 07(5-23,24)

**23.** 남자는 무엇을 하고 있는지 고르십시오.

① 새로 개발한 쌀 가공제품을 발표하고 있다.
② 쌀을 생산하는 농민들을 직접 위로하고 있다.
③ 쌀 소비량을 증가시키기 위한 방법을 제안하고 있다.
④ 쌀 소비량이 줄어든 원인에 대한 조사를 지시하고 있다.

**24.** 들은 내용으로 알맞은 것을 고르십시오.

① 생활수준이 높아지면 쌀 소비량이 늘어난다.
② 1인 가구의 증가는 쌀 소비량이 주는 원인 중 하나다.
③ 다양한 쌀 가공제품을 개발했음에도 쌀 소비량은 줄었다.
④ 쌀농사가 잘 되지 않아서 농민들 생활이 힘들어지고 있다.

## 유형 08 듣고 중심 생각, 세부 내용 파악하기

MP3_8

- 문항 25, 26은 다양한 인터뷰를 듣고 중심 생각과 세부 내용을 파악하는 능력을 알아보는 문제입니다. 인터뷰 시작할 때 처음으로 하는 질문에 인터뷰의 주제가 담겨 있으므로 처음부터 집중해서 들어야 합니다.
- 문항 25는 남자의 중심 생각을 묻는 문제입니다. 이야기를 듣고 중심 생각이 무엇인지 파악하는 것입니다.
- 문항 26은 들은 내용과 일치하는 것을 찾는 문제입니다. 들을 때에는 세부 정보까지 꼼꼼히 집중해서 듣고 기억해야 합니다. 이런 유형의 문제는 화자가 한 말을 다른 말로 표현한 보기가 정답인 경우가 많습니다. 그러나 화자가 한 말이 그대로 정답으로 출제되는 경우도 있으므로 대화를 들으면서 메모를 해 두면 문제를 푸는 데 도움이 됩니다.

※ [25~26] 다음을 듣고 물음에 답하십시오. (각 2점) 유형편 / 유형 08(1-25,26)

연습 1

**25.** 남자의 중심 생각으로 맞는 것을 고르십시오.

① 너무 힘든 운동은 포기하는 것이 낫다.
② 성인병의 치료를 위해서 운동을 해야 한다.
③ 자신의 한계를 알고 도전을 하는 것이 좋다.
④ 운동으로 육체적 건강과 정신적 건강을 누릴 수 있다.

**26.** 들은 내용으로 맞는 것을 고르십시오.

① 철인3종경기는 체력만 좋으면 완주할 수 있다.
② 철인3종경기는 10km 달리기, 수영, 자전거이다.
③ 남자는 스스로 철인3종경기에 대해 알아보고 시작했다.
④ 남자는 철인3종경기로 자신의 한계에 도전해 보고 싶었다.

## 정답 및 문제 풀이

여자: 그 어떤 운동 종목보다 인내심과 체력이 필요하다는 철인3종경기를 완주하셨네요. 이런 어려운 도전을 하게 된 특별한 이유가 있으십니까?

남자: 처음에는 단순히 체력을 키우기 위해서 10km 정도 뛰기 시작했는데 하다 보니 욕심이 생겼습니다. 그러다가 ㉠ 제 한계를 시험해 보고 싶다는 생각이 들 때쯤 ㉡ 친구가 철인3종경기를 추천해서 하게 됐습니다. ㉢ 수영, 자전거, 마라톤 어느 종목 하나 ㉣ 육체적 강인함과 정신력 없이는 해낼 수 없습니다. 중간에 포기하고 싶을 때도 많았지요. 하지만 운동을 하다 보면 운동이 주는 성취감 때문에 정신력도 강해지고 체력도 강화됩니다. 성인병 예방 효과는 말할 것도 없고요. 운동은 몸과 마음에 영양을 공급하는 것과 같다고 봅니다.

25.

[정답] ④

문제 풀이

운동이 힘들기도 하지만 운동을 통해 얻을 수 있는 긍정적인 효과를 강조하고 있음을 알 수 있습니다. 정신력과 체력의 강화, 성인병 예방 효과는 정신적 건강과 육체적 건강을 누리는 것을 의미합니다.

26.

[정답] ④

문제 풀이

㉠에서 남자의 한계를 시험해 보고 싶다는 생각이 들 때 철인3종경기를 알게 되어 시작했다고 말합니다.
① ㉣에서 육체적인 강인함과 정신력이 모두 필요하다고 말합니다. ② ㉢에서 철인3종경기의 세 종목은 수영, 자전거, 마라톤인 것을 알 수 있습니다. 10km는 남자가 철인3종경기를 시작하기 전에 체력을 키우기 위해 뛰던 거리입니다. ③ ㉡에서 친구가 철인3종경기를 추천해 줬다고 말합니다.

## 연습 2 유형편 유형 08(2-25,26)

**25.** 남자의 중심 생각으로 맞는 것을 고르십시오.

① 장애인 가족에게도 관심을 가져야 한다.
② 장애인을 위한 프로그램은 이미 충분하다.
③ 장애인 가족을 위한 프로그램 이용률이 낮다.
④ 장애인의 날에는 장애인에게 관심을 가져야 한다.

**26.** 들은 내용으로 맞는 것을 고르십시오.

① 장애인 돌봄 가족 휴가제는 오래 전부터 있었다.
② 장애인 돌봄 가족 휴가제는 서울에서 처음 실시한다.
③ 장애인 돌봄 가족 휴가제를 신청하려면 시청에 가야 한다.
④ 장애인 돌봄 가족 휴가제는 1년 중 언제든지 신청할 수 있다.

## 연습 3 유형편 유형 08(3-25,26)

**25.** 남자의 중심 생각으로 맞는 것을 고르십시오.

① 아이들은 축구의 경쟁과 승부를 통해 성장할 수 있게 된다.
② 축구가 생활 속에서 즐길 수 있는 운동이 돼야 발전할 수 있다.
③ 축구를 하면 경쟁 사회에서 이길 수 있는 방법을 배울 수 있다.
④ 훌륭한 축구 선수가 되려면 전문적인 축구 교육을 받아야 한다.

**26.** 들은 내용으로 맞는 것을 고르십시오.

① 남자는 축구 전문 기자이다.
② 축구 선수들도 어릴 때는 공부가 중요하다.
③ 아이들이 승부욕을 가지고 축구를 해야 한다.
④ 축구 교실을 통해 전문적인 축구를 경험할 수 있다.

## 연습 4 유형편 유형 08(4-25,26)

**25.** 남자의 중심 생각으로 맞는 것을 고르십시오.

① 청소년은 모험 정신을 가지고 새로운 것에 도전해야 한다.
② 청소년의 충동성을 조절해야 안전사고를 미리 막을 수 있다.
③ 안전사고를 막기 위해서는 어릴 때부터 안전 의식을 키워야 한다.
④ 안전사고를 방지하려면 지도자의 안전 교육이 무엇보다 중요하다.

**26.** 들은 내용으로 알맞은 것을 고르십시오.

① 청소년 활동 안전 센터는 사춘기 청소년을 위한 의료 시설이다.
② 청소년 활동 안전 센터는 청소년뿐만 아니라 교사까지 교육한다.
③ 청소년은 충동적이고 모험적이어서 자신의 행동에 책임감이 없다.
④ 남자는 안전사고를 일으키는 청소년들에게 상담을 해 주고 싶어 한다.

## 연습 5 유형편 유형 08(5-25,26)

**25.** 남자의 중심 생각으로 맞는 것을 고르십시오.

① 머리를 기르기 위해서는 차분하고 당당해야 한다.
② 청소년들에게 외모는 중요하기 때문에 머리를 길렀다.
③ 소아암 환자들을 위해 가발을 제작하는 데에 돈이 필요하다.
④ 따뜻한 사회가 되기 위해 서로 돕고 배려하는 마음을 가져야 한다.

**26.** 들은 내용으로 알맞은 것을 고르십시오.

① 남자는 14년 동안 머리를 길렀다.
② 남자는 놀리는 아이들을 괴롭혔다.
③ 남자의 모발은 소아암 환자를 위해 사용됐다.
④ 남자의 친구들은 남자의 긴 머리를 이해했다.

유형 09

## 듣고 화자의 의도, 세부 내용 파악하기

MP3_9

- 문항 27, 28은 전체적인 대화 상황을 이해하여 말하는 의도와 세부 내용을 파악하는 문제입니다.
- 문항 27은 여자가 말하는 의도를 찾는 문제입니다. 대화의 흐름에 유의하여 듣되 여자의 말에 더 집중해서 듣는 것이 좋습니다. 특히 주로 여자의 마지막 말에 강조하고 싶은 생각이 담겨 있기 때문에 주의해서 들어야 합니다.
- 문항 28은 들은 내용과 일치하는 것을 찾는 문제입니다. 들을 때에는 세부 정보까지 꼼꼼히 집중해서 듣고 기억해야 합니다. 이런 유형의 문제는 화자가 한 말을 다른 말로 표현한 보기가 정답인 경우가 많습니다. 그러나 화자가 한 말이 그대로 정답으로 출제되는 경우도 있으므로 대화를 들으면서 메모를 해 두면 문제를 푸는 데 도움이 됩니다.

※ [27~28] 다음을 듣고 물음에 답하십시오. (각 2점) 유형편 유형 09(1-27,28)

**연습 1**

**27.** 여자가 남자에게 말하는 의도를 고르십시오.

① 대회 결과를 알려 주기 위해
② 의사에게 억울함을 알리기 위해
③ 징계 결과의 부당함을 전하기 위해
④ 선수의 부주의에 대한 책임을 묻기 위해

**28.** 들은 내용으로 맞는 것을 고르십시오.

① 선수는 앞으로 1년 동안 선수 생활을 할 수 없다.
② 선수는 경기에서 좋은 결과를 얻기 위해 주사를 맞았다.
③ 선수는 작년 국제 수영 대회에서 메달을 획득하지 못했다.
④ 선수는 주사 약물의 성분과 주의 사항을 정확하게 알고 있었다.

## 정답 및 문제 풀이

여자: ㉠ 작년 국제 수영 대회에서 금메달을 딴 선수가 약물 복용으로 인해 ㉡ 선수 자격이 1년 동안 정지됐다는 기사 봤어?

남자: 응. 경기 전에 금지된 약물 주사를 맞았으니 그런 징계를 받은 거지. 안타깝기는 하지만 규정을 어겼으니 어쩔 수 없는 것 같아.

여자: 그래도 그 선수에게 너무 과한 처벌 아니야? ㉢ 경기력 향상을 위해 일부러 주사를 맞은 것도 아니고, ㉣ 의사가 주사 약물의 성분과 주의 사항에 대해 제대로 설명해 주지 않았기 때문이잖아.

남자: 선수가 억울할 수도 있겠지만 선수 측에서도 대회 참가 전이었으니 더 신중하게 확인을 했어야지.

여자: 잘못은 의사가 했는데 선수에게는 치명적인 것 같아. 난 선수 자격이라도 당장 회복을 시켜 줬으면 좋겠어.

27.

[정답] ③

문제 풀이

여자는 의사의 잘못 때문에 선수가 과한 징계를 받은 것은 옳지 않다고 생각하며 남자에게 의견을 말하고 있습니다.

28.

[정답] ①

문제 풀이

㉡에서 선수 자격이 1년 동안 정지됐다고 말합니다. 선수 자격 정지는 선수로서 생활을 할 수 없다는 것을 의미합니다.

② ㉢에서 경기력 향상을 위해 일부러 주사를 맞은 것이 아니라고 말합니다. ③ ㉠에서 작년 국제 대회에서 금메달을 딴 선수라고 말하므로 메달을 획득한 선수입니다. ④ ㉣에서 의사가 주사 약물의 성분과 주의 사항에 대해 제대로 설명해 주지 않았다고 하므로 선수는 이런 사항들에 대해서 정확히 모르고 있었음을 알 수 있습니다.

## 연습 2 유형편 유형 09(2-27,28)

**27.** 여자가 남자에게 말하는 의도를 고르십시오.

① 회사 이직의 필요성을 말하기 위해
② 회사 이직에 대한 조언을 주기 위해
③ 적성에 맞는 좋은 직장을 알아봐 주기 위해
④ 이상적인 회사 근무 기간을 알려 주기 위해

**28.** 들은 내용으로 맞는 것을 고르십시오.

① 남자는 다니고 있는 회사에 만족한다.
② 여자는 빨리 이직하는 것이 낫다고 생각한다.
③ 자주 이직해서 다양한 회사 경력을 쌓는 게 좋다.
④ 여자는 한 회사에 1년 이상 다녀야 한다고 생각한다.

## 연습 3 유형편 유형 09(3-27,28)

**27.** 여자가 남자에게 말하는 의도를 고르십시오.

① 비싼 휴대 전화 가격에 대해 불평하기 위해
② 초등학생 휴대 전화 사용의 장점을 듣기 위해
③ 아이에게 휴대 전화를 사 준 남자를 나무라기 위해
④ 초등학생 휴대 전화 사용의 단점을 말해 주기 위해

**28.** 들은 내용으로 맞는 것을 고르십시오.

① 휴대 전화를 사용하는 초등학생들이 거의 없다.
② 여자는 아이에게 휴대 전화를 사 주고 싶어한다.
③ 남자는 아이에게 휴대 전화를 사 준 것을 후회한다.
④ 초등학교에서는 수업 중 휴대 전화 사용을 금지하고 있다.

**연습 4** 유형편 유형 09(4-27,28)

**27.** 여자가 남자에게 말하는 의도를 고르십시오.

① 지역 축제의 효과를 강조하기 위해
② 지역 축제의 문제점을 비판하기 위해
③ 지역 축제에 참가하자고 권하기 위해
④ 지역 축제의 장점과 단점을 비교하기 위해

**28.** 들은 내용으로 맞는 것을 고르십시오.

① 지역 축제가 점점 줄어들고 있다.
② 남자는 지역 축제의 관광 상품화에 찬성한다.
③ 지역 축제는 지역 경제와 밀접한 관련이 있다.
④ 여자는 지역 축제로 지역 간의 경쟁이 심해졌다고 생각한다.

**연습 5** 유형편 유형 09(5-27,28)

**27.** 여자가 남자에게 말하는 의도를 고르십시오.

① 빈병 분리수거 참여를 독려하기 위해
② 빈병 활용 방법에 대해 전달하기 위해
③ 빈병 재사용의 필요성을 주장하기 위해
④ 빈병을 가게에서 처리해야 함을 주장하기 위해

**28.** 들은 내용으로 맞는 것을 고르십시오.

① 빈병 재사용을 하면 온실가스를 줄일 수 있다.
② 빈병을 재활용하는 것이 환경 보호에 도움이 된다.
③ 빈병들은 재활용할 수 있는 제도가 마련되어 있다.
④ 빈병 재사용은 환경에는 도움이 되나 경제적으로 부담이 된다.

## 유형 10 듣고 특정 정보, 세부 내용 파악하기

MP3_10

- 문항 29, 30은 인터뷰 상황에서의 대화이며 질문하는 사람은 여자이고, 인터뷰에 응하는 사람이 남자입니다.
- 문항 29는 남자의 직업을 묻는 문제입니다. 남자의 답변에서 직업에 대해 알 수 있는 정보를 찾을 수 있습니다.
- 문항 30은 들은 내용과 일치하는 것을 찾는 문제입니다. 들을 때에는 세부 정보까지 꼼꼼히 집중해서 듣고 기억해야 합니다. 이런 유형의 문제는 화자가 한 말을 다른 말로 표현한 보기가 정답인 경우가 많습니다. 그러나 화자가 한 말이 그대로 정답으로 출제되는 경우도 있으므로 대화를 들으면서 메모를 해 두면 문제를 푸는 데 도움이 됩니다.

※ [29~30] 다음을 듣고 물음에 답하십시오. (각 2점) 유형편 유형 10(1-29,30)

**연습 1**

**29.** 남자는 누구인지 고르십시오.

① 그림책 작가
② 출판사 직원
③ 전시회 안내자
④ 유치원 선생님

**30.** 들은 내용으로 맞는 것을 고르십시오.

① 어른들은 남자가 만든 그림책에 열광했다.
② 독자의 나이를 고려해서 그림책을 만들어야 한다.
③ 1, 2세 영아들에게는 사물의 모양이나 색이 중요하다.
④ 영아들의 그림책은 사물을 정확한 그림으로 표현해야 한다.

## 정답 및 문제 풀이

여자: 선생님, 지난주에 열린 그림책 전시회에서 ㉠ 유난히 어린이들의 반응이 뜨거웠던 이유가 무엇이라고 생각하십니까?

남자: 한두 살 아이에게 바나나 같은 음식을 줄 때 통째로 주지 않죠. 작게 잘라서 주기 때문에 아이는 바나나를 달콤하고 부드러운 것으로 기억하게 됩니다. ㉡ 영아들에게는 사물의 모양, 색보다는 느낌이 중요합니다. 따라서 ㉢ 영아들에겐 형태가 아닌 정서로 그림 정보를 줘야 합니다. ㉣ 아이의 나이에 맞으면서 정서적으로 아이와 잘 소통할 수 있는 그림책이 좋은 그림책입니다. 지금까지 출판된 어린이 그림책들을 보면 책을 읽는 사람의 연령을 고려하지 않고 만든 그림책들이 대부분이에요. 그래서 ㉤ 제가 만든 그림책들이 아이들에게 큰 인기를 얻은 게 아닐까 싶습니다.

29.

[정답] ①

문제 풀이

남자의 답변 중 '㉤ 제가 만든 그림책'에서 남자의 직업을 찾을 수 있습니다.

30.

[정답] ②

문제 풀이

㉣에서 나이를 고려하여 그림책을 만들어야 한다고 언급하고 있으므로 ②가 정답입니다.

① ㉠에서 남자가 만든 그림책에 열광한 사람은 어린이인 것을 알 수 있습니다. ③ ㉡에서 영아들에게는 사물의 형태 즉 모양이나 색보다는 느낌이 중요하다고 말하고 있습니다. ④ ㉢에서 영아들의 그림책은 형태가 아닌 정서로 그림을 표현해야 한다고 말하고 있습니다.

## 연습 2 유형편 유형 10(2-29,30)

**29.** 남자는 누구인지 고르십시오.

① 한류 전문가
② 패션 디자이너
③ 박람회 기획자
④ 시민 참가자 대표

**30.** 들은 내용으로 맞는 것을 고르십시오.

① 세계에서 패션의 한류 열풍이 불고 있다.
② 이 행사를 통해 해외 패션 시장에 진출할 수 있다.
③ 남자는 올해 일반 시민들을 위해 박람회를 진행했다.
④ 국내 정상급 디자이너가 아니면 행사에 참가할 수 없다.

## 연습 3 유형편 유형 10(3-29,30)

**29.** 남자는 누구인지 고르십시오.

① 권독사
② 대학교 교수
③ 출판사 사장
④ 도서관 자원봉사자

**30.** 들은 내용으로 맞는 것을 고르십시오.

① 도서관의 책은 무료로 볼 수 없다.
② 시간에 관계없이 도서관 이용이 가능하다.
③ 전통적인 도서 분류법에 따라 책이 꽂혀 있다.
④ 도서관 내의 출판사에 가면 출판사의 특징을 엿볼 수 있다.

## 연습 4

유형편 유형 10(4-29,30)

**29.** 남자는 누구인지 고르십시오.

① 새롭게 등장한 신인 가수
② 드라마 주인공을 맡은 배우
③ 앨범을 제작하는 음반 기획자
④ 오랜만에 신곡을 발표한 가수

**30.** 들은 내용으로 맞는 것을 고르십시오.

① 남자는 3년 동안 앨범을 발표하지 않았다.
② 남자는 서울에서 5일 동안 공연을 할 예정이다.
③ 이번 앨범의 대표곡은 조용하고 느린 노래이다.
④ 남자의 신곡은 가족의 사랑을 이야기한 노래이다.

## 연습 5

유형편 유형 10(5-29,30)

**29.** 남자는 누구인지 고르십시오.

① 로봇을 만드는 과학자
② 기계를 수리하는 기술자
③ 사람의 생명을 구하는 의사
④ 시각 장애인을 돕는 복지가

**30.** 들은 내용으로 맞는 것을 고르십시오.

① 남자는 지금까지 실수한 적이 없다.
② 성공의 뒤에는 수많은 실패가 있다.
③ 시행착오가 없어야 행복해질 수 있다.
④ 어릴 적 꿈은 지금의 현실과 맞지 않다.

## 유형 11 듣고 화자의 생각, 태도 고르기

MP3_11

- 문항 31, 32는 의견이 상충하는 남자와 여자의 대화로 구성됩니다.
- 문항 31은 남자의 생각을 묻는 문제입니다. 대화를 들으면서 남자와 여자가 이야기하고 있는 문제에 대해서 각각 어떤 입장을 보이고 있는지 잘 파악해야 합니다.
- 문항 32는 남자의 태도로 알맞은 것을 고르는 문제입니다. 따라서 이 문제를 풀 때는 처음부터 끝까지 내용을 집중해서 들어야 합니다. 듣다가 정답을 찾았다고 하더라도 끝까지 내용을 들어보는 것이 좋습니다. 전체적으로 말하는 사람이 이야기하는 의도를 파악하고 문제를 풀면 정답을 잘 찾을 수 있을 것입니다. 또한 태도를 나타내는 표현들을 미리 익혀 두면 문제를 푸는 데 도움이 됩니다.

※ [31~32] 다음을 듣고 물음에 답하십시오. (각 2점) 유형편 유형 11(1-31,32)

**연습 1**

**31.** 남자의 생각으로 맞는 것을 고르십시오.

① 정년 연장 검토는 아직 이르다.
② 정년이 연장되면 청년층의 일자리가 줄어든다.
③ 정년 연장으로 고령층의 삶의 질이 개선될 것이다.
④ 정년 연장은 청년층의 일자리 감소와 관계가 없다.

**32.** 남자의 태도로 맞는 것을 고르십시오.

① 상대방의 의견에 지지를 보내고 있다.
② 구체적인 예를 들어 개념을 설명하고 있다.
③ 근거를 들어 상대방의 주장을 반박하고 있다.
④ 상대방의 의견을 존중하면서 타협점을 찾고 있다.

## 정답 및 문제 풀이

여자: 고령화 사회로 진입하면서 한국도 정년 연장을 검토 중이라고 하는데, 그럼 젊은 사람들의 일자리가 줄어드는 것 아닙니까?

남자: 그렇지 않아요. ㉠ 한국노동연구소의 작년 보고서에 따르면 청년층은 주로 경영 관련 사무직에서, 고령층은 운전, 청소, 경비직에서 근무하고 있는 것으로 나타나 ㉡ 두 세대가 경쟁을 벌이는 직종은 매우 드물다고 합니다.

여자: 그렇다고 해도 정년이 연장되면 신규 채용이 주는 건 당연하잖아요.

남자: 지난 10년간 고령층의 조기 퇴직이 활성화되었음에도 불구하고 청년 실업 문제는 나아지지 않고 있습니다. ㉢ 청년층 고용은 고령층과 관계가 있는 것이 아니라 경제 성장률과 관계가 있다고 봅니다.

31.

[정답] ④

문제 풀이

남자는 ㉡에서 청년층과 고령층의 직종 분리가 확실하여 정년 연장과 청년층의 일자리 감소는 관계가 없다고 이야기하고 있습니다. 또한 ㉢에서 청년층의 고용은 경제 성장률과 관계가 있다고 말하고 있습니다. 따라서 남자의 생각으로는 ④가 정답입니다.

32.

[정답] ③

문제 풀이

남자는 ㉠에서 한국노동연구소의 보고서 결과를 예로 들어 여자의 의견에 반박하고 있으므로 ③이 정답입니다.

## 연습 2 유형편 유형 11(2-31,32)

**31.** 남자의 생각으로 맞는 것을 고르십시오.

① 외국어 조기 교육은 부모에게 정신적인 부담이 된다.
② 외국어 조기 교육에 대한 전문가들의 연구가 필요하다.
③ 우리말을 완벽히 습득한 후에 외국어를 배우는 것이 좋다.
④ 영유아기 때 아이들을 외국어 환경에 노출시키는 것이 좋다.

**32.** 남자의 태도로 맞는 것을 고르십시오.

① 일관성 없이 자신의 의견을 주장하고 있다.
② 비교를 통해 상대방과 타협점을 찾고 있다.
③ 근거를 들어 상대방의 의견을 지지하고 있다.
④ 객관적인 예를 통해 상대방의 의견에 반박하고 있다.

## 연습 3 유형편 유형 11(3-31,32)

**31.** 남자의 생각으로 맞는 것을 고르십시오.

① 전통 시장의 활성화에 가장 효과적인 것은 격주 휴무제이다.
② 마트의 상생 품목제 덕분에 전통 시장의 매출이 크게 늘었다.
③ 마트의 상생 품목의 수를 늘려야 전통 시장이 부흥할 수 있다.
④ 마트와 시장의 상생을 위해 마트가 시장의 현대화를 도와야 한다.

**32.** 남자의 태도로 맞는 것을 고르십시오.

① 상대방의 의견에 동조하며 지지하고 있다
② 서로의 의견을 비교하며 장단점을 설명하고 있다.
③ 상대방의 의견에 반박하면서 대안을 제시하고 있다.
④ 객관적인 예를 들어서 상대방의 의견을 지적하고 있다.

연습 4 유형편 유형 11(4-31,32)

**31.** 남자의 생각으로 맞는 것을 고르십시오.

① 술잔 돌리기는 인간관계에 도움이 된다.
② 술잔 돌리기가 비위생적인 것은 아니다.
③ 윗사람이 술잔을 권하면 거절할 수 없다.
④ 저항력이 떨어진 사람에게 술잔 돌리기는 치명적이다.

**32.** 남자의 태도로 맞는 것을 고르십시오.

① 상대방의 말에 반박을 하고 있다.
② 객관적으로 분석하여 해결책을 제시하고 있다.
③ 객관적인 자료에 근거하여 자신의 주장을 하고 있다.
④ 구체적인 사례를 들어 주제에 대한 설명을 하고 있다.

연습 5 유형편 유형 11(5-31,32)

**31.** 남자의 생각으로 맞는 것을 고르십시오.

① 에스컬레이터에서 두 줄 서기를 해야 한다.
② 에스컬레이터에서 손잡이를 잡고 있는 것이 좋다.
③ 에스컬레이터 고장의 주요 원인은 한 줄 서기이다.
④ 안전사고 예방을 위해 안전 이용 수칙을 정해야 한다.

**32.** 남자의 태도로 맞는 것을 고르십시오.

① 상대방이 제기한 의견을 지지하고 있다.
② 일관성 없이 자신의 의견을 주장하고 있다.
③ 비교를 통해 상대방과 타협점을 찾고 있다.
④ 근거를 들어 상대방의 의견에 반박하고 있다.

유형 12

# 듣고 중심 내용, 세부 내용 파악하기

MP3_12

- 문항 33, 34는 일상생활이나 뉴스에서 접할 수 있는 이야기로 구성됩니다.
- 문항 33은 무엇에 대한 내용인지 찾는 문제입니다. 이야기를 듣고 전체 내용을 파악한 후에 핵심 내용을 담고 있는 답을 찾아야 합니다.
- 문항 34는 들은 내용과 일치하는 것을 찾는 문제입니다. 들을 때에는 세부 정보까지 꼼꼼히 집중해서 듣고 기억해야 합니다. 이런 유형의 문제는 화자가 한 말을 다른 말로 표현한 보기가 정답인 경우가 많습니다. 그러나 화자가 한 말이 그대로 정답으로 출제되는 경우도 있으므로 대화를 들으면서 메모를 해 두면 문제를 푸는 데 도움이 됩니다.

※ [33~34] 다음을 듣고 물음에 답하십시오. (각 2점) 유형편 유형 12(1-33,34)

연습 1

**33.** 무엇에 대한 내용인지 맞는 것을 고르십시오.

① 긍정적인 말의 힘
② 곰팡이의 종류와 특징
③ 곰팡이 냄새 제거 방법
④ 긍정적인 생각의 중요성

**34.** 들은 내용으로 맞는 것을 고르십시오.

① 무생물은 인간의 말에 반응하지 않는다.
② 긍정적인 말을 한 밥에서 냄새가 심하게 났다.
③ 부정적인 말을 한 밥에서 검은 곰팡이가 생겼다.
④ 실험을 통해 곰팡이의 생성 원리를 잘 알 수 있다.

## 정답 및 문제 풀이

여자: 얼마 전 말에 대한 재미있는 실험이 텔레비전에 방송된 적이 있습니다. 흰 밥을 유리병 두 개에 나누어 담고 한쪽 병에는 '고마워, 사랑해, 미안해'와 같이 아름다운 말을 계속 했고, 다른 쪽 병에는 '미워, 싫어, 짜증나'와 같이 거친 말을 했습니다. 그 결과 놀랍게도 ㉠ 아름다운 말을 한 병의 밥에는 하얗게 예쁜 곰팡이가 조금 생겼고 냄새도 많이 나지 않았습니다. 하지만 ㉡ 거친 말을 계속 한 밥에는 검은 곰팡이가 가득하고 냄새도 심했습니다. 여러분, ㉢ 아름다운 말의 힘이 느껴지나요? 이렇듯 ㉣ 무생물조차 말에 반응을 보이는데 우리 사람들은 더할 나위 없겠지요. 자신의 옆에 있는 사람에게 항상 아름다운 말, 긍정적이고 힘이 되는 말을 자주 해 보십시오.

33.

[정답] ①

문제 풀이

㉢에서 실험 결과를 통해 아름다운 말 즉 긍정적인 말의 힘에 대해서 알 수 있다고 했으므로 ①이 정답입니다.

34.

[정답] ③

문제 풀이

㉡에서 거친 말 즉 부정적인 말을 한 밥에서는 검은 곰팡이가 가득하다고 했으므로 ③이 정답입니다.
① ㉣에서 무생물도 말에 반응함을 알 수 있습니다. ② ㉠에서 긍정적인 말 즉 아름다운 말을 한 밥에서는 냄새가 많이 나지 않은 것을 알 수 있습니다. ④ 실험의 목적은 곰팡이의 생성 원리를 밝히고자 한 것이 아니라 ㉢에서 언급한 것처럼 아름다운 말의 힘을 보고자 하는 것입니다.

연습 2 유형편 유형 12(2-33,34)

**33.** 무엇에 대한 내용인지 맞는 것을 고르십시오.

① 국민 취업난 해결의 중요성
② 직업 훈련 프로그램의 문제점
③ 선수들의 경기력 향상을 위한 방안
④ 은퇴 선수의 복지 증진을 위한 방안

**34.** 들은 내용으로 맞는 것을 고르십시오.

① 운동을 그만 둔 선수들은 다른 일을 구하기 쉽다.
② 은퇴 선수에게 제도적인 취업 지원을 강화해야 한다.
③ 현역 선수에게 다양한 직업 교육의 기회를 제공해야 한다.
④ 정부에서 새로운 분야를 개척하여 취업에 도움을 줘야 한다.

연습 3 유형편 유형 12(3-33,34)

**33.** 무엇에 대한 내용인지 맞는 것을 고르십시오.

① 적절한 사과의 방법
② 진정한 사과와 변명의 차이점
③ 사과할 때 개선이나 보상의 내용
④ 현대인들이 사과를 하지 않는 원인

**34.** 들은 내용으로 맞는 것을 고르십시오.

① 사과를 한 후에 서로의 잘못을 지적해야 한다.
② 변명은 사과하기 전에 미리 하는 것이 바람직하다.
③ 같은 실수의 재발 방지에 대해 약속하는 것이 좋다.
④ 잘못에 대한 설명은 변명이므로 하지 않는 것이 좋다.

## 연습 4 유형편 유형 12(4-33,34)

**33.** 무엇에 대한 내용인지 맞는 것을 고르십시오.

① 상처 받은 사람들의 대처 방법
② 현대 사회에서 인간관계의 문제점
③ 현대인들이 자존감을 회복하는 방안
④ 사람들이 타인에게 상처를 주는 원인

**34.** 들은 내용으로 맞는 것을 고르십시오.

① 가족 간에 주는 상처는 사랑으로 극복한다.
② 마음이 약한 사람은 다른 사람에게 상처를 받는다.
③ 나 자신을 사랑해야 상처를 받아도 빨리 치유할 수 있다.
④ 자존감이 있는 사람은 다른 사람에게 쉽게 상처를 주지 않는다.

## 연습 5 유형편 유형 12(5-33,34)

**33.** 무엇에 대한 내용인지 맞는 것을 고르십시오.

① 한반도의 사계절 기온 변화
② 각 나라의 기후에 대한 설명
③ 온실 가스를 줄이는 구체적인 방법
④ 지구 온난화 현상과 대책 마련의 필요성

**34.** 들은 내용으로 맞는 것을 고르십시오.

① 영국은 작년 여름에 홍수로 많은 피해를 입었다.
② 한반도는 온실 가스를 줄여서 온난화가 심하지 않다.
③ 한반도는 1954년부터 현재까지 기온 상승폭이 일정하다.
④ 지구 온난화로 인해 폭염과 가뭄, 홍수의 가능성이 높아졌다.

## 유형 13 듣고 특정 정보, 세부 내용 파악하기

MP3_13

- 문항 35, 36은 전시실 개관식이라든가 간담회 같은 특별한 행사에서 들을 수 있는 이야기로 구성됩니다.
- 문항 35는 남자가 무엇을 하고 있는지 찾는 문제입니다. 남자가 하는 일을 나타내는 표현들을 미리 익혀 두면 문제를 푸는 데 도움이 됩니다.
- 문항 36은 들은 내용과 일치하는 것을 찾는 문제입니다. 들을 때에는 세부 정보까지 꼼꼼히 집중해서 듣고 기억해야 합니다. 이런 유형의 문제는 화자가 한 말을 다른 말로 표현한 보기가 정답인 경우가 많습니다. 그러나 화자가 한 말이 그대로 정답으로 출제되는 경우도 있으므로 대화를 들으면서 메모를 해 두면 문제를 푸는 데 도움이 됩니다.

※ [35~36] 다음을 듣고 물음에 답하십시오. (각 2점) 유형편 유형 13(1-35,36)

**연습 1**

**35.** 남자는 무엇을 하고 있는지 고르십시오.

① 졸업식 행사를 준비하고 있다.
② 학생들에게 강연을 하고 있다.
③ 자동차 고등학교를 소개하고 있다.
④ 졸업식에서 축하의 말을 하고 있다.

**36.** 들은 내용으로 맞는 것을 고르십시오.

① 이것은 교장 선생님의 축사이다.
② 남자는 역경을 만나서 견디기 힘들었다.
③ 남자는 이 학교에서 특화된 기술과 능력을 배웠다.
④ 이 학교 수업은 일반 고등학교에서도 접할 수 있다.

## 정답 및 문제 풀이

남자: 안녕하십니까? 1회 ㉠ 졸업생 최진혁입니다. 먼저 오늘 졸업식을 맞아 이 자리에 모인 신진 자동차 고등학교 5회 졸업생 분들께 축하의 박수를 보냅니다. 교장 선생님께서 저에게 축사를 부탁하셨을 때 처음에는 많이 망설였는데, 선배로서 여러분에게 하고 싶은 말이 있어 이 자리에 섰습니다. 여러분이 3년 동안 이곳에서 배운 것은 결코 작거나 보잘 것 없는 것이 아닙니다. ㉡ 일반 고등학교에서 접할 수 없는 다양한 수업을 통해 특화된 기술과 능력을 갖는다는 것은 남들이 가지지 못한 장점을 갖는 것입니다. 그래서 저는 오늘 졸업을 맞는 여러분이 누구보다 자랑스럽습니다. 여러분이 ㉢ 그 어떤 역경을 만나도 그것을 견디고 이겨낼 것을 믿습니다. 앞으로 여러분이 만들어갈 한국의 미래가 벌써 기대됩니다.

35.

[정답] ④

문제 풀이

졸업식에서 졸업을 축하하는 말을 읽고 있으므로 ④가 정답입니다.

36.

[정답] ③

문제 풀이

㉡에서 자동차 고등학교에서는 수업을 통해 특화된 기술과 능력을 배울 수 있음을 알 수 있습니다. 남자는 이 고등학교 졸업생이므로 ③이 정답입니다.

① ㉠에서 축사를 읽고 있는 사람은 졸업생임을 알 수 있습니다. ② ㉢에서 남자는 후배들에게 앞으로 어떤 역경을 만나도 견디고 이겨낼 것을 믿는다고 했습니다. ④ ㉡에서 자동차 고등학교에서는 일반 고등학교에서 접할 수 없는 다양한 수업이 있다고 말하고 있습니다.

**연습 2** 유형편 유형 13(2-35,36)

**35.** 남자는 무엇을 하고 있는지 고르십시오.

① 세계 여성 운동의 성과에 대해 평가하고 있다.
② 세계 여성 운동과 관련된 자료를 분석하고 있다.
③ 세계 여성의 날 행사에 참여할 것을 요청하고 있다.
④ 세계 여성의 날 행사에 대한 의견을 조사하고 있다.

**36.** 들은 내용으로 맞는 것을 고르십시오.

① 현대 사회에서 남녀 차별은 찾아보기 힘들다.
② 여성의 날 기념행사에 남성은 참가할 수 없다.
③ 여성의 날이 제정된 후 여성 운동이 더 활발해졌다.
④ 여성의 문화생활을 위한 다양한 행사를 마련해야 한다.

**연습 3** 유형편 유형 13(3-35,36)

**35.** 남자는 무엇을 하고 있는지 고르십시오.

① 국제 영화제의 시작을 알리고 있다.
② 한국 영화의 역사를 소개하고 있다.
③ 아시아 영화 산업을 분석하고 있다.
④ 상영되는 작품의 수를 조사하고 있다.

**36.** 들은 내용으로 맞는 것을 고르십시오.

① 일반 관객들은 국제 영화제에 참여할 수 없다.
② 영화 전시관에서 영화 제작 체험을 해 볼 수 있다.
③ 이번 국제 영화제에서 옛날 한국 영화를 볼 수 있다.
④ 이번 국제 영화제에서 상영되는 작품은 총 97편이다.

## 연습 4 유형편 유형 13(4-35,36)

**35.** 남자는 무엇을 하고 있는지 고르십시오.

① 광화문 글판과 다른 회사의 글판을 비교하고 있다.
② 회사의 광화문 글판의 내용과 역사를 소개하고 있다.
③ 회사의 기업 홍보 방법을 시민들에게 보고하고 있다.
④ 광화문 글판 작업에 함께 참여할 것을 요청하고 있다.

**36.** 들은 내용으로 맞는 것을 고르십시오.

① 광화문 글판에 기업 홍보의 내용을 담아 광고하고 있다.
② 25년 전 시민의 제안으로 광화문 글판을 걸기 시작했다.
③ 광화문 글판의 내용은 한 결 같이 아름답고 위로가 되는 문구였다.
④ 시민들에게 힘이 되는 아름다운 문구를 골라 광화문 글판에 걸고 있다.

## 연습 5 유형편 유형 13(5-35,36)

**35.** 남자는 무엇을 하고 있는지 고르십시오.

① 빌딩 설계 방식에 대해 안전 진단을 받고 있다.
② 빌딩 내부의 기온 유지의 필요성을 강조하고 있다.
③ 이 빌딩이 갖는 의의와 앞으로의 계획을 밝히고 있다.
④ 강풍과 지진에 견딜 수 있는 빌딩을 설계하는 방법을 연구하고 있다.

**36.** 들은 내용으로 맞는 것을 고르십시오.

① 이 빌딩은 개보수 공사를 끝냈다.
② 이 빌딩은 서울의 대표 건물 중 하나이다.
③ 이 빌딩은 다른 나라 기술을 도입하여 만들었다.
④ 이 빌딩은 서울 올림픽이 열리는 해에 완공되었다.

유형 14

# 듣고 중심 생각, 세부 내용 파악하기(교양 프로그램)

MP3_14

- 문항 37, 38은 인터뷰 형식으로 이루어진 교양 프로그램입니다. 사회자가 전문가에게 질문을 하면 전문가는 그 질문에 대한 대답을 합니다. 교양 프로그램이기 때문에 주제는 아주 다양합니다. 책 소개일 수도 있고 기관이나 직업에 대한 소개일 수도 있습니다. 그러나 단순한 소개가 아니라 소개와 더불어 전문가의 생각을 말합니다. 따라서 전문가의 이야기에 귀를 기울여 들어야 합니다.
- 문항 37은 전문가의 중심 생각이 무엇인지 알아보는 문제입니다. 뒷사람의 중심 생각이지만 앞사람의 질문에 주로 주제에 해당하는 내용이 담겨져 있으므로 처음부터 주의하여 들을 필요가 있습니다.
- 문항 38은 들은 내용과 일치하는 것을 찾는 문제입니다. 들을 때에는 세부 정보까지 꼼꼼히 집중해서 듣고 기억해야 합니다. 이런 유형의 문제는 화자가 한 말을 다른 말로 표현한 보기가 정답인 경우가 많습니다. 그러나 화자가 한 말이 그대로 정답으로 출제되는 경우도 있으므로 대화를 들으면서 메모를 해 두면 문제를 푸는 데 도움이 됩니다.

※ [37~38] 다음은 교양 프로그램입니다. 잘 듣고 물음에 답하십시오. (각 2점) 유형편 유형 14(1-37,38)

연습 1

**37.** 남자의 중심 생각으로 맞는 것을 고르십시오.

① 모든 범죄의 공소 시효가 폐지되어야 한다.
② 검사는 모든 사건에 대해 재판을 신청할 수 있다.
③ 4만 건의 강력 사건은 공소 시효가 지나가야 한다.
④ 살인의 공소 시효는 폐지되거나 기간이 늘어나야 한다.

**38.** 들은 내용과 일치하는 것을 고르십시오.

① 공소 시효는 우리나라에만 있는 제도이다.
② 지금의 살인 사건의 공소 시효는 50년이다.
③ 공소 시효 기간 내에서만 재판을 신청할 수 있다.
④ 피해자 가족들은 공소 시효 기간을 줄이고 싶어한다.

## 정답 및 문제 풀이

여자: 경관님, 우리나라의 범죄 검거율이 90퍼센트에 육박하지만 해결되지 못한 10퍼센트 때문에 고통 받는 사람들이 많다고 하죠? 그런데 공소 시효가 만료되면 범인을 잡아도 처벌할 수 없다면서요? 좀 설명해 주시겠습니까?

남자: 우리나라에는 공소 시효라는 제도가 있습니다. ㉠ 범죄를 저지른 후 일정한 기간이 지나면 검사가 그 사건에 대해 재판을 신청할 수 있는 권리가 없어져서 피해자가 재판을 요구하거나 법적으로 범죄자를 처벌할 수 있는 방법이 없어지는 제도입니다. ㉡ 이는 범죄의 정도와 국가에 따라 그 기간이 다릅니다. 그런데 우리나라에서 4만 건이 넘는 강력 사건의 범인들이 공소 시효가 지나가길 기다리며 숨어있고 범인을 잡아도 공소 시효가 만료되어 처벌할 수 없는 살인 사건도 12건이 넘습니다. 그러나 ㉢ 시간이 지나도 사건을 묻어버릴 수 없는 강력 범죄 피해자나 가족들의 고통은 계속됩니다. 따라서 강력 범죄인 살인의 경우 ㉣ 공소 시효가 폐지되거나 지금의 25년이 아닌 50년 이상이 되어야 범죄자가 평생 처벌에서 벗어날 수 없을 것입니다.

37.

[정답] ④

문제 풀이

여자가 먼저 공소 시효에 대한 질문을 합니다. 남자는 여자의 질문을 듣고 공소 시효에 대한 설명을 합니다. 또한 공소 시효가 짧아서 생기는 피해자와 피해자 가족들의 고통을 이야기하면서 강력 범죄의 경우는 지금의 2배 이상이 되어야 함을 주장하고 있습니다. 다시 말해 남자는 강력 범죄의 공소 시효는 폐지되거나 기간이 늘어나야 한다고 말합니다. 따라서 정답은 ④입니다.

38.

[정답] ③

문제 풀이

㉠에서 공소 시효가 지나면 재판을 신청할 수 없다고 말합니다. 이를 다시 말하면 공소 시효 기간 내에서만 재판을 신청할 수 있다는 이야기입니다. 따라서 ③이 정답입니다.

① ㉡에서 공소 시효 기간은 나라마다 다르다고 말하고 있으므로 공소 시효는 우리나라에만 있는 제도는 아닙니다. ② ㉣에서 지금의 살인 사건의 공소 시효는 25년이라고 말합니다. ④ ㉢에서 시간이 지나도 강력 범죄 피해자의 가족들은 고통스러워한다고 말합니다. 따라서 피해자 가족들은 공소 시효 기간을 줄이고 싶어하지 않는다고 유추할 수 있습니다.

**연습 2** 유형편 유형 14(2-37,38)

**37.** 남자의 중심 생각으로 맞는 것을 고르십시오.

① 학생들은 영어와 수학을 잘해야 한다.
② 공부 방법 강의는 학생들에게 도움이 된다.
③ 자신의 공부 방법은 공개하지 않는 게 좋다.
④ 장학금을 받기 위해서 열심히 공부해야 한다.

**38.** 들은 내용과 일치하는 것을 고르십시오.

① 동생은 동영상 제작으로 장학금을 받았다.
② 남자는 대학 졸업 후 처음 동영상을 제작했다.
③ 동영상 강의 공개 후 학생들의 반응이 뜨거웠다.
④ 공신은 홈페이지를 통한 동영상 강의로 시작됐다.

**연습 3** 유형편 유형 14(3-37,38)

**37.** 남자의 중심 생각으로 맞는 것을 고르십시오.

① 박수로 다양한 병을 치료할 수 있다.
② 두뇌 발달을 위한 박수가 먼저 개발돼야 한다.
③ 박수를 통해 건강하고 즐거운 삶을 살 수 있다.
④ 많은 사람들이 박수에 대한 연구에 참여해야 한다.

**38.** 들은 내용과 일치하는 것을 고르십시오.

① 박수의 효과는 과학적으로 입증이 되지 않는다.
② 앉아서 박수만 치는 것은 건강에 도움이 안 된다.
③ 웃음 건강 박수는 예전부터 내려오는 전통 박수이다.
④ 박수 체조를 하면 전신 운동을 한 것 같은 효과가 있다.

## 연습 4

유형편 유형 14(4-37,38)

**37.** 남자의 중심 생각으로 맞는 것을 고르십시오.

① 도심에서 벗어나 나만의 가치가 있는 집을 지어야 한다.
② 싸고 넓은 주택을 지어 아이들이 마음껏 놀 수 있게 해야 한다.
③ 작아도 자신의 생활 방식과 취향에 맞는 집을 짓고 살아야 한다.
④ 자투리땅을 활용해 높게 집을 지어 경제적 이익을 창출해야 한다.

**38.** 들은 내용과 일치하는 것을 고르십시오.

① 협소 주택은 고객들이 직접 설계하여 짓는 것이다.
② 협소 주택이란 도시 외곽에서 유행하는 주택의 한 종류이다.
③ 최근 건축가들 사이에 경제적으로 싸게 집을 짓는 것이 유행이다.
④ 협소 주택의 장점은 도시의 남는 좁은 땅에 집을 지을 수 있다는 점이다.

## 연습 5

유형편 유형 14(5-37,38)

**37.** 남자의 중심 생각으로 맞는 것을 고르십시오.

① 성공을 하려면 이직을 많이 해야 한다.
② 전문가가 되려면 대학 학위가 필요하다.
③ 박사 학위가 있을 때 현장 감각을 가르칠 수 있다.
④ 학력보다 실력이 중심이 되는 사회가 되어야 한다.

**38.** 들은 내용과 일치하는 것을 고르십시오.

① 지금 사회에서 고졸은 부당한 처우를 받는 경우가 많다.
② 이 사람은 박사 학위를 받고 컴퓨터 분야에서 일을 시작했다.
③ 이 사람은 한 회사에서 30년 동안 근무하면서 전문 지식을 쌓았다.
④ 대학교 교육을 받고 예전보다 학생들을 가르치는 실력이 좋아졌다.

유형 15

## 듣고 앞의 내용 추론, 세부 내용 파악하기(대담)

MP3_15

- 문항 39, 40은 대화문으로 이루어진 대담입니다. 사회자가 뒷사람이 앞에서 이야기한 것을 정리하고 또 다른 질문을 합니다. 그리고 뒷사람은 그 질문에 대한 대답을 합니다. 대담은 말하는 사람과 듣는 사람이 마주한 상태에서 말하고 듣는 상황을 일컫는 말로 주로 인터뷰와 면접, 회견 등이 이에 속합니다. 그런데 토픽에서 대담은 주로 인터뷰 형식으로 이루어져 있습니다.
- 문항 39는 이 담화의 앞 내용을 찾는 문제입니다. 이것은 논리적인 흐름을 파악하는 것으로 앞사람이 처음에 하는 말을 주의 깊게 들어야 합니다. 앞부분에 전에 나왔을 내용에 대해 언급하기 때문입니다.
- 문항 40은 들은 내용과 일치하는 것을 찾는 문제입니다. 들을 때에는 세부 정보까지 꼼꼼히 집중해서 듣고 기억해야 합니다. 이런 유형의 문제는 화자가 한 말을 다른 말로 표현한 보기가 정답인 경우가 많습니다. 그러나 화자가 한 말이 그대로 정답으로 출제되는 경우도 있으므로 대화를 들으면서 메모를 해 두면 문제를 푸는 데 도움이 됩니다.

※ [39~40] 다음은 대담입니다. 잘 듣고 물음에 답하십시오. (각 2점) 유형편 유형 15(1-39,40)

**연습 1**

**39.** 이 담화 앞의 내용으로 알맞은 것을 고르십시오.

① 무더위와 수면은 관계가 있다.
② 무더위 때문에 사망하는 사건들이 일어났다.
③ 무더위에 건강을 관리하는 방법은 따로 있다.
④ 무더위에는 화를 참지 못해서 사건이 많이 발생한다.

**40.** 들은 내용과 일치하는 것을 고르십시오.

① 열대야를 이기기 위해 뜨거운 물로 샤워를 하는 것이 좋다.
② 열대야를 이기기 위해 저녁 이후에는 운동을 하면 안 된다.
③ 열대야를 이기기 위해 밤에는 아무 것도 먹지 않는 것이 좋다.
④ 열대야를 이기기 위해 혈당이 떨어지지 않도록 주의해야 한다.

## 정답 및 문제 풀이

여자: 무더위가 계속되면서 열사병으로 숨지는 이런 사건들이 자꾸 생기네요. 열사병에 걸리지 않으려면 건강 관리를 잘 해야겠습니다. 그런데 교수님, 요즘 열대야가 심해서 잠자기가 어렵지 않습니까? 열대야를 이기는 방법이 있을까요?

남자: 우리 몸은 체온이 떨어져야 자는 시간으로 인식합니다. 그렇기 때문에 ㉠ 자기 전에 미지근한 물로 샤워를 해 주는 것이 좋습니다. 또 혈당이 떨어지면 안정감을 주는 세로토닌이라는 성분이 뇌에 안 들어갑니다. 따라서 ㉡ 저녁을 일찍 먹은 사람들은 혈당이 떨어지지 않도록 포도 같은 당이 있는 과일을 조금 먹으면 잠을 잘 잘 수 있습니다. 그리고 ㉢ 늦은 시간 운동을 하신 분들은 소량의 과일이나 탄수화물을 드시는 것이 좋습니다. 조금만 신경 쓰면 열대야에도 잘 잘 수 있을 것입니다.

39.

[정답] ②

**문제 풀이**

여자가 첫 번째 문장에서 '무더위가 계속되면서 열사병으로 숨지는 이런 사건들이 자꾸 생기네요.'라고 말하는 것으로 유추해 보면 무더위 때문에 사망하는 사건들이 일어났다고 말하는 ②가 정답입니다.

40.

[정답] ④

**문제 풀이**

㉡ 혈당이 떨어지면 잠을 잘 잘 수 없다고 하기 때문에 열대야를 이기려면 혈당이 떨어지지 않도록 해야 한다는 ④가 정답입니다.

① ㉠에서 미지근한 물로 샤워를 하라고 말합니다. ② ㉢에서 늦은 시간 운동을 한 경우 소량의 과일을 먹으라고 말하고 있지 늦은 시간 운동을 하지 말라는 이야기는 없습니다. ③ ㉡과 ㉢에서 혈당이 떨어진 사람이나 늦은 시간에 운동을 하는 사람은 각자에게 필요한 것을 먹어야 한다고 말합니다.

## 연습 2 유형편 유형 15(2-39,40)

**39.** 이 대화 앞의 내용으로 알맞은 것을 고르십시오.

① 대체 실험 방법이 활발히 개발 중이다.
② 동물실험으로 많은 동물들이 희생된다.
③ 화장품 원료의 안정성 검증은 불필요하다.
④ 예전보다 동물실험에 사용되는 비용이 많이 줄었다.

**40.** 들은 내용과 일치하는 것을 고르십시오.

① 안전성이 검증된 화장품 원료가 많지 않다.
② 화장품 제조를 위한 동물실험은 피할 수 없다.
③ 대체 실험 방법은 동물실험보다 비용이 적게 든다.
④ 대체 실험 방법은 동물실험보다 정확성이 떨어진다.

## 연습 3 유형편 유형 15(3-39,40)

**39.** 이 대화 앞의 내용으로 알맞은 것을 고르십시오.

① 공정한 가격에 커피를 거래해야 한다.
② 공정 무역 커피에 대한 홍보가 중요하다.
③ 커피 생산 노동자에게 교육이 필요하다.
④ 커피 생산 노동자는 정당한 대가를 받지 못한다.

**40.** 들은 내용과 일치하는 것을 고르십시오.

① 많은 사람들이 공정 무역 커피에 대해 알고 있다.
② 커피 생산 노동자는 대부분 개발도상국 아이들이다.
③ 유명 커피 전문점은 공정 무역 커피에 대해 무관심하다.
④ 공정 무역 커피 판매 수익의 대부분이 장학 사업에 쓰인다.

## 연습 4

유형편 유형 15(4-39,40)

**39.** 이 담화 앞의 내용으로 알맞은 것을 고르십시오.

① 광고로 사회적 메시지를 전할 수 있다.
② 판매를 촉진하는 광고가 좋은 광고이다.
③ 여행을 많이 하는 사람은 창의성이 좋다.
④ 창의력을 키우기 위해 대중과 소통해야 한다.

**40.** 들은 내용과 일치하는 것을 고르십시오.

① 같은 세상도 몰입해서 보면 다르게 보인다.
② 새로운 것을 자주 접해야 창의력이 생긴다.
③ 아이디어를 얻기 위해 특별한 경험을 해야 한다.
④ 나보다 다른 사람부터 놀라게 해야 감동을 전할 수 있다.

## 연습 5

유형편 유형 15(5-39,40)

**39.** 이 대화 앞의 내용으로 알맞은 것을 고르십시오.

① 악성 댓글로 자살하는 연예인들이 많다.
② 한국식 영어 교육도 한류로 인정받고 있다.
③ 해외에서 좋은 댓글 달기 운동이 호응을 얻고 있다.
④ 이 남자는 한국의 영어 교육을 위해 평생을 바쳤다.

**40.** 들은 내용과 일치하는 것을 고르십시오.

① 남자는 악성 댓글에 시달린 경험이 있다.
② 남자는 30년 동안 좋은 댓글 달기 운동을 했다.
③ 남자는 학생들에게 좋은 댓글 달기를 과제로 냈다.
④ 남자는 영어를 가르치다가 악성 댓글의 심각성을 알게 됐다.

## 유형 16 듣고 세부 내용, 중심 생각 파악하기(강연)

MP3_16

- 새로 개편된 한국어 능력시험에는 강연 문제가 세 번([41~42], [45~46], [49~50])에 거쳐 출제됩니다. 문항 41, 42는 강연 문제 중 첫 번째에 해당하는 번호로 전문 분야에 대한 강연이지만 어휘나 표현의 경우 평이합니다.
- 문항 41은 들은 내용과 일치하는 것을 찾는 문제입니다. 들을 때에는 세부 정보까지 꼼꼼히 집중해서 듣고 기억해야 합니다. 이런 유형의 문제는 화자가 한 말을 다른 말로 표현한 보기가 정답인 경우가 많습니다. 그러나 화자가 한 말이 그대로 정답으로 출제되는 경우도 있으므로 대화를 들으면서 메모를 해 두면 문제를 푸는 데 도움이 됩니다.
- 문항 42는 남자의 중심 생각을 묻는 문제입니다. 따라서 이 문제를 풀 때는 처음부터 끝까지 내용을 집중해서 들어야 합니다. 듣다가 정답을 찾았다고 하더라도 끝까지 내용을 들어보는 것이 좋습니다. 전체적으로 말하는 사람이 이야기하는 의도를 파악하고 문제를 풀면 정답을 잘 찾을 수 있을 것입니다.

※ [41~42] 다음은 강연입니다. 잘 듣고 물음에 답하십시오. (각 2점) 유형편 유형 16(1-41,42)

**연습 1**

**41.** 들은 내용과 일치하는 것을 고르십시오.

① 노인 인구가 늘어나면 생산도 늘어난다.
② 노인 인구 증가는 국가 경제에 부담이 된다.
③ 고령화 사회에서는 의학 기술의 발달로 출산율도 높아진다.
④ 고령화 사회에서 노인들의 정신적인 문제가 가장 큰 문제이다.

**42.** 남자의 중심 생각으로 맞는 것을 고르십시오.

① 고령화 사회에서 젊은층의 노동력이 활용되어야 한다.
② 고령화 사회를 극복하기 위한 방안이 마련되어야 한다.
③ 고령화 문제를 해결하기 위해 의학 기술을 발달시켜야 한다.
④ 고령화 사회에서 출산율을 높이는 것은 국가 경제에 부담이 된다.

## 정답 및 문제 풀이

남자: 전체 인구 중 65세 이상이 차지하는 비율이 7% 이상일 때 고령화 사회라고 합니다. ㉠ 고령화는 출산율이 낮아지면서 전체 인구 대비 노인 인구의 비중이 높아짐을 의미하기도 하지만 의학 기술의 발달, 생활 개선 등으로 인간의 수명이 늘어났음을 의미하기도 합니다. 노인 인구가 늘어나는 현상은 국가적으로는 부담이 될 수 있습니다. ㉡ 생산보다 소비가 많은 노인 인구의 증가로 저축과 투자가 줄어들고 노동력이 부족하게 되어 ㉢ 국가 경제가 활력을 잃게 됩니다. 또한 젊은 층이 부양해야 하는 인구도 늘게 됩니다. ㉣ 고령화 문제를 해결하기 위해서 노인 복지 정책과 함께 노인 노동력이 활용되는 방안을 마련해야 합니다. 전 세계에서 인구 고령화의 속도가 가장 빠른 우리나라의 경우 미리 대비책을 마련하지 않으면 사회적인 혼란을 피할 수가 없습니다.

41.

[정답] ②

문제 풀이

㉢에서 노인 인구가 많아지면 국가 경제가 활력을 잃게 된다고 말합니다. 따라서 국가 경제에 부담이 된다는 ②가 정답입니다.

① ㉡에서 노인 인구는 생산보다 소비가 많다고 말합니다. ③ ㉠에서 고령화 사회에서는 출산율이 낮아진다고 말합니다. ④ 전체적인 이야기와 ㉣에서의 노인 노동력 활용 방안을 마련해야 한다고 말하는 것을 보면 고령화 사회에서 가장 문제가 되는 것은 정신적인 문제가 아니라 경제적인 문제라는 것을 유추해 볼 수 있습니다.

42.

[정답] ②

문제 풀이

이 강연에서 남자는 고령화 사회에 대한 정의를 살펴보고 어떤 문제가 있는지와 고령화 문제를 해결하기 위한 방안, 또한 다른 나라보다 고령화의 속도가 빠른 우리나라에 경우 대비책이 시급함을 말하고 있습니다. 따라서 ②번 고령화 사회를 극복하기 위한 방안이 마련되어야 한다가 정답입니다.

연습 2 유형편 유형 16(2-41,42)

**41.** 들은 내용과 일치하는 것을 고르십시오.

① 미국의 기업인들은 기부에 소극적이다.
② 소득이 낮을수록 기부에 대한 관심이 낮다.
③ 한국은 기부 문화가 정착된 나라 중 하나이다.
④ 한국은 작년보다 세계 기부 지수 순위가 올라갔다.

**42.** 남자의 중심 생각으로 맞는 것을 고르십시오.

① 기부를 하려면 돈이 많이 필요하다.
② 모든 국민들이 반드시 기부에 참여해야 한다.
③ 기부 문화 정착으로 사회 통합을 이룰 수 있다.
④ 기부를 실천하기 위해 다양한 재능을 개발해야 한다.

연습 3 유형편 유형 16(3-41,42)

**41.** 들은 내용과 일치하는 것을 고르십시오.

① 특별한 사람이 타인을 돕는다.
② 약국에서 혈액을 구입할 수 있다.
③ 국적이 달라도 헌혈을 할 수 있다.
④ 연령과 성별에 상관없이 헌혈이 가능하다.

**42.** 남자의 중심 생각으로 맞는 것을 고르십시오.

① 헌혈을 통해 나눔을 실천해야 한다.
② 수혈을 위한 혈액의 판매가 필요하다.
③ 혈액을 대체할 물질을 개발해야 한다.
④ 자신의 건강을 위해 헌혈을 하는 것이 좋다.

## 연습 4 유형편 유형 16(4-41,42)

**41.** 들은 내용과 일치하는 것을 고르십시오.

① 언어는 배우는 것이 아니라 익히는 것이다.
② 문법과 어휘 공부를 많이 한 학생이 성적이 좋다.
③ 수업 시간에 수준 높은 책을 많이 읽게 해야 한다.
④ 외국어도 수학과 마찬가지로 열심히 학습해야 한다.

**42.** 남자의 중심 생각으로 맞는 것을 고르십시오.

① 독서하는 습관을 가져야 집중력이 생긴다.
② 외국어는 자율 독서로 자연스럽게 습득하는 것이 좋다.
③ 어휘와 문법을 정확하게 배워야 외국어를 잘 할 수 있다.
④ 수업 시간에 몰입을 잘 하는 학생이 빨리 외국어를 배운다.

## 연습 5 유형편 유형 16(5-41,42)

**41.** 들은 내용과 일치하는 것을 고르십시오.

① 돈이 많으면 사람의 마음을 얻을 수 있다.
② 돈이 있으면 누구나 건강하게 오래 살 수 있다.
③ 국가의 형벌에까지 돈의 힘이 미치는 세상이다.
④ 황금만능주의 시대에 돈의 가치가 떨어지고 있다.

**42.** 남자의 중심 생각으로 맞는 것을 고르십시오.

① 원만한 인간관계를 위해 돈의 힘을 빌려야 한다.
② 황금만능주의 시대에 가장 중요한 것은 사람의 마음이다.
③ 이 시대를 살아가기 위해서는 경제적인 자립이 필요하다.
④ 사람에게는 물질적으로 해결할 수 없는 소중한 것들이 있다.

유형 17

# 듣고 세부 내용, 중심 내용 파악하기(다큐멘터리)

MP3_17

- 문항 43, 44는 다큐멘터리로 자연이나 현상 등에 대한 전달문 형식으로 이루어져 있습니다. 다큐멘터리이기 때문에 화자는 최대한 객관적으로 사실을 전달합니다. 주로 자연 현상, 동물, 소수 민족, 지역 등에 대한 관찰 및 소개를 합니다. 따라서 내용 하나 하나에 주의를 기울여 들어야 합니다.
- 문항 43은 담화의 한 부분의 내용을 제대로 파악했는지 물어보는 문제입니다. 따라서 듣기 전에 문제를 한 번 읽어보고 문제에 해당하는 부분을 들을 때 조금 더 주의를 기울여 들으면 정답을 찾는 데에 도움이 됩니다.
- 문항 44는 담화의 중심 내용을 묻는 문제입니다. 따라서 이 문제를 풀 때는 처음부터 끝까지 내용을 집중해서 들어야 합니다. 듣다가 정답을 찾았다고 하더라도 끝까지 내용을 들어보는 것이 좋습니다. 그리고 문제를 듣기 전에 예항들을 미리 읽으면 답을 찾기가 더 쉽습니다. 전체적으로 말하는 사람이 이야기하는 의도를 파악하고 문제를 풀면 정답을 잘 찾을 수 있을 것입니다.

※ [43~44] 다음은 다큐멘터리입니다. 잘 듣고 물음에 답하십시오. (각 2점) 유형편 유형 17(1-43,44)

연습 1

**43.** 이누피아트 족이 북극곰에게 고래 고기를 나눠 주는 이유는 무엇입니까?

① 생존을 위협받는 것이 두려워서
② 북극곰에게 도움을 받기 위해서
③ 척박한 땅에서 같이 살아가기 위해서
④ 고래를 모두 해체하는 것이 힘들어서

**44.** 이 이야기의 중심 내용으로 맞는 것을 고르십시오.

① 이누피아트 족은 자연과 함께 살아간다.
② 북극에서는 힘을 가진 사람만 살아남는다.
③ 자연 보호를 위해 고래 사냥을 금지해야 한다.
④ 알래스카에서 고래 사냥은 북극곰에게 위협이 된다.

## 정답 및 문제 풀이

여자: 영하 40도, 1년 중 아홉 달이 겨울이라는 이곳 알래스카에 만 년 전부터 이곳에서 살고 있다고 알려진 이누피아트 족이 있습니다. 흔히 에스키모라 불리는 이누피아트 족은 소소한 삶 속에서 행복한 나날을 이어가고 있습니다. 생존을 위해 북극 고래를 사냥하고 해체합니다. 그런데 50여 톤인 고래를 해체하는 작업은 녹록치 않습니다. 그렇지만 여러 사람이 힘을 합쳐 긴 시간 동안 고래를 해체하고 같이 요리해 먹으면서 행복해합니다. 이누피아트 족이 고래 사냥에 성공을 하면 근처에 있는 북극곰은 고래 고기를 호시탐탐 노립니다. ㉠ 이 때 이누피아트 족은 북극곰에게도 사냥한 고래 고기를 조금씩 나눠 줍니다. 이들의 생존 방법은 경쟁이 아니라 공생인 것입니다.

43.

[정답] ③

문제 풀이

㉠에서 북극곰에게 고래 고기를 나눠 주는 것은 이누피아트 족의 생존 방법이 경쟁이 아니라 공생이기 때문이라고 말합니다. 따라서 ③에서 이야기하는 것처럼 척박한 땅 알래스카에서 모두 함께 살아가기 위해서 고래 고기를 북극곰에게 나눠 주는 것입니다.

44.

[정답] ①

문제 풀이

이 다큐멘터리에서 알래스카의 에스키모로 알려진 이누피아트 족이 자연 속에서 동물과 함께 살아가는 모습을 이야기합니다. 이들도 먹을 것이 풍부하지 않지만 북극곰도 추운 땅에서 살아가기 어렵다는 것을 알기에 자신들이 힘겹게 잡은 고래 고기도 나눠주며 공생하는 모습을 이야기합니다. 따라서 이 이야기에서 중점적으로 이야기 하려는 것은 이누피아트 족은 자연과 함께 살아간다는 것입니다. 따라서 ①이 정답입니다.

**연습 2** 유형편 유형 17(2-43,44)

**43.** 수컷들이 서로 자리를 바꾸는 이유로 맞는 것을 고르십시오.

① 먹은 음식을 소화시키기 위해서
② 바다로 먹이를 찾으러 가기 위해서
③ 강풍과 추위로부터 살아남기 위해서
④ 위험한 동물로부터 새끼를 보호하기 위해서

**44.** 이 이야기의 중심 내용으로 맞는 것을 고르십시오.

① 황제 펭귄이 알을 낳는 방식이 독특하다.
② 수컷은 자신의 체온 유지를 위해서 단식한다.
③ 새끼가 무사히 부화하는 데 수컷의 노력이 크다.
④ 수컷은 알을 품는 동안 움직이지 않아 체중이 증가한다.

**연습 3** 유형편 유형 17(3-43,44)

**43.** 공기의 순환이 가능하게 하는 이유로 맞는 것을 고르십시오.

① 매년 여름 장마 전선이 만들어지기 때문에
② 장마 전선이나 태풍이 육지에서 발생하기 때문에
③ 육지와 바다의 공기가 서로 순환하지 않기 때문에
④ 바닷물과 육지는 데워지고 식는 속도가 서로 반대이기 때문에

**44.** 이 이야기의 중심 내용으로 맞는 것을 고르십시오.

① 바다가 급격한 기후 변화를 초래한다.
② 지구의 기후를 결정하는 데 바다의 역할이 크다.
③ 바다는 육지보다 천천히 데워지고 천천히 식는다.
④ 바다로 인해 매년 다양한 인명과 재산 피해가 발생한다.

연습 4 유형편 유형 17(4-43,44)

**43.** 해녀들이 소리를 내며 호흡하는 이유로 맞는 것을 고르십시오.

① 지루하지 않게 일을 하려고
② 단시간에 산소를 많이 마시려고
③ 다른 해녀들에게 위치를 알리려고
④ 파도 소리와 비슷한 소리를 내려고

**44.** 이 이야기의 중심 내용으로 맞는 것을 고르십시오.

① 해녀 문화를 보존해야 한다.
② 해녀들에게 다양한 경험이 필요하다.
③ 해녀의 물질 방식을 산업화해야 한다.
④ 해녀의 고령화 문제를 해결해야 한다.

연습 5 유형편 유형 17(5-43,44)

**43.** 화덕의 연기 그을음이 중요한 역할을 하는 이유로 맞는 것을 고르십시오.

① 벌레를 막고 목재가 썩지 않게 해 주기 때문에
② 난방을 유지해서 방을 따뜻하게 해 주기 때문에
③ 연기가 방 안으로 들어오지 않게 해 주기 때문에
④ 재앙이 들어오는 것을 막고 복을 불러 오기 때문에

**44.** 이 이야기의 중심 내용으로 맞는 것을 고르십시오.

① 한옥의 부엌은 복을 비는 장소이다.
② 계절에 따라 화덕의 이름이 달라진다.
③ 한옥의 부엌에서 화덕이 매우 중요하다.
④ 취사와 난방이 분리된 화덕이 바람직하다.

유형 18

## 듣고 세부 내용, 화자의 태도 파악하기(강연)

MP3_18

- 문항 45, 46은 강연 문제 중 가운데에 해당하는 것으로 친숙하지 않은 '정치, 경제, 사회, 문화' 전반에 걸친 주제에 대한 이야기를 다양한 어휘를 섞어서 제시해 놓았습니다. 어휘를 모르는 경우에도 앞뒤의 문장을 통해 추측해 볼 수 있도록 지문을 구성하였습니다.
- 문항 45는 들은 내용과 일치하는 것을 찾는 문제입니다. 들을 때에는 세부 정보까지 꼼꼼히 집중해서 듣고 기억해야 합니다. 이런 유형의 문제는 화자가 한 말을 다른 말로 표현한 보기가 정답인 경우가 많습니다. 그러나 화자가 한 말이 그대로 정답으로 출제되는 경우도 있으므로 대화를 들으면서 메모를 해 두면 문제를 푸는 데 도움이 됩니다.
- 문항 46은 여자의 태도로 알맞은 것을 고르는 문제입니다. 따라서 이 문제를 풀 때는 처음부터 끝까지 내용을 집중해서 들어야 합니다. 듣다가 정답을 찾았다고 하더라도 끝까지 내용을 들어 보는 것이 좋습니다. 전체적으로 말하는 사람이 이야기하는 의도를 파악하고 문제를 풀면 정답을 잘 찾을 수 있을 것입니다. 또한 태도를 나타내는 표현들을 미리 익혀 두면 문제를 푸는 데 도움이 됩니다.

※ [45~46] 다음은 강연입니다. 잘 듣고 물음에 답하십시오. (각 2점) 유형편 유형 18(1-45,46)

연습 1

**45.** 들은 내용과 일치하는 것을 고르십시오.

① 소비자는 대부분 흥정의 주도권을 잡는다.
② 판매자는 소비자에게 원가나 이윤 등을 알린다.
③ 소비자는 제품에 대한 설명을 들을 권리가 있다.
④ 소비자는 소비를 할 때 판매자의 권유에 따라 결정을 내려야 한다.

**46.** 여자의 태도로 가장 알맞은 것을 고르십시오.

① 소비자 기본법의 제정 원리를 구체적으로 설명하고 있다.
② 판매자는 소비자의 마음을 읽어야 함을 청중을 설득하고 있다.
③ 소비자 권리 행사를 통한 현명한 소비의 방법을 제안하고 있다.
④ 소비자에게 제품에 대한 모든 정보를 제공해야 한다고 주장하고 있다.

## 정답 및 문제 풀이

여자: 여러분은 소비자와 판매자 중 누가 강자라고 생각하십니까? 결론부터 말하면 소비자가 약자입니다. 손님은 왕이라고 하는데 무슨 말이냐고 하시겠지만 소비자가 약자인 이유는 정보력 때문입니다. 소비자가 합리적인 소비를 하기 위해서는 정보를 많이 알고 정보에 맞게 소비를 해야 하지만 ㉠ 판매자는 원가나 이윤 등의 영업 비밀을 소비자에게 알리지 않습니다. 따라서 ㉡ 소비자는 흥정의 주도권을 잡을 수가 없습니다. 이러한 약자인 소비자의 권리를 보장하기 위해 '소비자 기본법'이라는 법을 제정하였습니다. 이 법에 따르면 소비자는 제품에 대한 설명이나 정보를 요구할 수 있는 권리가 있습니다. 즉 ㉢ 소비자가 충동구매를 하지 않고 충분히 설명을 듣고 구매하도록 법적인 장치를 마련해 놓은 것이지요. ㉣ 소비자들은 판매자의 감언이설에 흔들리지 말고 신중하게 소비하는 지혜를 가져야 할 것입니다.

45.

[정답] ③

문제 풀이

㉢에서 소비자가 충분히 설명을 듣고 구매하도록 한 소비자 기본법에 대한 설명을 하는 ③이 정답입니다.
① ㉡에서 소비자는 흥정의 주도권을 잡을 수 없다고 말합니다. ② ㉠에서 판매자는 원가나 이윤 등의 영업 비밀을 소비자에게 알리지 않는다고 말합니다. ④ ㉣에서 판매자의 감언이설에 흔들리지 말고 신중하게 소비를 하는 지혜를 가져야 한다고 말합니다.

46.

[정답] ③

문제 풀이

이 강연에서는 소비자 기본법을 설명하고 소비자들은 자신의 권리를 주장하여 구매 정보를 충분히 들은 후에 소비하는 현명한 자세를 가지라고 제안하고 있습니다. 따라서 정답은 ③번입니다.

## 연습 2 유형편 유형 18(2-45,46)

**45.** 들은 내용과 일치하는 것을 고르십시오.

① 투표로 현실을 바꾸는 것은 불가능하다.
② 20대가 가장 정치에 민감하게 반응한다.
③ 정치와 우리의 삶은 긴밀히 연결돼 있다.
④ 요즘 대부분의 사람들이 정치에 무관심하다.

**46.** 여자의 태도로 가장 알맞은 것을 고르십시오.

① 앞으로 일어날 일을 전망하고 있다.
② 현재의 문제에 대해 책임을 묻고 있다.
③ 정치에 관심을 가질 것을 호소하고 있다.
④ 한국의 정치 상황에 대해 비판하고 있다.

## 연습 3 유형편 유형 18(3-45,46)

**45.** 들은 내용과 일치하는 것을 고르십시오.

① 감성 마케팅을 활용하면 판매량을 늘릴 수 있다.
② 매장의 분위기는 제품 판매에 영향을 끼치지 않는다.
③ 요즘 소비자들의 구매는 제품의 기능에 의해 결정된다.
④ 감성 마케팅은 광고를 통해 구매 심리를 자극하는 것이다.

**46.** 여자의 태도로 가장 알맞은 것을 고르십시오.

① 소비자가 제품을 구매하도록 논리적으로 설득하고 있다.
② 감성 마케팅에 대해 구체적인 사례를 통해 설명하고 있다.
③ 감성 마케팅의 문제점을 지적하고 개선점을 제시하고 있다.
④ 조사 결과를 통해 제품 품질의 중요성에 대해 강조하고 있다.

## 연습 4 　유형편 유형 18(4-45,46)

**45.** 들은 내용과 일치하는 것을 고르십시오.

① 행복은 타인과의 전투를 통해 쟁취할 수 있다.
② 행복은 열심히 노력해야 얻을 수 있는 것이다.
③ 행복은 인간에게 본래 자연스럽게 주어지는 것이다.
④ 행복은 안정적인 직업과 결혼을 통해 도달할 수 있다.

**46.** 남자의 태도로 가장 알맞은 것을 고르십시오.

① 예를 통해 행복해지는 비결을 제시하고 있다.
② 행복한 사람과 불행한 사람을 비교하여 분석하고 있다.
③ 보통 사람들이 행복을 얻는 방법에 대해 비판하고 있다.
④ 다른 학자의 의견을 인용하여 행복에 대한 의견을 펼치고 있다.

## 연습 5 　유형편 유형 18(5-45,46)

**45.** 들은 내용과 일치하는 것을 고르십시오.

① 타인과의 관계 형성은 인간의 행복과 관계가 없다.
② 흉악범을 없애기 위해서 법과 제도는 더 엄격해져야 한다.
③ 흉악범들은 대부분 범죄 피해자가 되 본 경험을 가지고 있다.
④ 흉악범들은 주위 사람들로부터 배려를 받은 적이 없는 경우가 많다.

**46.** 여자의 태도로 가장 알맞은 것을 고르십시오.

① 약자를 배려해야 함을 주장하고 있다.
② 법과 질서의 상관관계를 분석하고 있다.
③ 흉악범의 종류를 분류하여 설명하고 있다.
④ 사회 안전을 위협하는 범죄를 예를 들고 있다.

유형 19

# 듣고 세부 내용, 화자의 태도 파악하기(대담)

MP3_19

- 문항 47, 48은 여자와 남자의 대담을 듣고 세부 내용을 파악하는 능력을 알아보기 위해서 들은 내용과 일치하는 것을 고르거나 남자의 태도를 고르는 문제입니다. 대담은 말하는 사람과 듣는 사람이 마주한 상태에서 말하고 듣는 상황을 일컫는 말로 주로 인터뷰와 면접, 회견 등이 이에 속합니다. 보통 토픽에서의 대담은 인터뷰 형식으로 사회자 역할을 하는 여자가 어떤 상황을 정리하여 질문을 하면, 전문가인 남자는 그 질문에 대한 대답을 합니다.
- 문항 47은 들은 내용과 일치하는 것을 찾는 문제입니다. 이런 유형의 문제는 화자가 한 말을 다른 말로 표현한 보기가 정답인 경우가 많습니다. 그러나 화자가 한 말이 그대로 정답으로 출제되는 경우도 있으므로 대화를 들으면서 메모를 해 두면 문제를 푸는 데 도움이 됩니다.
- 문항 48은 남자의 태도로 알맞은 것을 고르는 문제입니다. 따라서 이 문제를 풀 때는 처음부터 끝까지 내용을 집중해서 들어야 합니다. 듣다가 정답을 찾았다고 하더라도 끝까지 내용을 들어보는 것이 좋습니다. 또한 태도를 나타내는 표현들을 미리 익혀 두면 문제를 푸는 데 도움이 됩니다.

※ [47~48] 다음은 대담입니다. 잘 듣고 물음에 답하십시오. (각 2점) 유형편 유형 19(1-47,48)

연습 1

**47.** 들은 내용과 일치하는 것을 고르십시오.

① 뉴스와 SNS 정보는 보통 반대의 입장을 취한다.
② SNS는 허위 정보로 되어 있어서 믿으면 안 된다.
③ SNS 정보는 뉴스와 마찬가지로 사회에 영향을 미친다.
④ 이 남자는 SNS 정보 때문에 명예 훼손을 당한 적이 있다.

**48.** 남자의 태도로 가장 알맞은 것을 고르십시오.

① 현재의 SNS에 대해서 우려를 나타내고 있다.
② SNS의 언론으로서의 영향력을 지지하고 있다.
③ SNS의 발전 방향에 대해 의견을 제시하고 있다.
④ SNS의 필요성에 대해서 논리적으로 설명하고 있다.

## 정답 및 문제 풀이

여자: 지난 30여 년 간 우리나라에서 가장 영향력 있는 언론인으로 이석희 씨를 꼽는 데 아무도 주저하지 않는데요. 뉴스를 발굴하고 전하는 입장에서 SNS, 즉 인터넷을 통한 사회 관계망 서비스에 대해서 어떻게 생각하시는지 궁금합니다.

남자: 이런 질문을 받을 때는 좀 고민을 하게 됩니다. ㉠ SNS를 무시하자니 뒤떨어진 사람이 되고, 받아들이자니 위험한 부분이 너무 많기 때문입니다. ㉡ 지금 SNS는 도저히 무시할 수 없을 만큼 무서운 영향력을 갖게 됐습니다. 우리가 만드는 ㉢ 뉴스도 가능한 한 SNS에 올려서 일반인들과 소통하려는 전략을 세우고 있습니다. 하지만 이런 새로운 매체가 세상을 지배할 것이라고 믿는 쪽은 아닙니다. ㉣ 허위 사실이나 명예훼손에 속하는 엉터리 얘기들도 수없이 돌아다니니까요. 또한 극단적인 논리를 전파하고 그것으로 이익을 얻으려는 사람들에게도 SNS는 좋은 도구이기도 하니까 ㉤ 사실은 걱정되는 바가 더 큽니다.

47.

[정답] ③

문제 풀이

㉡에서 SNS가 무서운 영향력을 갖게 됐다고 말하고 있으므로 정답은 ③입니다.

① ㉢에서 뉴스도 SNS에 올린다고 말했기 때문에 반대 입장은 아닙니다. ② ㉠과 ㉡에서 SNS가 큰 영향력을 가지고 있기 때문에 완전히 받아들이기도 완전히 무시하기도 어렵다는 입장을 보이고 있습니다. ④ ㉣에서는 명예훼손에 속하는 엉터리 이야기가 돌아다니므로 완벽하게 세상을 지배하지는 못할 것이라는 이야기를 하고 있습니다.

48.

[정답] ①

문제 풀이

이 글에서는 SNS가 사회에 큰 영향력을 미치고 있어서 무시할 수 없고 필요하다고 생각하지만 사실 신뢰할 수 없는 엉터리 이야기도 많이 있어서 걱정되는 바가 더 크다고 하였으므로 정답은 ①입니다.

연습 2 유형편 유형 19(2-47,48)

**47.** 들은 내용과 일치하는 것을 고르십시오.

① 원격 의료 서비스 시범 사업은 올해 처음 실시하였다.
② 원격 의료 서비스는 바쁜 현대인들을 위해 만들어졌다.
③ 환자들은 원격 의료 서비스에 긍정적인 반응을 보였다.
④ 현재 대부분 병원에서 원격 의료 서비스를 실시하고 있다.

**48.** 남자의 태도로 가장 알맞은 것을 고르십시오.

① 원격 의료 서비스의 부작용에 대해서 말하고 있다.
② 원격 의료 서비스의 긍정적 효과를 설명하고 있다.
③ 원격 의료 서비스 시범 사업 도입을 촉구하고 있다.
④ 의료 사각지대에 놓인 환자들의 실태에 우려를 나타내고 있다.

연습 3 유형편 유형 19(3-47,48)

**47.** 들은 내용과 일치하는 것을 고르십시오.

① 국내 저수지에서 식인 물고기가 사람을 해쳤다.
② 아마존은 식인 물고기로 인해 생태계가 파괴됐다.
③ 개인의 잘못으로 인해 국내 생태계가 파괴될 수 있다.
④ 국내 저수지에 식인 물고기의 개체 수가 크게 늘었다.

**48.** 남자의 태도로 가장 알맞은 것을 고르십시오.

① 국내 저수지 관리의 중요성에 대해 강조하고 있다.
② 자료를 근거로 외래 어종 연구 결과를 설명하고 있다.
③ 국내 저수지 생태계 파괴 현황에 우려를 나타내고 있다.
④ 유해 외래 어종 관리를 위한 규정 제정을 촉구하고 있다.

## 연습 4 유형편 유형 19(4-47,48)

**47.** 들은 내용과 일치하는 것을 고르십시오.

① 대학에서 인문학 관련 학과가 줄어들고 있다.
② 기업에서 채용 시 인문학 전공자를 선호한다.
③ 인문학 관련 서적에 대한 대중의 관심이 식었다.
④ 지난 5년간 대학에 400여 개의 학과가 신설됐다.

**48.** 남자의 태도로 가장 알맞은 것을 고르십시오.

① 기업의 채용 제도의 개선을 촉구하고 있다.
② 인문학과 축소에 따른 긍정적인 효과를 설명하고 있다.
③ 인문학 열풍을 반기며 인문학 관련 독서를 장려하고 있다.
④ 인문학의 현 위치를 진단하며 나아갈 방향을 제시하고 있다.

## 연습 5 유형편 유형 19(5-47,48)

**47.** 들은 내용과 일치하는 것을 고르십시오.

① 위에 문제가 생긴 환자는 이식이 가장 좋은 방법이다.
② 장기를 이식 받은 수혜자의 생존율은 점점 높아지고 있다.
③ 장기 이식을 기다리는 동안 합병증을 걱정할 필요가 없다.
④ 국내에서 장기를 이식 받기 위해서는 적어도 3년은 기다려야 한다.

**48.** 남자의 태도로 가장 알맞은 것을 고르십시오.

① 장기 이식의 부작용 현상을 분석하고 있다.
② 장기 이식 과정을 구체적으로 설명하고 있다.
③ 장기 기증자가 늘어나야 함을 주장하고 있다.
④ 장기 이식 기술 발달의 필요성을 강조하고 있다.

유형 20

## 듣고 세부 내용, 화자의 태도 파악하기(강연)

MP3_20

- 문항 49, 50은 강연 문제 중 마지막에 해당하는 것으로 대학 강의 수준의 전문적인 내용을 제시해 놓았습니다. 강연을 듣고 세부 내용과 강연자의 태도를 파악하는 문제가 출제됩니다.
- 문항 49는 들은 내용과 일치하는 것을 찾는 문제입니다. 들을 때에는 세부 정보까지 꼼꼼히 집중해서 듣고 기억해야 합니다. 이런 유형의 문제는 화자가 한 말을 다른 말로 표현한 보기가 정답인 경우가 많습니다. 그러나 화자가 한 말이 그대로 정답으로 출제되는 경우도 있으므로 대화를 들으면서 메모를 해 두면 문제를 푸는 데 도움이 됩니다.
- 문항 50은 강연자의 태도로 알맞은 것을 고르는 문제입니다. 따라서 이 문제를 풀 때는 처음부터 끝까지 내용을 집중해서 들어야 합니다. 듣다가 정답을 찾았다고 하더라도 끝까지 내용을 들어 보는 것이 좋습니다. 전체적으로 말하는 사람이 이야기하는 의도를 파악하고 문제를 풀면 정답을 잘 찾을 수 있을 것입니다. 또한 태도를 나타내는 표현들을 미리 익혀 두면 문제를 푸는 데 도움이 됩니다.

※ [49~50] 다음은 강연입니다. 잘 듣고 물음에 답하십시오. (각 2점) 유형편 / 유형 20(1-49,50)

연습 1

**49.** 들은 내용과 일치하는 것을 고르십시오.

① 초기 화성 탐사는 사람이 직접 방문하여 진행했다.
② 우주여행의 후유증에 시달리는 사람을 찾을 수 있다.
③ 태양계의 행성 중에서 지구와 가장 비슷한 것이 화성이다.
④ 우주 정거장의 비행사들은 우주 방사선의 영향을 직접 받는다.

**50.** 남자의 태도로 가장 알맞은 것을 고르십시오.

① 화성 탐사의 중요성을 강조하고 있다.
② 연구 결과를 발표하며 대비책을 제안하고 있다.
③ 우주여행의 효과를 사례를 들어 설명하고 있다.
④ 우주 탐사 기술의 현 위치를 진단하며 자축하고 있다.

정답 및 문제 풀이

남자: ㉠ 1976년 무인 탐사선의 화성 착륙 후 지속적인 탐사 결과, ㉡ 화성은 태양계의 행성 중 지구와 가장 닮아 제2의 지구로 불리며 우리에게 우주여행의 꿈을 심어 줬습니다. 하지만 연구 결과 인간이 지구를 벗어나 우주 방사선에 노출되면 뇌에 염증을 일으켜 뇌 신호 전달 체계를 파괴하고 학습과 기억에 관련된 인지 능력이 저하될 가능성이 높은 것으로 나타났습니다. ㉢ 다행히 우주 정거장에 탑승하고 있는 비행사들은 지구 자기장에 의해서 보호되는 고도에 있기 때문에 문제가 없습니다. 그러나 ㉣ 미래에 있을 화성 여행에서 사람들에게 이런 부작용이 나타날 가능성은 충분하다고 봅니다. 따라서 우주선에 더 엄격한 방호벽을 설계하고 방사선으로부터 인체를 보호하는 약물 개발 등 부작용에 미리 대비해야 인류의 우주여행의 꿈을 안전하게 실행에 옮길 수 있습니다.

49.

[정답] ③

문제 풀이

㉡에서 태양계의 행성 중 지구와 가장 닮아 제2의 지구로 불린다고 말하고 있으므로 ③이 정답입니다.
① ㉠에서 1976년 무인 탐사선의 착륙 후 지속적인 탐사가 이루어졌다고 말합니다. 무인 탐사선은 사람이 탑승하지 않은 탐사선을 의미합니다. ② ㉣에서 미래의 화성 여행에서 사람들에게 이런 부작용이 나타날 가능성이 충분하다고 말합니다. 아직 우주여행은 미래의 일이며 후유증과 부작용 또한 아직 일어나지 않았습니다. ④ ㉢에서 우주 정거장의 비행사들은 지구 자기장에 의해서 보호되는 고도에 있기 때문에 문제가 없다고 말합니다.

50.

[정답] ②

문제 풀이

먼저 인간이 우주 방사선에 노출될 경우에 대한 연구 결과로 뇌 염증, 뇌 신호 전달 체계 파괴, 학습과 관련된 인지 능력 저하 등의 부작용을 발표합니다. 그리고 미래의 우주여행을 안전하게 하기 위해 우주선에 더 강력한 방호벽 설계하고 인체를 보호하는 약물을 개발하는 등의 대비책을 제안하고 있습니다.

연습 2 유형편 유형 20(2-49,50)

**49.** 들은 내용과 일치하는 것을 고르십시오.

① 유전 공학 기술로 생태계의 균형을 유지할 수 있다.
② 유전 공학 기술의 발전이 농가 소득을 감소시킬 것이다.
③ 세포 융합 기술은 유전 공학 분야의 대표적인 기술이다.
④ 유전 공학 기술이 발전해도 식량 문제를 해결할 수 없다.

**50.** 여자의 태도로 가장 알맞은 것을 고르십시오.

① 다양한 유전 공학 기술을 소개하고 있다.
② 유전 공학 기술의 미래에 대해 전망하고 있다.
③ 유전 공학 기술에 대해 일관되게 비판하고 있다.
④ 유전 공학 기술 개발의 어려움에 대해 불평하고 있다.

연습 3 유형편 유형 20(3-49,50)

**49.** 들은 내용과 일치하는 것을 고르십시오.

① 아담 스미스는 정부의 적극적인 개입을 중요하게 생각했다.
② 현대 경제 활동에서 '보이지 않는 손'이 모든 것을 해결해 준다.
③ 아담 스미스는 '보이지 않는 손'이 시장을 조절한다고 주장했다.
④ 아담 스미스는 시장의 가격은 정부와 개인이 합의하여 정한다고 했다.

**50.** 남자의 태도로 가장 알맞은 것을 고르십시오.

① 아담 스미스의 의견을 부정하며 청중의 동의를 구하고 있다.
② '보이지 않는 손'의 필요성을 강조하며 자신의 의견을 펼치고 있다.
③ 학자들의 의견에 대해서 차이점을 논리적으로 비교, 분석하고 있다.
④ 아담 스미스의 의견을 인용하여 현대 경제에 대한 우려를 나타내고 있다.

연습 4 유형편 유형 20(4-49,50)

49. 들은 내용과 일치하는 것을 고르십시오.

① 속담은 사람들의 생활관과 경험을 반영한다.
② 이론적인 과학 수업을 할 때 속담을 가르쳐야 한다.
③ 속담은 보편적 지식이나 법칙의 발견을 목적으로 한다.
④ 사람들은 보통 속담 수업보다 과학 수업을 쉽게 생각한다.

50. 여자의 태도로 가장 알맞은 것을 고르십시오.

① 속담의 종류를 내용에 따라 분류하고 있다.
② 속담으로 재미있게 과학을 교육하자고 제안하고 있다.
③ 속담을 제대로 사용하지 못하는 현실을 비판하고 있다.
④ 과학적인 지식의 종류에 대해서 예를 들어 설명하고 있다.

연습 5 유형편 유형 20(5-49,50)

49. 들은 내용과 일치하는 것을 고르십시오.

① 정보의 질보다 정보의 양이 중요하다.
② 과거에 비해 정보의 접근성이 높아졌다.
③ 매일 쏟아져 나오는 정보들은 다 믿을 수 없다.
④ 많은 정보 중에서 자신의 생각과 맞는 정보를 골라내야 한다.

50. 남자의 태도로 가장 알맞은 것을 고르십시오.

① 수많은 정보의 종류를 분석하여 설명하고 있다.
② 정보를 선별하는 눈을 키워야 함을 강조하고 있다.
③ 가짜 정보에 속지 말아야 함을 강력히 주장하고 있다.
④ 정보의 홍수에 살고 있는 세대에 대한 우려를 나타내고 있다.

# 제 2 부

# 실전편

연세 토픽 II

듣기

MP3_1_1~3

※ [1~3] 다음을 듣고 알맞은 그림을 고르십시오. (각 2점)

1.

①

②

③

④

2.

①

②

③

④

**3.**

①

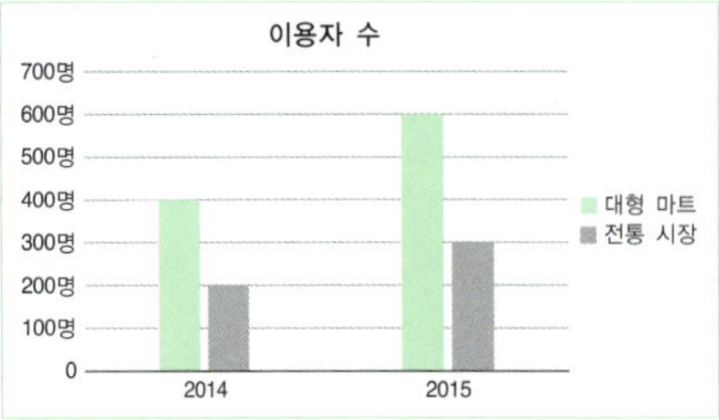


②

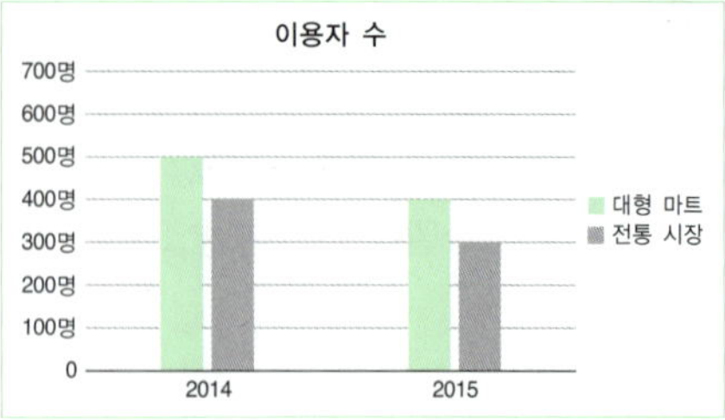


③

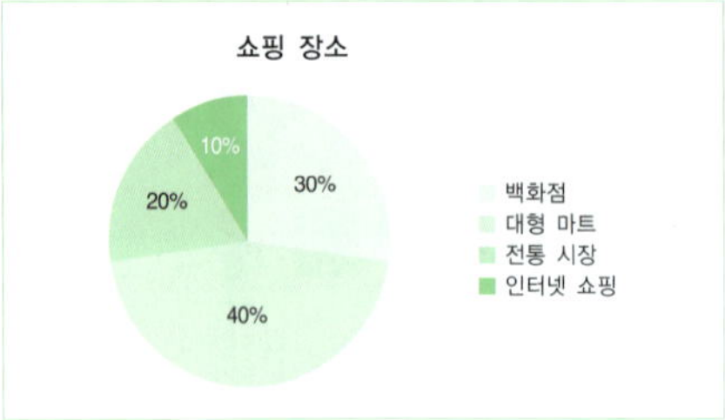


④

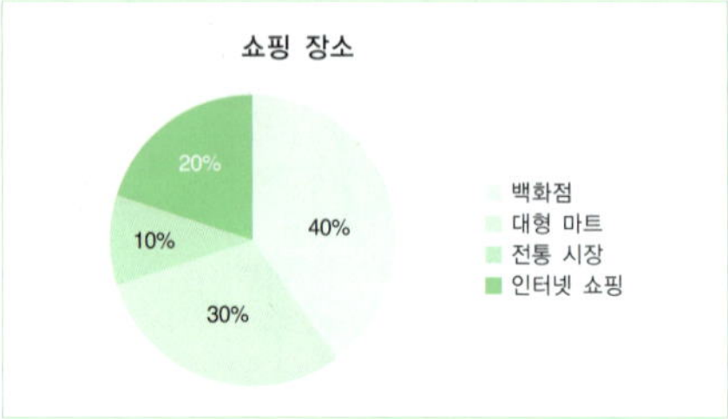


※ [4~8] 다음 대화를 잘 듣고 이어질 수 있는 말을 고르십시오. (각 2점)

MP3_1_4~8

**4.** ① 성적이 좋은데 받을 만하지요. ② 장학금을 받게 되면 이야기해 주세요.
③ 장학금을 받고 싶어하는 줄 몰랐네요. ④ 공부를 안 했는데도 장학금을 받았다고요?

**5.** ① 그럼 수요일 오후에 갈게요. ② 그럼 예약을 취소해 주세요.
③ 수요일로 예약할걸 그랬어요. ④ 예약 시간을 바꿀 수 있어서 다행이에요.

**6.** ① 늦더라도 꼭 가. ② 결혼 준비는 다 했어?
③ 그래도 친구 결혼식인데 가야지. ④ 나 대신에 축하한다고 좀 전해 줘.

**7.** ① 저도 피아노를 한번 배워 볼까요?
② 그러고 보니 벌써 피아노 대회 날이네요.
③ 여러 사람이 사는 곳이니까 주의해 주세요.
④ 열심히 연습하다가 보면 피아노 실력이 늘 거예요.

**8.** ① 어제 공지를 했어야지요. ② 밤 늦은 시간이니까 괜찮아요.
③ 설마 물이 안 나오는 건 아니겠지요? ④ 빨리 씻고 나가야 하는데 어떻게 하지요?

※ [9~12] 다음 대화를 잘 듣고 여자가 이어서 할 행동으로 알맞은 것을 고르십시오. (각 2점)

MP3_1_9~12

9. ① 차를 사러 가게에 간다. ② 남자와 같이 병원에 간다. ③ 남자에게 줄 차를 챙긴다. ④ 남자의 발표 준비를 도와준다.

10. ① 집주인에게 연락한다. ② 이사 갈 집을 구경한다. ③ 은행에 가서 돈을 찾는다. ④ 집에 가서 신분증을 가지고 온다.

11. ① 다른 액세서리 가게로 간다. ② 반지를 사서 집에 가져간다. ③ 반지를 사서 친구에게 선물한다. ④ 반지 값으로 10만 원을 계산한다.

12. ① 현장 학습 장소로 떠난다. ② 학생들에게 사진을 나눠 준다. ③ 현장 학습 보고서를 작성한다. ④ 현장 학습 때 찍은 사진을 정리한다.

※ [13~16] 다음을 듣고 내용과 일치하는 것을 고르십시오. (각 2점)

MP3_1_13~16

13. ① 여자는 청춘 기차표를 살 것이다.
② 누구나 청춘 기차표를 살 수 있다.
③ 여자는 해외여행을 하고 싶어한다.
④ 청춘 기차표로 한 달 동안 기차 여행을 할 수 있다.

14. ① 아파트 난방 시설에 문제가 생겼다.
② 기온이 높아지면 난방 사용량도 증가한다.
③ 기온 상승으로 두 달간 난방 공급이 중단될 것이다.
④ 여름철 난방이 필요한 경우 관리사무소에 연락해야 한다.

15. ① 서울 곳곳에서 재활용 기부 자판기를 볼 수 있다.
② 서울 시민의 제안으로 재활용 기부 자판기가 만들어졌다.
③ 재활용 기부 자판기에 음료수 병을 넣으면 돈을 받을 수 있다.
④ 재활용품을 팔아 모아진 수익금은 서울시 발전을 위해 쓰인다.

16. ① 종합 직업 체험관은 학부모의 도움으로 개관됐다.
② 종합 직업 체험관은 다른 지역 주민도 이용이 가능하다.
③ 종합 직업 체험관에는 첨단 놀이 시설이 갖추어져 있다.
④ 종합 직업 체험관에서는 어린이들의 직업을 선택해 준다.

※ [17~20] 다음을 듣고 남자의 중심 생각을 고르십시오. (각 2점)

MP3_1_17~20

17. ① 음악을 들으려면 정당한 값을 지불해야 한다.
② 음악을 듣는 데 돈을 쓰는 것은 아까운 일이다.
③ 무료로 음악을 내려받는 것은 법적으로 문제가 없다.
④ 음악을 무료로 내려받을 수 있는 사이트가 많아져야 한다.

18. ① 영화 상영 중에 먹는 음식은 다른 사람에게 방해가 된다.
② 영화관에서 음료를 제외한 음식물 반입을 금지해야 한다.
③ 영화 상영 중에 먹는 음식은 영화를 보는 데 재미를 더한다.
④ 영화관에서 다른 사람에게 피해를 주지 않는 음식은 먹어도 된다.

19. ① 대중교통을 이용하면 편리하게 출퇴근할 수 있다.
② 승용차 요일제 참여를 통해 교통비를 아낄 수 있다.
③ 승용차 요일제는 교통 혼잡 해소에 큰 도움이 안 된다.
④ 승용차 요일제 참여를 통해 에너지 절약을 실천할 수 있다.

20. ① 혼자 식사하면 천천히 식사하게 돼서 좋다.
② 집밥 모임에 참여하기 위해서는 요리를 잘해야 한다.
③ 집밥 모임을 통해 사람들과 소통하고 관계를 맺는다.
④ 집밥 모임에 참여하면 여러 식당의 음식을 맛볼 수 있다.

※ [21~22] 다음을 듣고 물음에 답하십시오. (각 2점)

MP3_1_21~26

21. 남자의 중심 생각으로 맞는 것을 고르십시오.

① 자신의 미래를 알려면 점을 봐야 한다.
② 비과학적인 점에 의존하는 것은 좋지 않다.
③ 점을 본 다음에 중요한 일을 결정해야 한다.
④ 점을 보는 사람들이 많으므로 점은 믿을 만하다.

22. 들은 내용으로 알맞은 것을 고르십시오.

① 여자는 점에 의존적이다.
② 여자는 지원한 회사에 불합격했다.
③ 여자는 생각해 둔 회사에 지원할 것이다.
④ 여자는 노력으로 미래를 바꿀 수 있다고 생각한다.

※ [23~24] 다음을 듣고 물음에 답하십시오. (각 2점)

23. 남자는 무엇을 하고 있는지 고르십시오.

① 소방서에 화재 신고를 하고 있다.
② 소방 안전 본부 홈페이지를 소개하고 있다.
③ 소방 안전 체험 교육에 대해 알아보고 있다.
④ 전화로 소방 안전 체험 교육을 신청하고 있다.

24. 들은 내용으로 맞는 것을 고르십시오.

① 소방 안전 본부에서 소방 안전 교육을 받는다.
② 소방서마다 교육 시간과 참가 인원수는 동일하다.
③ 부모와 아이가 함께 소방관 체험을 해 볼 수 있다.
④ 회원 가입을 해야 소방 체험 교육 신청이 가능하다.

※ [25~26] 다음을 듣고 물음에 답하십시오. (각 2점)

25. 남자의 중심 생각으로 맞는 것을 고르십시오.

① 관광 안내를 담당하는 사무소가 많이 생겨야 한다.
② 관광 산업이 발전하려면 자원봉사자가 많아야 한다.
③ 관광 안내원이 되려면 다양한 외국어를 구사해야 한다.
④ 관광 산업 활성화를 위해 적극적인 서비스를 제공해야 한다.

26. 들은 내용으로 맞는 것을 고르십시오.

① 관광 안내원은 누구나 될 수 있다.
② 관광 안내원은 무급으로 활동한다.
③ 관광 안내원은 언어 통역 서비스만 제공한다.
④ 관광 안내원은 안내소 건물 안에서 외국인을 맞는다.

※ [27~28] 다음을 듣고 물음에 답하십시오. (각 2점)

MP3_1_27~34

27. 여자가 남자에게 말하는 의도를 고르십시오.

① 동성애를 반대하기 위해
② 동성애 축제를 소개하기 위해
③ 연애에 대한 조언을 얻기 위해
④ 동성 결혼 합법화 뉴스를 비난하기 위해

28. 들은 내용으로 맞는 것을 고르십시오.

① 세계 모든 나라에서 동성 간의 결혼은 불법이다.
② 남자는 동성애에 대해서 긍정적인 입장을 보인다.
③ 남자는 여자와 함께 동성애자 축제에 가기로 했다.
④ 여자는 동성애에 대한 이해가 필요하다고 생각한다.

※ [29~30] 다음을 듣고 물음에 답하십시오. (각 2점)

29. 남자는 누구인지 고르십시오.

① 대학 교직원
② 여행사 직원
③ 인테리어 업체 사장
④ 가구 제작 업체 대표

30. 들은 내용으로 맞는 것을 고르십시오.

① 남자는 10년 동안 취미로 가구를 만들었다.
② 남자는 인테리어 사업을 통해 회사를 세웠다.
③ 남자는 목수가 되기 위해 가구를 팔아서 돈을 벌었다.
④ 남자는 대학에서 가구 디자인을 가르치며 보람을 느낀다.

※ [31~32] 다음을 듣고 물음에 답하십시오. (각 2점)

**31.** 남자의 생각으로 맞는 것을 고르십시오.

① 담뱃세 인상은 시기상조이다.
② 담뱃세와 흡연율은 관계가 없다.
③ 인상된 담뱃세의 사용처가 불분명하다.
④ 담뱃세 인상으로 흡연율이 감소할 것이다.

**32.** 남자의 태도로 맞는 것을 고르십시오.

① 일관성 없이 자신의 의견을 주장하고 있다.
② 상대방의 의견에 감정적으로 반응하고 있다.
③ 근거를 들어 상대방의 의견에 반박하고 있다.
④ 내용을 이해하지 못해 상대방에게 질문하고 있다.

※ [33~34] 다음을 듣고 물음에 답하십시오. (각 2점)

**33.** 무엇에 대한 내용인지 맞는 것을 고르십시오.

① 칭찬의 기술　　② 칭찬의 효과
③ 칭찬의 역효과　　④ 칭찬의 중요성

**34.** 들은 내용으로 맞는 것을 고르십시오.

① 칭찬은 많이 할수록 좋다.
② 과한 칭찬은 아이들을 불안하게 만든다.
③ 과정보다는 결과를 칭찬해 주는 것이 좋다.
④ 과한 칭찬은 아이들의 자존감을 키워 준다.

MP3_1_35~42

※ [35~36] 다음을 듣고 물음에 답하십시오. (각 2점)

35. 남자는 무엇을 하고 있는지 고르십시오.

① 은퇴 소감을 밝히고 있다.
② 팬들에게 강연을 하고 있다.
③ 은퇴식 행사를 준비하고 있다.
④ 아버지께 감사의 마음을 전하고 있다.

36. 들은 내용으로 맞는 것을 고르십시오.

① 남자는 충동적으로 은퇴를 결심했다.
② 남자는 이른 나이에 은퇴를 결정하였다.
③ 남자는 은퇴 후 지도자의 길을 걸으려고 한다.
④ 남자는 아버지 덕분에 야구 선수로 성공할 수 있었다.

※ [37~38] 다음은 교양 프로그램입니다. 잘 듣고 물음에 답하십시오. (각 2점)

37. 남자의 중심 생각으로 맞는 것을 고르십시오.

① 우울증을 치료할 있는 방법은 음악 치료뿐이다.
② 음악 치료를 위한 다양한 활동을 개발해야 한다.
③ 환자는 음악 치료 활동에 적극적으로 참여해야 한다.
④ 음악 치료는 환자뿐만 아니라 아이들에게도 도움이 된다.

38. 들은 내용과 일치하는 것을 고르십시오.

① 음악 치료로 아이들의 창의력을 키울 수 있다.
② 음악 치료에서는 밝은 분위기의 음악만 사용된다.
③ 음악 치료로 인간의 심리 상태를 변화시킬 수는 없다.
④ 음악 치료는 아이들의 정서 발달을 위해 처음 시작됐다.

※ [39~40] 다음은 대담입니다. 잘 듣고 물음에 답하십시오. (각 2점)

**39.** 이 대화 앞의 내용으로 알맞은 것을 고르십시오.

① 민속촌은 이미지 변신을 위해 노력해야 한다.
② 민속촌에서 다양한 전통문화를 접할 수 있다.
③ 사람들의 외면으로 민속촌이 폐쇄 위기에 처했다.
④ 민속촌은 생활의 서구화가 진행된 70년대 초 만들어졌다.

**40.** 들은 내용과 일치하는 것을 고르십시오.

① 민속촌에 가면 조선시대 가옥이 잘 보존돼 있다.
② 민속촌은 최근 큰 변화를 하여 관람객 수가 증가하였다.
③ 민속촌을 방문하는 젊은층의 비율이 점점 감소하고 있다.
④ 민속촌은 건립 이후 꾸준히 사람들에게 큰 사랑을 받았다.

※ [41~42] 다음은 강연입니다. 잘 듣고 물음에 답하십시오. (각 2점)

**41.** 들은 내용과 일치하는 것을 고르십시오.

① 노인 경시 풍조가 사회에 만연하다.
② 노인들을 긍정적으로 바라보는 사람들이 많다.
③ '사회 쇠약 증후군'은 사회 인식과 관계가 없다.
④ 노인들을 위한 사회복지 제도가 잘 마련돼 있다.

**42.** 남자의 중심 생각으로 맞는 것을 고르십시오.

① 노인들은 무능력하고 의존적인 존재이다.
② 노인들을 긍정적인 시각으로 바라보는 것이 중요하다.
③ 노인에 대한 인식이 노인들의 삶에 미치는 영향이 미미하다.
④ 노인들 스스로 부정적 인식에서 벗어나야 사회 인식이 변화된다.

MP3_1_43~50

※ [43~44] 다음은 다큐멘터리입니다. 잘 듣고 물음에 답하십시오. (각 2점)

43. 창신동 학용품 시장에 사람들의 발길이 뜸해진 이유로 맞는 것을 고르십시오.

① 동네 문방구가 더 싸기 때문에
② 시장 근처에 차가 밀리기 때문에
③ 다른 큰 문구 단지가 생겼기 때문에
④ 문구 구입 방법이 변화되었기 때문에

44. 이 이야기의 중심 내용으로 맞는 것을 고르십시오.

① 출산율을 높여야 한다.
② 문구의 소비자 가격은 비싸다.
③ 문구 전문 시장이 침체되었다.
④ 학용품 판로를 다양화시켜야 한다.

※ [45~46] 다음은 강연입니다. 잘 듣고 물음에 답하십시오. (각 2점)

45. 들은 내용과 일치하는 것을 고르십시오.

① 저축으로 큰 수익을 얻기 쉽다.
② 증권 투자는 위험 부담이 있다.
③ 미래를 위해 소비를 줄이는 것은 어리석다.
④ 투자 수익을 높이기 위해 공부를 해야 한다.

46. 여자의 태도로 가장 알맞은 것을 고르십시오.

① 새로운 재테크 방법을 소개하고 있다.
② 요즘 사람들의 재테크 방법을 비판하고 있다.
③ 미래보다는 현재를 위해 살라고 충고하고 있다.
④ 재테크의 방법으로 저축의 중요성을 강조하고 있다.

※ [47~48] 다음은 대담입니다. 잘 듣고 물음에 답하십시오. (각 2점)

**47.** 들은 내용과 일치하는 것을 고르십시오.

① 진주 등축제는 한국 최초의 등축제이다.
② 진주 등축제 덕분에 지역 경제가 활성화되었다.
③ 한국의 축제가 해외로 수출되는 것은 흔한 일이다.
④ 진주 등축제를 준비하기 위한 연구소가 설치되었다.

**48.** 남자의 태도로 가장 알맞은 것을 고르십시오.

① 진주 등축제의 실효성에 대해 지적하고 있다.
② 국내외 다양한 축제 성공 사례를 분석하고 있다.
③ 진주 등축제의 업적을 소개하며 전망을 제시하고 있다.
④ 축제를 통한 지역 경제 활성화의 필요성을 강조하고 있다.

※ [49~50] 다음은 강연입니다. 잘 듣고 물음에 답하십시오. (각 2점)

**49.** 들은 내용과 일치하는 것을 고르십시오.

① 뇌의 작용 원리가 명확하게 밝혀졌다.
② 현재 뇌 스캐닝 분야는 상당히 발전됐다.
③ 뇌 스캐닝 기술은 윤리적인 문제와 상관없다.
④ 뇌 스캐닝 기술을 통해 인간의 마음을 읽을 수 있다.

**50.** 여자의 태도로 가장 알맞은 것을 고르십시오.

① 뇌의 작용 원리에 대해 자세히 설명하고 있다.
② 뇌 스캐닝 기술의 미래에 대해 전망하고 있다.
③ 뇌 스캐닝 기술에 대해 일관되게 비판하고 있다.
④ 뇌 스캐닝 기술 개발의 어려움에 대해 불평하고 있다.

MP3_2_1~3

※ [1~3] 다음을 듣고 알맞은 그림을 고르십시오. (각 2점)

1.

①

②

③

④

2.

①

②

③

④

**3.**

①

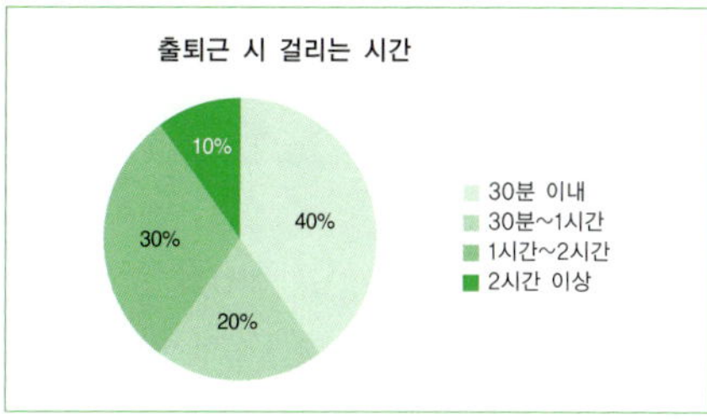


②

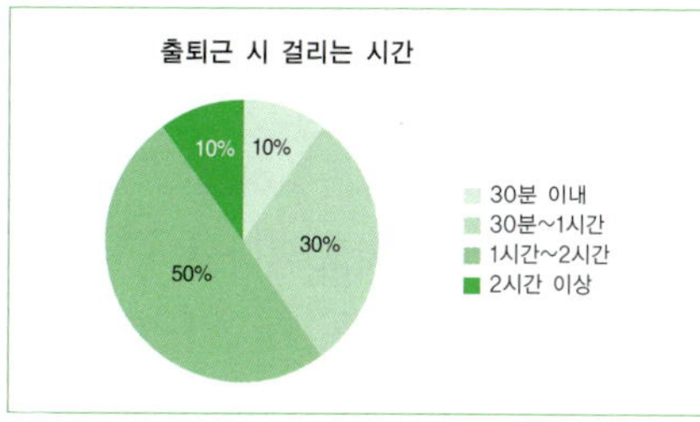


③

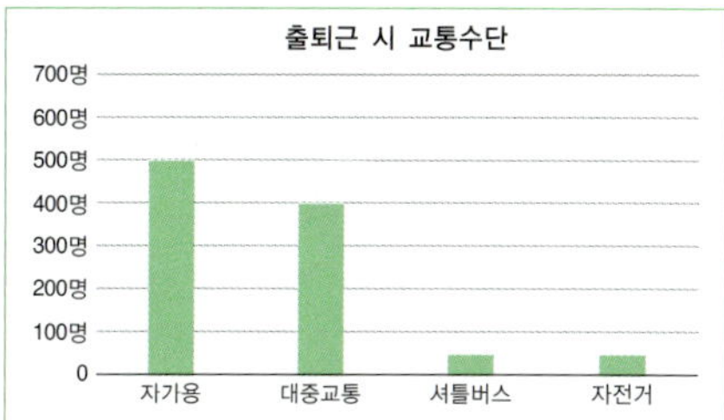


④

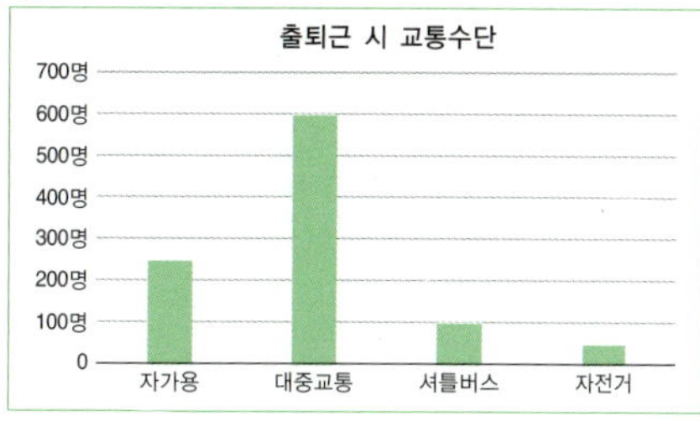


※ [4~8] 다음 대화를 잘 듣고 이어질 수 있는 말을 고르십시오. (각 2점)

MP3_2_4~8

**4.** ① 너도 사러 갈래? ② 언제까지 할인 행사를 한대?
③ 그래? 나도 이따가 가 봐야지. ④ 그래? 내일 구경하러 가야겠다.

**5.** ① 인터넷으로 보면 안 될걸. ② 영화평이 좋았으면 좋겠다.
③ 극장에서 상영을 시작했는지 모르겠어. ④ 내용도 좋고 배우들이 연기도 잘하더라.

**6.** ① 복권에 당첨되면 한턱내세요. ② 저는 꿈을 자주 꾸는 편이에요.
③ 복권에 당첨된 줄 알았는데 아쉽네요. ④ 돼지꿈을 꾸면 저도 복권을 사야겠어요.

**7.** ① 그렇게 된다면 정말 좋을 텐데요.
② 이런 기회를 주셔서 정말 감사합니다.
③ 일주일이면 보고서를 쓰기에 충분해요.
④ 그럼 증명서는 봉사하는 곳에다가 낼게요.

**8.** ① 승진하셨다니 정말 축하해요.
② 일본어 공부도 해 보는 게 어때요?
③ 노력한 만큼 좋은 결과가 있었으면 좋겠네요.
④ 영어를 잘해야 좋은 회사에 들어갈 수 있어요.

※ [9~12] 다음 대화를 잘 듣고 여자가 이어서 할 행동으로 알맞은 것을 고르십시오. (각 2점)

MP3_2_9~16

9. ① 우산을 사러 간다.
② 일기예보를 확인한다.
③ 비가 멈추기를 기다린다.
④ 남자와 우산을 빌리러 간다.

10. ① 전시회 입구에 줄을 서서 기다린다.
② 신분증을 내고 음성 안내기를 빌린다.
③ 전시회에 입장해서 직원의 설명을 듣는다.
④ 신분증을 매표소에 내고 직원의 해설을 듣는다.

11. ① 직접 에어컨을 청소한다.
② 가게에서 새 에어컨을 산다.
③ 에어컨 청소 업체에 전화해 청소를 부탁한다.
④ 에어컨을 들고 에어컨 청소 전문 업체에 간다.

12. ① 남자와 같이 노트북을 사러 간다.
② 여자가 쓰던 컴퓨터를 남자에게 준다.
③ 가볍고 성능이 좋은 컴퓨터를 알아본다.
④ 컴퓨터 수리 센터에 노트북을 고치러 간다.

※ [13~16] 다음을 듣고 내용과 일치하는 것을 고르십시오. (각 2점)

13. ① 안심 택배 보관함 서비스 이용 방법이 매우 복잡하다.
② 안심 택배 보관함 서비스는 이메일로 택배 도착 알림을 받는다.
③ 안심 택배 보관함 서비스 이용 시 주소는 자기 집 주소를 쓰면 된다.
④ 안심 택배 보관함 서비스 이용 시 택배 도착 후 이틀이 지나면 유료이다.

14. ① 금요일 6시 이후에 불법 주차를 하면 경고를 받는다.
② 주말과 공휴일에는 불법 주차 단속이 이루어지지 않는다.
③ 학교에 등록된 차가 주차 위반을 하면 바로 등록이 취소된다.
④ 방문 차량이 불법 주차를 한 번이라도 하면 학교 출입이 안 된다.

15. ① 숲에서 운영하는 모든 프로그램은 유료이다.
② 숲을 보호하기 위해 프로그램 신청자 인원을 제한한다.
③ 평일에는 가족을 대상으로 한 프로그램이 마련돼 있다.
④ 숲에서 운영하는 프로그램은 홈페이지에서 신청할 수 있다.

16. ① 이 행사는 매년 열릴 것이다.
② 이 행사는 여대생들을 위해 기획됐다.
③ 색조 화장을 많이 하면 더 예뻐 보인다.
④ 미용 전공자들을 위해 전문가가 조언을 해 준다.

※ [17~20] 다음을 듣고 남자의 중심 생각을 고르십시오. (각 2점)

MP3_2_17~20

17. ① 주말에는 여러 사람들과 취미 활동을 하는 게 좋다.
② 동호회 회원들과 여행을 하면 기분 전환이 될 것이다.
③ 개인적인 활동을 하는 것도 생활에 활기를 주는 방법이다.
④ 주말에 시간을 내서 동호회 활동을 하는 것이 바람직하다.

18. ① 암의 가장 큰 원인은 유전이다.
② 나이가 어리면 암에 걸리지 않는다.
③ 나쁜 식습관 때문에 암에 걸릴 수 있다.
④ 신경을 많이 쓰면 암에 걸릴 가능성이 높다.

19. ① 서울광장은 시내 중심에 있어 공기가 나쁘다.
② 서울광장을 야영장으로 사용하는 것은 적절하지 않다.
③ 서울광장을 야영장으로 사용하려면 안전시설이 마련돼야 한다.
④ 시민들의 여가 생활을 위해 서울광장을 야영장으로 개방하는 것이 좋다.

20. ① 공연에 볼거리가 적은 것은 아쉬운 점이다.
② 외국인이 공연의 내용을 이해하기는 힘들다.
③ 언어가 통하지 않아도 즐길 수 있는 공연이다.
④ 이번 공연은 관객들이 공연에 참여할 수 없다.

※ [21~22] 다음을 듣고 물음에 답하십시오. (각 2점)

MP3_2_21~28

**21.** 남자의 중심 생각으로 맞는 것을 고르십시오.

① 유럽 여행은 친구들과 함께 하는 것이 좋다.
② 혼자 여행을 하면 경비가 더 많이 들 것이다.
③ 언어가 통하는 곳으로 여행을 가는 것이 낫다.
④ 젊었을 때 하는 여행은 인생에 도움이 될 것이다.

**22.** 들은 내용으로 알맞은 것을 고르십시오.

① 유럽행 저가 항공권은 판매하지 않는다.
② 여자는 유럽 여행을 하고 싶은 마음이 없다.
③ 여자는 언어와 경제적인 문제로 결정을 못하고 있다.
④ 남자는 여행할 때 호텔에서 지내는 게 좋다고 생각한다.

※ [23~24] 다음을 듣고 물음에 답하십시오. (각 2점)

**23.** 남자는 무엇을 하고 있는지 고르십시오.

① 찾아가는 영화관 서비스에 대해 문의하고 있다.
② 찾아가는 영화관 서비스에 대해 안내하고 있다.
③ 찾아가는 영화관 서비스 행사를 진행하고 있다.
④ 찾아가는 영화관 서비스를 전화로 신청하고 있다.

**24.** 들은 내용으로 맞는 것을 고르십시오.

① 찾아가는 영화관 서비스는 유료이다.
② 누구나 찾아가는 영화관 서비스를 이용할 수 있다.
③ 찾아가는 영화관 서비스를 이용하려면 미리 신청해야 한다.
④ 영상자료원에서 노인들을 위한 버스 서비스를 무료로 제공한다.

※ [25~26] 다음을 듣고 물음에 답하십시오. (각 2점)

**25.** 남자의 중심 생각으로 맞는 것을 고르십시오.

① 화재 발생 시 빨리 먼 곳으로 대피해야 한다.
② 만약을 대비해 소화기 작동법은 미리 알아 놓는 게 좋다.
③ 사고 발생 시 자신의 안전을 가장 중요하게 생각해야 한다.
④ 아무리 위급한 상황이어도 침착하게 대처하면 극복할 수 있다.

**26.** 들은 내용으로 맞는 것을 고르십시오.

① 남자는 소화기 사용법을 알고 있었다.
② 남자는 불이 나자 119에 직접 신고부터 했다.
③ 소방관들이 도착하고 나서야 불을 끌 수 있었다.
④ 남자는 승객들에게 비상벨을 눌러 달라고 요청했다.

※ [27~28] 다음을 듣고 물음에 답하십시오. (각 2점)

**27.** 여자가 남자에게 말하는 의도를 고르십시오.

① 방송 촬영 협조를 구하기 위해
② 방송 프로그램을 홍보하기 위해
③ 촬영장 제공의 효과를 강조하기 위해
④ 촬영으로 인한 불만을 토로하기 위해

**28.** 들은 내용으로 맞는 것을 고르십시오.

① 여자는 방송 촬영을 구경하는 것을 즐긴다.
② 남자가 사는 곳 주변에서는 방송 촬영을 안 한다.
③ 여자는 무조건 방송 촬영에 협조하는 게 좋다고 본다.
④ 방송 관계자들은 촬영 후 주변 정리를 깨끗하게 한다.

※ [29~30] 다음을 듣고 물음에 답하십시오. (각 2점)

MP3_2_29~36

**29.** 남자는 누구인지 고르십시오.

① 치과 의사
② 치과 방문 환자
③ 충치 치료제 개발자
④ 칫솔 제조 업체 대표

**30.** 들은 내용으로 맞는 것을 고르십시오.

① 잘못된 양치질이 충치를 유발할 수 있다.
② 칫솔질만 잘하면 충치를 예방할 수 있다.
③ 아침에 일어나서 바로 이를 닦는 것이 좋다.
④ 충치 예방을 위해서 치과를 찾는 사람들이 많다.

※ [31~32] 다음을 듣고 물음에 답하십시오. (각 2점)

**31.** 남자의 생각으로 맞는 것을 고르십시오.

① 간접 광고는 제품 홍보에 효과적이다.
② 드라마에서 간접 광고는 없어져야 한다.
③ 간접 광고를 만드는 데 돈을 많이 들여야 한다.
④ 완성도 있는 작품을 위해 간접 광고가 필요하다.

**32.** 남자의 태도로 맞는 것을 고르십시오.

① 상대방의 말을 하나하나 반박하고 있다.
② 구체적인 사례를 들어 개념을 설명하고 있다.
③ 현재의 문제에 대해 타협점을 제시하고 있다.
④ 객관적인 자료를 통해 자신의 의견을 주장하고 있다.

※ [33~34] 다음을 듣고 물음에 답하십시오. (각 2점)

33. 무엇에 대한 내용인지 맞는 것을 고르십시오.

① 다양한 의사소통 기술
② 공감 능력 교육의 필요성
③ 공감 능력과 성공의 관계
④ 아이들의 공감 능력 부족의 문제점

34. 들은 내용으로 맞는 것을 고르십시오.

① 공감은 중요한 의사소통 기술 중 하나이다.
② 아이들에게 공감하는 방법을 가르칠 필요는 없다.
③ 부모에게서 받은 동정은 감정 극복에 도움이 된다.
④ 공감이란 상대방의 감정을 동일하게 느끼는 것이다.

※ [35~36] 다음을 듣고 물음에 답하십시오. (각 2점)

35. 여자는 무엇을 하고 있는지 고르십시오.

① 학술 대회에 대해 소개하고 있다.
② 학술 대회의 폐막을 알리고 있다.
③ 국제 교육계의 문제점을 분석하고 있다.
④ 무상 의무 교육의 방안을 제시하고 있다.

36. 들은 내용으로 맞는 것을 고르십시오.

① 이번 학술 대회는 나흘 동안 진행됐다.
② 이번 학술 대회는 일반인들의 참여로 이루어졌다.
③ 전 세계적으로 협력적인 교육 문화를 지향해야 한다.
④ 이번 학술 대회에서 평등 교육에 대한 첫 논의를 했다.

※ [37~38] 다음은 교양 프로그램입니다. 잘 듣고 물음에 답하십시오. (각 2점)

MP3_2_37~44

**37.** 여자의 중심 생각으로 맞는 것을 고르십시오.

① 고양이와 사람은 친구가 되기 힘들다.
② 한 번 버림받은 고양이는 사람을 계속 무서워한다.
③ 유기 동물 보호소에서 독서 권장 프로그램을 기획해야 한다.
④ 어린이와 교감을 통해 유기 고양이의 마음의 상처를 치유할 수 있다.

**38.** 들은 내용과 일치하는 것을 고르십시오.

① 고양이는 아이들의 목소리를 좋아한다.
② 고양이는 사람을 두려워하는 습성이 있다.
③ 독서를 통해 버림받은 아이들이 심리적 안정을 얻는다.
④ 아이들을 위해서 '책 친구들'이라는 프로그램을 만들었다.

※ [39~40] 다음은 대담입니다. 잘 듣고 물음에 답하십시오. (각 2점)

**39.** 이 담화 앞의 내용으로 알맞은 것을 고르십시오.

① 물질이 행복의 조건은 아니다.
② 독서는 새벽에 하는 것이 효과적이다.
③ 건강을 유지하려면 경제적인 부가 필요하다.
④ 행복한 삶을 위해 힘든 상황은 피하는 것이 좋다.

**40.** 들은 내용과 일치하는 것을 고르십시오.

① 행복은 마음 먹기에 달려 있다.
② 작은 일로는 행복을 찾기 힘들다.
③ 돈이 많아야 행복하게 살 수 있다.
④ 행복은 자신이 처한 상황이 결정한다.

※ [41~42] 다음은 강연입니다. 잘 듣고 물음에 답하십시오. (각 2점)

41. 들은 내용과 일치하는 것을 고르십시오.

① 경쟁이 심할수록 사회는 발전된다.
② 협력의 목적은 타인을 이기는 것이다.
③ 경쟁 구조는 인간에게 긍정적인 영향을 끼친다.
④ 협력은 동일한 목표를 위해 서로 힘을 모으는 것이다.

42. 남자의 중심 생각으로 맞는 것을 고르십시오.

① 현대사회에서 경쟁은 불가피하다.
② 협력을 통해 사회 구조를 바꿔야 한다.
③ 경쟁이 있어야 개인의 능력을 키울 수 있다.
④ 실력을 검증하기 위해서는 경쟁에서 이겨야 한다.

※ [43~44] 다음은 다큐멘터리입니다. 잘 듣고 물음에 답하십시오. (각 2점)

43. 그림의 제목이 '야경'이 된 이유로 맞는 것을 고르십시오.

① 밤의 풍경을 그렸기 때문에
② 그림이 대체로 어둡기 때문에
③ 밤에 그려진 그림이기 때문에
④ 화가가 야경을 좋아했기 때문에

44. 이 이야기의 중심 내용으로 맞는 것을 고르십시오.

① 렘브란트는 어두운 색을 좋아했다.
② 회화 보수 기술을 발달시켜야 한다.
③ 납이 들어 있는 물감은 색이 오래간다.
④ 그림은 작가의 의도와 달리 해석될 수 있다.

MP3_2_45~50

※ [45~46] 다음은 강연입니다. 잘 듣고 물음에 답하십시오. (각 2점)

**45.** 들은 내용과 일치하는 것을 고르십시오.

① 한류는 2000년대 이후에 생긴 단어이다.
② 한류는 유럽과 중남미에서 처음 시작됐다.
③ 한류 덕분에 한국을 찾는 외국인 관광객이 늘었다.
④ 한류 때문에 다른 나라의 문화를 접할 기회가 줄었다.

**46.** 여자의 태도로 가장 알맞은 것을 고르십시오.

① 한류의 문제점을 지적하고 있다.
② 한류의 의미를 예를 들어 설명하고 있다.
③ 한류 열풍에 대해서 우려를 나타내고 있다.
④ 지속 가능한 한류를 위한 방안을 제시하고 있다.

※ [47~48] 다음은 대담입니다. 잘 듣고 물음에 답하십시오. (각 2점)

**47.** 들은 내용과 일치하는 것을 고르십시오.

① 남자는 예술을 통해 대중들이 마음의 휴식을 얻기를 바란다.
② 남자는 만화로 대중이 예술을 쉽게 이해할 수 있도록 돕는다.
③ 미술사를 알아야 남자의 작품에 담긴 의미를 이해할 수 있다.
④ 관람객들은 관람 전에 미술에 대한 사전 지식을 쌓는 것이 좋다.

**48.** 남자의 태도로 가장 알맞은 것을 고르십시오.

① 기존 예술계의 문제점을 지적하고 개선을 촉구하고 있다.
② 자신의 작품 의도를 설명하며 관람 방향을 제시하고 있다.
③ 만화를 예를 들어 재미있는 그림의 의미를 전달하고 있다.
④ 다른 작품과의 비교를 통해 자신의 작품을 설명하고 있다.

※ [49~50] 다음은 강연입니다. 잘 듣고 물음에 답하십시오. (각 2점)

49. 들은 내용과 일치하는 것을 고르십시오.

① 헌법에서는 양심의 자유를 보장하지 않는다.
② 양심 문제로 병역을 거부한 자는 처벌을 받는다.
③ 양심적 병역 거부자를 위한 징병제 도입이 시급하다.
④ 대체 복무제는 분단국가인 한국의 안전에 위협이 된다.

50. 여자의 태도로 가장 알맞은 것을 고르십시오.

① 병역 거부 사례에 대해 비판하고 있다.
② 병역 의무 이행을 강력하게 촉구하고 있다.
③ 병역 거부 현상에 대한 원인을 분석하고 있다.
④ 병역 거부 사례를 소개하며 그 대책을 제안하고 있다.

MP3_3_1~3

※ [1~3] 다음을 듣고 알맞은 그림을 고르십시오. (각 2점)

**1.**

①

②

③

④

**2.**

①

②

③

④

**3.** ①

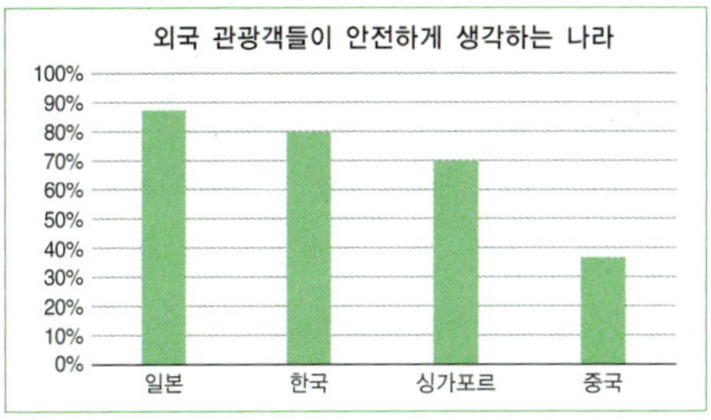


②

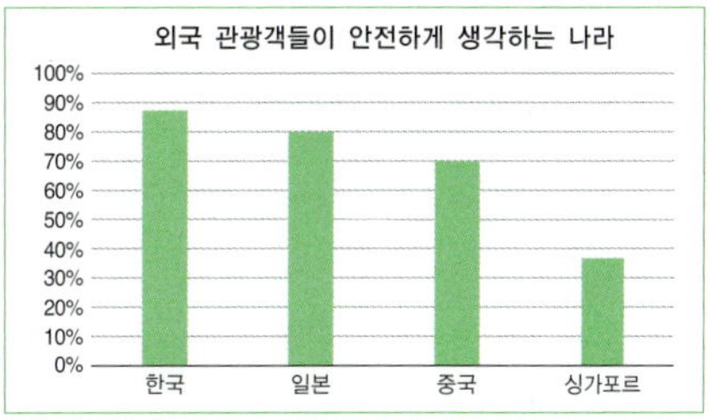


③

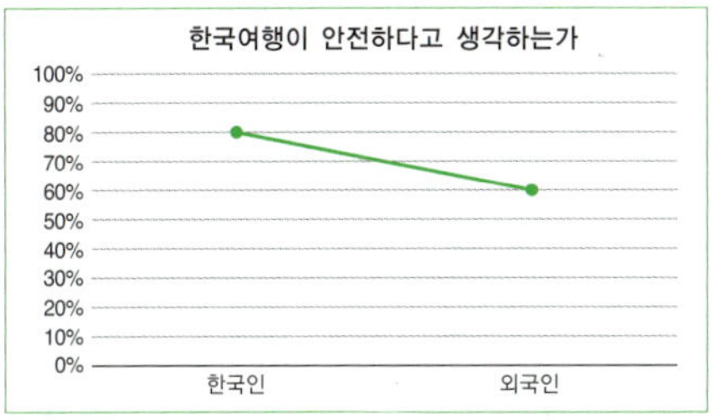


④

※ [4~8] 다음 대화를 잘 듣고 이어질 수 있는 말을 고르십시오. (각 2점)

MP3_3_4~8

**4.** ① 시간이 참 빠르지요? ② 책을 정말 좋아하나봐요.
③ 책을 자주 읽는 편이에요. ④ 4시간 동안 책만 골랐어요.

**5.** ① 큰일 날 뻔 했네. ② 조심했는데 잃어버렸단 말이야?
③ 또 휴대 전화를 잃어버렸다면서? ④ 어쩐지 그래서 전화가 안 됐구나.

**6.** ① 텔레비전으로 보면 돼요. ② 혼자 보지 말걸 그랬어요.
③ 그럼 아이들과 봐도 괜찮을걸요. ④ 그럼 내일은 다른 걸 봐야겠네요.

**7.** ① 아는데도 자꾸 물건을 사게 되더라고요.
② 저도 물건을 사고는 후회를 많이 했어요.
③ 설마 돈을 낭비하게 되는 건 아니겠지요?
④ 인터넷 쇼핑을 하고 나면 후회가 되거든요.

**8.** ① 안 그래도 지금 나가려던 참이었어요.
② 중요한 손님이니까 늦지 않게 가야 해요.
③ 비행기가 제시간에 도착해서 다행이에요.
④ 마중 나가느라고 회의에 참석을 못했어요.

※ [9~12] 다음 대화를 잘 듣고 여자가 이어서 할 행동으로 알맞은 것을 고르십시오. (각 2점)

MP3_3_9~16

9. ① 무료입장권을 구한다. ② 셔틀버스 시간을 알아본다. ③ 인터넷으로 버스표를 구입한다. ④ 인터넷으로 입장권을 예매한다.

10. ① 학교 도서관 논문 열람실에 간다. ② 시립 도서관에서 논문을 구입한다. ③ 시립 도서관 홈페이지를 검색한다. ④ 학교 도서관에서 논문을 신청한다.

11. ① 주유소를 찾는다. ② 차를 세우고 걸어간다. ③ 가게에서 길을 묻는다. ④ 길이 맞는지 확인한다.

12. ① 중국어 통역의 시급을 알아본다. ② 신제품에 대한 중국어 번역을 한다. ③ 신제품 전시회에서 중국어 통역을 한다. ④ 중국어 통역이 가능한 사람을 찾아본다.

※ [13~16] 다음을 듣고 내용과 일치하는 것을 고르십시오. (각 2점)

13. ① 요리 수업은 지난주에 끝났다.
② 남자는 평소에 자주 요리를 한다.
③ 여자는 평소에 요리에 관심이 많다.
④ 요리 수업료와 함께 재료값도 내야 한다.

14. ① 이 서점의 일요일 영업시간은 평일보다 짧다.
② 이 서점은 토요일에 평일보다 늦게까지 문을 연다.
③ 도서를 구입하고 3시간 주차를 하면 5천원을 내야 한다.
④ 도서 구입과 상관없이 최대 2시간 무료로 주차할 수 있다.

15. ① 국내외 유명 단체가 극장에서 공연한다.
② 극장에서의 공연 관람은 이번 달까지 가능하다.
③ 관람료 때문에 공연을 못 보는 사람들도 많았다.
④ 1만 원으로 극장에서 누구나 공연 관람이 가능하다.

16. ① 이곳에서 빵뿐만 아니라 책도 살 수 있다.
② 이곳은 출판사였다가 빵집으로 바뀌었다.
③ 이곳은 유명한 빵집들이 함께 문을 연 커피숍이다.
④ 이곳은 전국의 유명한 출판사의 책을 모아서 판다.

※ [17~20] 다음을 듣고 남자의 중심 생각을 고르십시오. (각 2점)

MP3_3_17~22

17. ① 한국인이 국제 대회에서 우승하기 힘들다.
② 세계적인 대회에서 우승하면 성공이 보장된다.
③ 대회에서 수상한 후의 자기 관리가 더 중요하다.
④ 대회에 참가하지 않으면 음반 회사와 계약할 수 없다.

18. ① 장수하려면 하루에 세 번 밥을 먹어야 한다.
② 살이 쪘을 때는 하루에 한 가지 음식만 먹는 것이 좋다.
③ 하루에 여러 번 조금씩 먹는 것이 한 번 많이 먹는 것 보다 좋다.
④ 살을 빨리 빼려면 저녁은 먹지 말고 아침과 점심만 먹어야 한다.

19. ① 인재 채용을 위해서는 변화가 필요하다.
② 인재 채용을 위해서는 서류 심사가 중요하다.
③ 인재 채용을 위해서는 기존의 면접 방식을 따라야 한다.
④ 인재 채용을 위해서는 전문 분야 지식을 중심으로 면접을 해야 한다.

20. ① 건물의 곡선미를 살리는 것은 까다로운 작업이다.
② 이 건물은 과거, 현재, 미래를 조화시킨 건축물이다.
③ 한국의 전통미를 살리기 위해 전통 건물을 더 지어야 한다.
④ 앞으로의 건축 경향은 건물에 우주의 모습을 나타내는 것이다.

※ [21~22] 다음을 듣고 물음에 답하십시오. (각 2점)

21. 남자의 중심 생각으로 맞는 것을 고르십시오.
① 일보다 가족이 우선이다. ② 일과 육아를 병행하는 게 좋다.
③ 좋은 회사에 취직하기가 힘들다. ④ 출산 후 장기간 휴식을 취해야 한다.

22. 들은 내용으로 알맞은 것을 고르십시오.
① 남자는 맞벌이를 반대한다. ② 여자는 입사한 지 얼마 안됐다.
③ 남자도 육아 휴직 사용이 가능하다. ④ 여자는 출산 후 회사를 그만두기로 했다.

※ [23~24] 다음을 듣고 물음에 답하십시오. (각 2점)

MP3_3_23~30

**23.** 남자는 무엇을 하고 있는지 고르십시오.

① 필요 없는 물건들을 기부할 것을 권하고 있다.
② 필요 없는 물건들을 정리하는 것을 도와주고 있다.
③ 필요 없는 물건들을 수거하는 방법을 알아보고 있다.
④ 필요 없는 물건들을 수리해서 팔 것을 제안하고 있다.

**24.** 들은 내용으로 맞는 것을 고르십시오.

① 남자는 필요 없는 책과 장난감 때문에 고민하고 있다.
② 여자는 아름다운 가게에 방문 신청을 하고 갈 것이다.
③ 아름다운 가게는 기부 받은 물건을 고쳐서 팔기도 한다.
④ 아름다운 가게는 어려운 이웃을 도와주는 중고 서점이다.

※ [25~26] 다음을 듣고 물음에 답하십시오. (각 2점)

**25.** 남자의 중심 생각으로 맞는 것을 고르십시오.

① 작품의 가치는 색깔과 디자인에 따라 달라진다.
② 대중과 소통하며 환경 문제를 인식시키는 게 좋다.
③ 새로운 디자인으로 소비자의 마음을 사로잡아야 한다.
④ 사람들은 작품을 통해 다양한 디자인에 관심을 갖게 된다.

**26.** 들은 내용으로 맞는 것을 고르십시오.

① 이 남자는 처음부터 친환경 디자인을 했다.
② 이 남자는 작품을 통해 메시지를 전하고 있다.
③ 이 남자는 헌 옷으로 100개의 작품을 만들었다.
④ 이 남자는 녹색 옷을 재활용하여 작품을 만든다.

※ [27~28] 다음을 듣고 물음에 답하십시오. (각 2점)

**27.** 여자가 남자에게 말하는 의도를 고르십시오.

① 카드 결제 거부 가게를 고발하기 위해
② 높은 수수료 부과의 책임을 묻기 위해
③ 소액 카드 결제 거부의 부당함을 알리기 위해
④ 경기 활성화의 방법에 대한 조언을 구하기 위해

**28.** 들은 내용으로 맞는 것을 고르십시오.

① 현금을 가지고 다니도록 해야 한다.
② 경기 때문에 지출을 줄이는 소비자가 많다.
③ 카드 사용에 대한 수수료는 가게가 지불한다.
④ 소액 결제 시 카드 회사에서 부당한 대우를 받는다.

※ [29~30] 다음을 듣고 물음에 답하십시오. (각 2점)

**29.** 남자는 누구인지 고르십시오.

① 농부
② 사진작가
③ 풍경화가
④ 전문 산악인

**30.** 들은 내용으로 맞는 것을 고르십시오.

① 이번 전시회는 제주도 바다 풍경을 주제로 했다.
② 남자는 제주도에서 태어나서 쭉 제주도에서 살고 있다.
③ 이번 전시회 작품들은 오랜 시간 걸려서 완성한 것이다.
④ 제주도 오름은 너무 높아서 농사짓고 생활하기가 어렵다.

MP3_3_31~38

※ [31~32] 다음을 듣고 물음에 답하십시오. (각 2점)

31. 남자의 생각으로 맞는 것을 고르십시오.

① 조기 퇴직해야 노후에 편하고 행복하다.
② 정년이 되자마자 귀농하여 노후를 준비해야 한다.
③ 젊을 때 회사 일보다 노후에 대한 계획이 중요하다.
④ 귀농하려면 젊을 때 준비해야 빨리 자리 잡을 수 있다.

32. 남자의 태도로 맞는 것을 고르십시오.

① 상대방의 의견에 동조하며 지지하고 있다.
② 상대방의 의견에 반박하며 대안을 제시하고 있다.
③ 문제 해결을 위한 구체적인 방법을 제시하고 있다.
④ 객관적인 예를 제시하면서 상대방의 의견을 지적하고 있다.

※ [33~34] 다음을 듣고 물음에 답하십시오. (각 2점)

33. 무엇에 대한 내용인지 맞는 것을 고르십시오.

① 어린이날의 필요성
② 기업 생산성의 중요성
③ 연휴의 시간 활용 방법
④ 효율적인 공휴일 지정 방안

34. 들은 내용으로 맞는 것을 고르십시오.

① 화목한 가정생활을 돕는 기업 제도가 필요하다.
② 휴일을 효율적으로 쓰면 기업의 생산성도 좋아진다.
③ 모든 공휴일을 월요일로 지정하는 것이 효율적이다.
④ 법정 공휴일을 늘려 사람들의 휴식을 보장해야 한다.

※ [35~36] 다음을 듣고 물음에 답하십시오. (각 2점)

35. 남자는 무엇을 하고 있는지 고르십시오.

① 직원들에게 기부 활동을 독려하고 있다.
② 외부에 회사의 사회 공헌 활동을 홍보하고 있다.
③ 행사에 참여한 직원에게 감사의 말을 전하고 있다.
④ 회사가 하고 있는 사회 공헌 활동의 역사를 설명하고 있다.

36. 들은 내용으로 맞는 것을 고르십시오.

① 12년 동안 천여 명의 직원이 헌혈 행사에 참여 했다.
② 기부한 헌혈증은 병에 걸린 직원을 위해 쓰일 예정이다.
③ 이 회사는 이익의 1% 이상을 공익 활동에 기부하고 있다.
④ 이 회사의 직원들은 1년에 1회 의무적으로 헌혈을 해야 한다.

※ [37~38] 다음은 교양 프로그램입니다. 잘 듣고 물음에 답하십시오. (각 2점)

37. 남자의 중심 생각으로 맞는 것을 고르십시오.

① 한국 홍보는 연예인과 함께 활동을 해야 한다.
② 한국을 알리려면 홍보 관련 전공자가 필요하다.
③ 다양한 방법을 통해 한국 문화와 역사를 알리고 싶다.
④ 해외 미술관에 한국어 서비스를 하는 것을 목표로 하고 있다.

38. 들은 내용과 일치하는 것을 고르십시오.

① 한국 문화를 알리기 위해 해외에서 한식 광고를 했다.
② 대학교 1학년 배낭여행 때 처음 한국 홍보를 시작했다.
③ 한국 홍보는 한국 역사를 알리는 것으로 시작해야 한다.
④ 뉴욕미술관에 한글로 된 작품을 전시하여 한국 홍보를 했다.

※ [39~40] 다음은 대담입니다. 잘 듣고 물음에 답하십시오. (각 2점)

MP3_3_39~46

**39.** 이 담화 앞의 내용으로 알맞은 것을 고르십시오.

① 커피를 마시면 집중력이 향상된다.
② 커피에 대한 사람들의 생각이 다 다르다.
③ 커피는 우리 몸에 부정적인 영향을 주지 않는다.
④ 커피에 들어있는 카페인은 우리 몸에 안 좋은 영향을 준다.

**40.** 들은 내용과 일치하는 것을 고르십시오.

① 커피 섭취량을 줄이면 두뇌 기능이 감퇴한다.
② 하루에 한두 잔의 커피는 두뇌 건강에 도움이 된다.
③ 카페인의 효과는 연구를 통해 완벽하게 입증되었다.
④ 커피를 많이 섭취할수록 치매에 걸릴 확률이 낮아진다.

※ [41~42] 다음은 강연입니다. 잘 듣고 물음에 답하십시오. (각 2점)

**41.** 들은 내용과 일치하는 것을 고르십시오.

① 깨진 유리창과 범죄 발생은 관계가 없다.
② 실패한 경영 혁신은 깨진 유리창에 속한다.
③ 깨진 유리창의 법칙은 원래 경영학적 이론이다.
④ 작은 실수가 기업의 앞날에 큰 영향을 끼칠 수도 있다.

**42.** 남자의 중심 생각으로 맞는 것을 고르십시오.

① 기업의 성공을 위해 지역 사회의 범죄를 막아야 한다.
② 기업의 성공을 위해 기업 경영자의 능력을 키워야 한다.
③ 기업의 성공을 위해 경영 전략 수립에 전력을 다해야 한다.
④ 기업의 성공을 위해 사소한 것에 더 주의를 기울여야 한다.

※ [43~44] 다음은 다큐멘터리입니다. 잘 듣고 물음에 답하십시오. (각 2점)

43. 팔색조의 수컷이 어미에게 동물의 배설물을 물어다주는 이유로 맞는 것을 고르십시오.

① 새끼들에게 먹이려고
② 천적으로부터 알을 지키려고
③ 몸에 칠해서 자신을 보호하려고
④ 천적들에게 둥지를 잘 안 보이게 하려고

44. 이 이야기의 중심 내용으로 맞는 것을 고르십시오.

① 사람들에게 팔색조의 존재를 알려야 한다.
② 팔색조는 다양한 방법으로 위험을 방어한다.
③ 팔색조의 신비로움을 밝혀 수를 늘려야 한다.
④ 팔색조는 희귀한 새이므로 잘 보존해야 한다.

※ [45~46] 다음은 강연입니다. 잘 듣고 물음에 답하십시오. (각 2점)

45. 들은 내용과 일치하는 것을 고르십시오.

① 즐거운 마음으로 공부해야 학업 성취도가 높다.
② 즐겁게 지내는 아이들은 공부를 잘하기 힘들다.
③ 공부에 대한 스트레스가 많을수록 공부를 잘할 수 있다.
④ 성적 상위권에 속한 아이들은 공부로 인한 상처를 받지 않는다.

46. 여자의 태도로 가장 알맞은 것을 고르십시오.

① 교육의 성공 사례를 소개하며 분석하고 있다.
② 자녀의 성적 부진에 대한 우려를 나타내고 있다.
③ 조사 결과를 바탕으로 자신의 의견을 제시하고 있다.
④ 학부모의 문제점을 지적하며 강력하게 비판하고 있다.

MP3_3_47~50

※ [47~48] 다음은 대담입니다. 잘 듣고 물음에 답하십시오. (각 2점)

**47.** 들은 내용과 일치하는 것을 고르십시오.

① 현재 이 회사는 미국에 본사를 두고 있다.
② 남자는 여러 나라를 여행하면서 번역하는 일을 했다.
③ 사용자가 많아지면 번역의 질을 보장하기 어려워진다.
④ 남자는 영어를 공부하면서 번역 사업에 관심이 생겼다.

**48.** 남자의 태도로 가장 알맞은 것을 고르십시오.

① 다중 언어 번역 서비스에 대한 관심을 촉구하고 있다.
② 다중 언어 번역 서비스의 새로운 방향을 제시하고 있다.
③ 다중 언어 번역 서비스의 문제점에 대하여 지적하고 있다.
④ 다중 언어 번역 서비스의 방법과 전망에 대해 소개하고 있다.

※ [49~50] 다음은 강연입니다. 잘 듣고 물음에 답하십시오. (각 2점)

**49.** 들은 내용과 일치하는 것을 고르십시오.

① 우리나라는 에너지 수입 의존도가 낮다.
② 대체 에너지가 개발되어 유가가 하락했다.
③ 세계 각국은 대체 에너지 개발에 적극적이다.
④ 우리나라는 대체 에너지 기술을 수출하고 있다.

**50.** 여자의 태도로 가장 알맞은 것을 고르십시오.

① 에너지 부족 현상의 원인 규명을 촉구하고 있다.
② 에너지 부족 현상에 대한 대비책을 제안하고 있다.
③ 에너지 산업 정책의 결과를 분석하며 반성하고 있다.
④ 에너지 지원 정책 사례를 제시하며 시행을 희망하고 있다.

※ [1~3] 다음을 듣고 알맞은 그림을 고르십시오. (각 2점)

MP3_4_1~3

**1.**

①

②

③

④

**2.**

①

②

③

④

**3.**

①
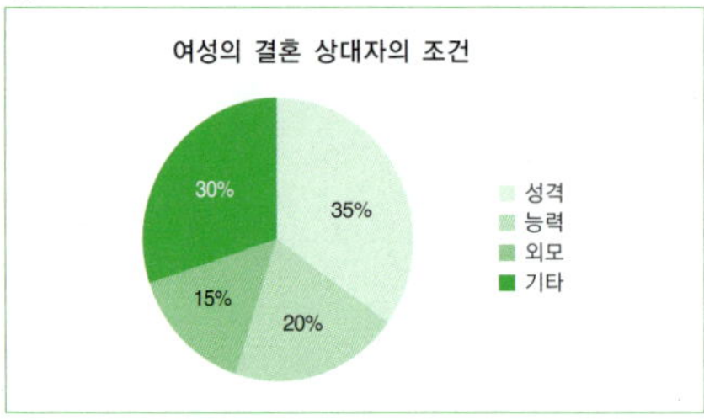


②
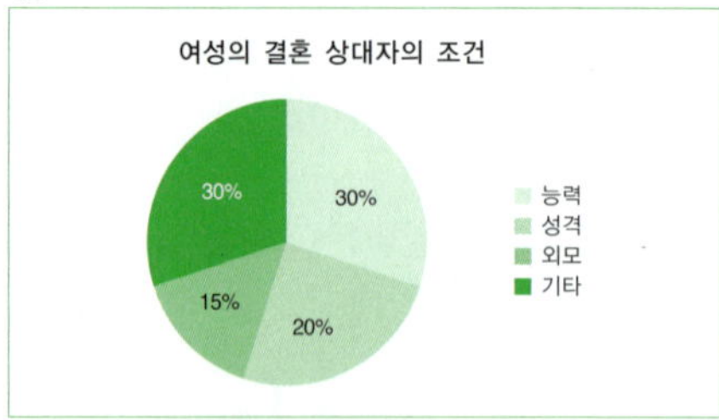


③
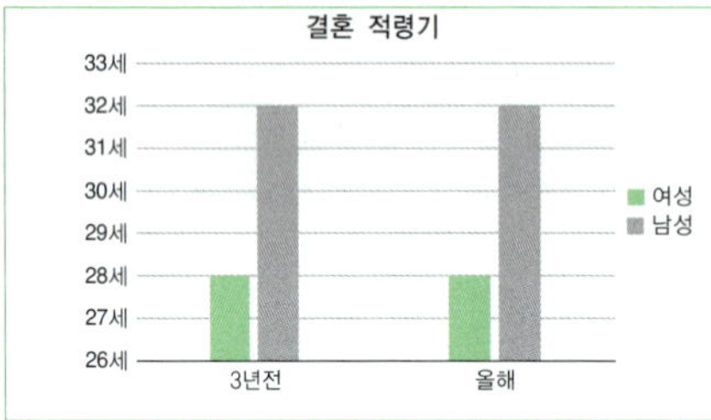


④
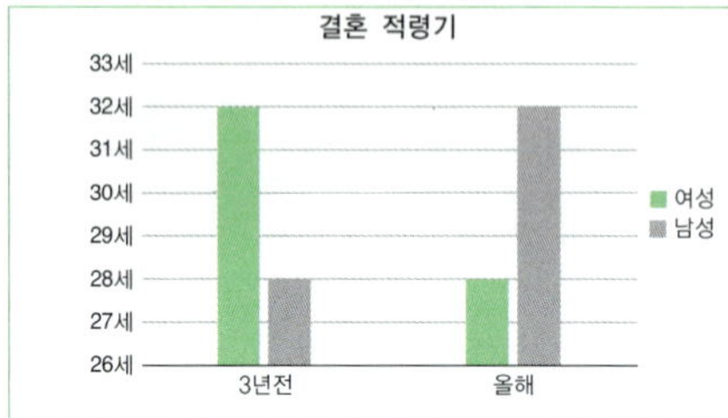


※ [4~8] 다음 대화를 잘 듣고 이어질 수 있는 말을 고르십시오. (각 2점)

MP3_4_4~12

**4.** ① 많이 자는데도 피곤할 때가 있어요.
② 평소에 스트레스를 받으면 잘 못 자요.
③ 잠을 못 자서 얼마나 피곤한지 몰라요.
④ 스트레스를 받지 않도록 노력하고 있어요.

**5.** ① 그럼 먹을 것 좀 사 가지고 가자.
② 자전거를 탈 수 있는 곳을 찾아보지 그래?
③ 나도 같이 한강 공원에 갔으면 좋았을 거야.
④ 한강은 너무 머니까 자전거를 타고 가는 게 어때?

**6.** ① 아마 많이 오실 걸요.
② 많이 안 오실까 봐 걱정했어요.
③ 선배님들께 연락을 해 보지 그래요?
④ 제가 선배님들께 연락을 드려 볼까요?

7. ① 촬영을 오면 구경을 갑시다.
② 그래요? 지금 방송을 볼까요?
③ 우리도 잠시 구경하러 갈까요?
④ 회사 앞에 사람들이 모였겠네요.

8. ① 회사를 옮긴 보람이 있겠네요.
② 경력자에게만 그 일을 주는군요.
③ 월급을 조금 받아서 힘들겠어요.
④ 괜히 지난 회사를 그만 둔 것 같아요.

※ [9~12] 다음 대화를 잘 듣고 여자가 이어서 할 행동으로 알맞은 것을 고르십시오. (각 2점)

9. ① 수영복을 구입한다.
② 학교 수영장에 등록한다.
③ 남자에게 수영을 배운다.
④ 아침마다 혼자 수영 연습을 한다.

10. ① 기다렸다가 다음 비행기를 탄다.
② 항공사 직원에게 연락처를 준다.
③ 수하물 찾는 곳에서 짐을 가져간다.
④ 항공사 직원에게 수하물 표를 보여준다.

11. ① 기차를 타러 승강장으로 간다.
② 휴대 전화를 찾기 위해 기차에서 내린다.
③ 택시 기사에게 출장지로 와 달라고 부탁한다.
④ 택시 기사를 직접 만나서 휴대 전화를 받는다.

12. ① 중고 물품 접수를 시작한다.
② 중고 물품을 종류대로 나눈다.
③ 벼룩시장 홈페이지를 제작한다.
④ 신문에 구청 벼룩시장 홍보를 한다.

※ [13~16] 다음을 듣고 내용과 일치하는 것을 고르십시오. (각 2점)

MP3_4_13~22

13. ① 여자는 어학연수를 다녀왔다.
② 여자는 일본 여행을 하고 싶어 한다.
③ 남자는 여행보다 공부에 관심이 많다.
④ 남자는 1년 동안 일본에서 공부하려고 한다.

14. ① 영화관 안에서는 휴대 전화를 반드시 꺼야 한다.
② 비상시에 대비해 비상구 위치를 알아두어야 한다.
③ 영화를 보다가 영화 장면을 사진으로 찍어도 된다.
④ 쓰레기는 영화를 본 후 좌석 앞에 있는 쓰레기통에 버린다.

15. ① 이번 달부터 공연 당일 표 할인 판매 제도를 실시한다.
② 유럽은 당일 표 할인 판매 제도가 아직 도입되지 않았다.
③ 공연 2시간 전에 인터넷으로 예매해야 할인 받을 수 있다.
④ 공연 당일 1시간 전에 표가 남으면 할인된 가격으로 살 수 있다.

16. ① 청리역에는 1970년대의 거리가 보존되어 있다.
② 청리역에서는 유명한 연예인들의 공연을 볼 수 있다.
③ 청리역의 축제에 마을 주민 수의 수십 배가 되는 관람객이 찾았다.
④ 청리역 근처 마을 사람들은 1970년대 생활방식을 유지하며 살아간다.

※ [17~20] 다음을 듣고 남자의 중심 생각을 고르십시오. (각 2점)

17. ① 우유가 복통을 유발해서 좋지 않다.
② 우유를 많이 마시면 소화 기능이 향상된다.
③ 소화가 안 되는 사람들은 우유를 꼭 마셔야 한다.
④ 뼈를 튼튼하게 하기 위해서 우유를 마시는 것이 좋다.

18. ① 사고가 발생하는 회전문은 빨리 수리해야 한다.
② 노인들이나 어린이는 회전문을 이용하면 안 된다.
③ 새 건물에는 의무적으로 자동문을 설치해야 한다.
④ 회전문을 안전하게 사용할 수 있는 기준이 필요하다.

19. ① 인기가 있는 홈페이지의 소개는 믿을 수 있다.
② 좋은 음식점을 소개 받으려면 돈을 내야 한다.
③ 인터넷 소개는 거짓으로 만들어진 경우가 있어서 믿을 수 없다.
④ 어디에서든지 인터넷으로 검색하면 맛있는 식당을 찾을 수 있다.

20. ① 성장기 아이들에게는 준비 운동보다는 정리 운동이 더 중요하다.
② 성장기 아이들은 한번 피곤해지면 회복하는 데에 시간이 오래 걸린다.
③ 성장기 아이들은 뼈와 관절에 강하게 자극을 주는 운동을 많이 해야 한다.
④ 성장기 아이들은 다양한 강도로 짧은 시간으로 나눠서 운동하는 것이 좋다.

※ [21~22] 다음을 듣고 물음에 답하십시오. (각 2점)

21. 남자의 중심 생각으로 맞는 것을 고르십시오.
① 벽에 그리는 그림을 예술로 인정하기 어렵다.
② 합법적인 경로를 통해 환경 사업을 해야 한다.
③ 벽에 그리는 그림으로 거리를 아름답게 꾸며야 한다.
④ 예술가는 거리에서 자유롭게 그림을 그리는 것이 좋다.

22. 들은 내용으로 알맞은 것을 고르십시오.
① 벽에 그리는 그림으로 사업을 하는 사람들이 많아졌다.
② 사람들이 벽에 그리는 그림을 최고의 예술로 인정하고 있다.
③ 남자는 벽에 그리는 그림이나 글씨를 보면 기분이 좋아질 때가 있다.
④ 여자는 벽에 있는 그림 덕분에 주변 환경이 아름다워졌다고 생각한다.

※ [23~24] 다음을 듣고 물음에 답하십시오. (각 2점)

MP3_4_23~30

**23.** 남자는 무엇을 하고 있는지 고르십시오.

① 다문화 가정 돌잔치 기획안을 만들고 있다.
② 다문화 가정 돌잔치를 진행하도록 지시하고 있다.
③ 다문화 가정 돌잔치를 위한 물품을 구입하고 있다.
④ 다문화 가정 돌잔치를 위해 부모 교육을 하고 있다.

**24.** 들은 내용으로 알맞은 것을 고르십시오.

① 돌잔치를 할 대상은 지난번 회의 때 결정되었다.
② 돌잔치에서 사용할 돌상은 아이들의 부모들이 준비한다.
③ 돌잡이는 부모들의 요구대로 현대적인 방법으로 진행할 것이다.
④ 돌잔치를 통해 아이의 부모들에게 한국 전통 문화를 이해시키려고 한다.

※ [25~26] 다음을 듣고 물음에 답하십시오. (각 2점)

**25.** 남자의 중심 생각으로 맞는 것을 고르십시오.

① 생활 만화는 독자가 보고 공감할 수 있어야 한다.
② 생활 만화는 생활에서 특별한 소재를 골라서 그려야 한다.
③ 생활 만화는 만화가가 독자들의 실제 이야기를 듣고 그려야 한다.
④ 생활 만화는 생활에서 흔히 접할 수 없는 재미있는 이야기여야 한다.

**26.** 들은 내용으로 맞는 것을 고르십시오.

① 남자는 새로운 것을 창조해내고 싶어한다.
② 남자는 글이 없고 그림만 있는 만화로 유명하다.
③ 생활 만화는 재미를 줄 뿐만 아니라 위로와 격려를 해 주기도 한다.
④ 남자는 잊을 수 없는 특별한 추억을 남기기 위해서 만화를 그린다.

※ [27~28] 다음을 듣고 물음에 답하십시오. (각 2점)

27. 여자가 남자에게 말하는 의도를 고르십시오.

① 자전거 도로의 위험성을 알리기 위해
② 자전거 도로의 필요성을 알리기 위해
③ 자전거 도로의 문제점을 지적하기 위해
④ 자전거 도로를 이용한 여행을 권유하기 위해

28. 들은 내용으로 맞는 것을 고르십시오.

① 자전거도로를 만들면 차선이 줄어든다.
② 자전거전용도로 덕분에 길이 안 막힌다.
③ 자전거전용도로에 주차장을 만들어 활용하고 있다.
④ 남자는 자전거전용도로를 늦게 도입했다고 생각한다.

※ [29~30] 다음을 듣고 물음에 답하십시오. (각 2점)

29. 남자는 누구인지 고르십시오.

① 드라마 감독
② 다큐멘터리 감독
③ 예능 프로그램 감독
④ 음악 프로그램 감독

30. 들은 내용으로 맞는 것을 고르십시오.

① 이 감독은 프로그램을 통해 대리 만족한다.
② 이 감독은 상을 받은 것이 별로 기쁘지 않다.
③ 이 감독은 많은 사람들의 도움을 받아 프로그램을 만든다.
④ 이 감독은 어릴 때 시골에 간 적이 없어서 자연에 대한 갈망을 한다.

※ [31~32] 다음을 듣고 물음에 답하십시오. (각 2점)

MP3_4_31~38

**31.** 남자의 생각으로 맞는 것을 고르십시오.

① 현대 의학으로 치료 못하는 병은 없다.
② 난치병 환자의 경우 생명을 유지하기 위한 치료가 필요 없다.
③ 인위적으로 생명을 연장하는 것에 대해 찬성하는 나라가 늘고 있다.
④ 불치병에 걸린 경우 가족들을 생각해서 의사 결정을 하는 경우도 있다.

**32.** 남자의 태도로 맞는 것을 고르십시오.

① 앞으로 일어날 일을 전망하고 있다.
② 상황을 분석하면서 자신의 의견을 말하고 있다.
③ 비교를 통해 차이점을 분명하게 드러내고 있다.
④ 상대방의 의견을 존중하면서 타협점을 찾고 있다.

※ [33~34] 다음을 듣고 물음에 답하십시오. (각 2점)

**33.** 무엇에 대한 내용인지 맞는 것을 고르십시오.

① 관심 분야에 대한 궁금증 해소 방안
② 취업 지원자가 면접 때 겪는 문제점
③ 지원 분야의 자격증을 획득하는 방법
④ 일에 대한 자신의 열정을 표현하는 방법

**34.** 들은 내용으로 맞는 것을 고르십시오.

① 기업에서는 학력과 성적이 좋은 사람을 선호한다.
② 채용자에게 열정을 보여 주기 위해서 책을 내야 한다.
③ 자격증은 자신의 가능성을 보여주는 최선의 방안이다.
④ 업무와 관련된 자신만의 경험을 쌓는 것이 취업에 도움이 된다.

※ [35~36] 다음을 듣고 물음에 답하십시오. (각 2점)

35. 남자는 무엇을 하고 있는지 고르십시오.

① 외국인들에게 국내 관광을 홍보하고 있다.
② 국내 여행의 다양한 상품 개발을 독려하고 있다.
③ 국내 여행사의 세계화를 위한 노력을 강조하고 있다.
④ 외교관들에게 국내 관광 육성에 조언을 구하고 있다.

36. 들은 내용으로 맞는 것을 고르십시오.

① 한국 여행 박람회는 1년에 4회 개최된다.
② 여행사들은 해외여행의 상품 개발에 아직 관심이 없다.
③ 주한 외교관은 국내의 관광 산업 발전에 힘을 쏟고 있다.
④ 한국 여행 박람회에 가면 다양한 국내 여행 정보를 접할 수 있다.

※ [37~38] 다음은 교양 프로그램입니다. 잘 듣고 물음에 답하십시오. (각 2점)

37. 남자의 중심 생각으로 맞는 것을 고르십시오.

① 한국의 놀이 문화가 다양해져야 한다.
② 경제적 수익 활동을 위해 문화 활동을 해야 한다.
③ 문화 활동을 통한 비영리 공익 활동이 진행돼야 한다.
④ 대학가의 식당과 공연장 표시가 잘 된 지도가 있어야 한다.

38. 들은 내용과 일치하는 것을 고르십시오.

① 전시회와 공연을 열어서 자금을 마련하고 있다.
② 제비꽃 다방에서 공연이나 전시를 관람할 수 있다.
③ 대학 문화 연구소는 공연과 전시를 기획하는 곳이다.
④ 청년 실업을 해결하기 위해 대학 문화 연구소를 설립했다.

※ [39~40] 다음은 대담입니다. 잘 듣고 물음에 답하십시오. (각 2점)

MP3_4_39~46

**39.** 이 대화 앞의 내용으로 알맞은 것을 고르십시오.

① 이제 방송 프로그램이 변화해야 한다.
② 방송이 시청자들의 생활 수준을 변화시킨다.
③ 감독의 새로운 아이디어에 시청자들은 열광한다.
④ 시청자들의 의견이 반영되어 방송 프로그램이 제작된다.

**40.** 들은 내용과 일치하는 것을 고르십시오.

① 사람들은 방송을 통해 대리 만족을 느낀다.
② 요리사들은 자신의 요리 비법을 공개하지 않는다.
③ 방송에서 나오는 요리는 전문적이어서 이해할 수 없다.
④ 사람들의 경제 수준이 높아질수록 간편한 식사를 선호한다.

※ [41~42] 다음은 강연입니다. 잘 듣고 물음에 답하십시오. (각 2점)

**41.** 들은 내용과 일치하는 것을 고르십시오.

① 젊은 세대는 결혼을 중요하게 생각한다.
② 요즘 청년들은 심리적으로 여유가 있다.
③ 현대인은 인맥을 중요하게 생각하지 않는다.
④ 5포는 연애, 결혼, 출산, 내 집, 대인 관계의 포기이다.

**42.** 남자의 중심 생각으로 맞는 것을 고르십시오.

① 현대 사회에서 내 집 마련은 필수이다.
② 행복한 삶을 위해 인간관계는 중요하다.
③ 젊은 세대일수록 인맥 관리를 잘해야 한다.
④ 자신에게 이익이 되는 관계를 맺는 게 좋다.

※ [43~44] 다음은 다큐멘터리입니다. 잘 듣고 물음에 답하십시오. (각 2점)

**43.** 이 늪지가 '우포늪'이라고 불리기 시작한 이유로 맞는 것을 고르십시오.

① 철새 도래지로 유명했기 때문에
② 다양한 어류들이 서식하기 때문에
③ 많은 수생 식물들이 서식하고 있기 때문에
④ 옛날에 근처에서 소를 많이 키웠기 때문에

**44.** 이 이야기의 내용으로 맞는 것을 고르십시오.

① 자연사 박물관을 많이 설립해야 한다.
② 우포늪은 다양한 생명체의 서식지이다.
③ 수질 정화를 위해 수생 식물을 많이 키워야 한다.
④ 우리나라에 있는 다양한 늪지를 잘 보존해야 한다.

※ [45~46] 다음은 강연입니다. 잘 듣고 물음에 답하십시오. (각 2점)

**45.** 들은 내용과 일치하는 것을 고르십시오.

① 조직의 창의성과 혁신이 기업의 발전을 이끈다.
② 조직의 일처리가 정형화되면 생산성이 향상된다.
③ 조직의 리더가 새로운 아이디어를 창출해내야 한다.
④ 조직이 관료화되면 안정적인 기업 발전이 이루어진다.

**46.** 남자의 태도로 가장 알맞은 것을 고르십시오.

① 관료화된 기업 조직의 문제점에 대해 지적하고 있다.
② 혁신적인 기업 문화의 필요성을 논리적으로 설명하고 있다.
③ 구체적인 실례를 통해 조직 개편의 당위성을 주장하고 있다.
④ 기업 문화에 대한 두 가지 다른 견해를 비교하여 분석하고 있다.

※ [47~48] 다음은 대담입니다. 잘 듣고 물음에 답하십시오. (각 2점)

MP3_4_47~50

47. 들은 내용과 일치하는 것을 고르십시오.

① 여자는 전업 주부여서 집안일을 하는 시간이 길었다.
② 여자는 부모의 사업을 이어 받아 생활 가전 회사를 세웠다.
③ 이 회사는 주부의 삶을 편하게 바꿔주는 제품을 만들고 있다.
④ 이 회사는 자동차나 에어컨 등 생활에 필요한 물건을 개발한다.

48. 여자의 태도로 가장 알맞은 것을 고르십시오.

① 여성의 능력을 무시하는 기업의 문제점을 지적하고 있다.
② 회사를 유지하고 발전시켜야 하는 방향을 제시하고 있다.
③ 맞벌이 부부의 고충을 제시하여 가사 분담을 주장하고 있다.
④ 기업의 제품 개발 상황을 보고하여 국가의 지원을 촉구하고 있다.

※ [49~50] 다음은 강연입니다. 잘 듣고 물음에 답하십시오. (각 2점)

49. 들은 내용과 일치하는 것을 고르십시오.

① 재난 대응 훈련은 재난시에 하는 것이 좋다.
② 역사서에는 규모가 큰 지진만 기록되어 있다.
③ 한국은 매년 지진으로 재산 피해가 발생한다.
④ 지진을 대비할 수 있는 정보 기술이 개발되어야 한다.

50. 여자의 태도로 가장 알맞은 것을 고르십시오.

① 한국은 지진에 안전한 나라임을 강조하고 있다.
② 지진 대비책이 마련되어야 함을 주장하고 있다.
③ 건축법이 개정되어야 함을 예를 들어 말하고 있다.
④ 지진 대응 훈련 방법에 대해 구체적으로 설명하고 있다.

# 실전 5회



MP3_5_1~3

※ [1~3] 다음을 듣고 알맞은 그림을 고르십시오. (각 2점)

**1.**

①

②

③

④

**2.**

①

②

③

④

**3.**

①

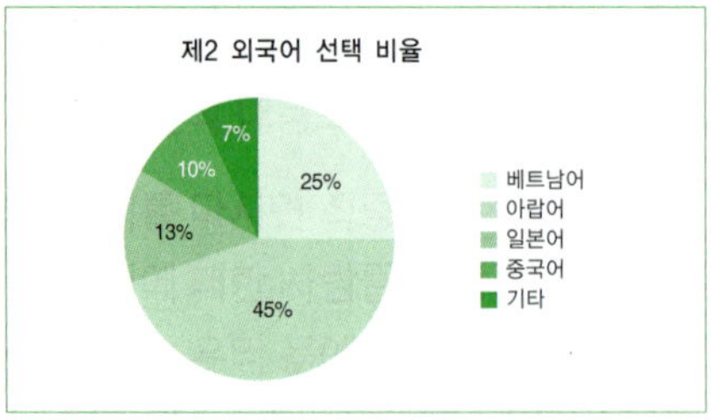


②

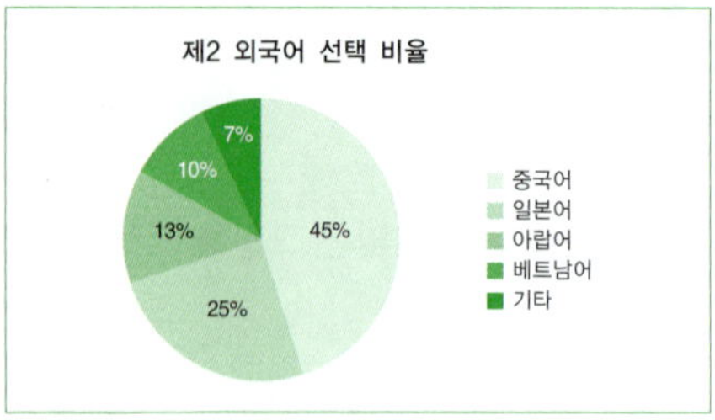


③

④

※ [4~8] 다음 대화를 잘 듣고 이어질 수 있는 말을 고르십시오. (각 2점)

MP3_5_4~12

**4.** ① 운동을 시작하지 그래?
② 조금 힘들지만 할 만해.
③ 건강하니까 힘들지 않아.
④ 어찌나 운동이 힘든지 포기했어.

**5.** ① 배가 안 고파서 좋네요.
② 저도 그렇게 해 봐야겠어요.
③ 떡 만드는 것을 배워야겠어요.
④ 저도 아침을 먹지 않아야겠어요.

**6.** ① 추가 비용이 없군요.
② 한복을 빌리지 못하겠네요.
③ 다음 주에 한복을 빌리겠습니다.
④ 현금이 없는데 카드로 계산해도 되나요?

7. ① 취업을 잘 하시겠어요.
② 심리학이 인기가 많네요.
③ 잘 생각해서 결정하세요.
④ 계속 고민하려던 참이었어요.

8. ① 네, 오전에 받았습니다.
② 네, 부장님 의견과 같습니다.
③ 네, 내일까지 받기로 했습니다.
④ 네, 조금 전에 모두 확인해 봤습니다.

※ [9~12] 다음 대화를 잘 듣고 여자가 이어서 할 행동으로 알맞은 것을 고르십시오. (각 2점)

9. ① 이불을 교환한다.
② 할인을 더 받는다.
③ 이불을 환불을 받는다.
④ 영수증을 재발급 받는다.

10. ① 요리책 코너에 간다.
② 서점 직원을 따라간다.
③ 여러 나라 과자를 만든다.
④ 오늘 새로 나온 사전을 산다.

11. ① 의사에게 약을 받는다.
② 약을 사러 약국에 간다.
③ 감기에 걸리지 않도록 조심한다.
④ 두통에 더 효과가 있는 약을 찾는다.

12. ① 오리엔테이션을 진행한다.
② 회사 복지 혜택을 정리한다.
③ 회사 급여에 대한 정보를 조사한다.
④ 오리엔테이션 때 이용할 식당을 예약한다.

※ [13~16] 다음을 듣고 내용과 일치하는 것을 고르십시오. (각 2점)

MP3_5_13~22

13. ① 온라인 쇼핑몰은 회원의 개인 정보를 공개한다.
② 온라인 쇼핑몰의 회원이 아니면 옷을 주문할 수 없다.
③ 온라인 쇼핑몰에서 옷을 구입하면 당일에 받을 수 있다.
④ 온라인 쇼핑몰에서 신용 카드로 더 싸게 사는 방법이 있다.

14. ① 휴대전화는 객실 내에서 사용할 수 없다.
② 쓰레기는 객실 밖에 있는 쓰레기통에 버려야 한다.
③ 어린 아이들은 시끄러우므로 객실 밖 통로에서 돌봐야 한다.
④ 기차 안에서는 담배를 피울 수 없지만 승강장에서는 피울 수 있다.

15. ① 지번 주소는 2년 전부터 시범 사용되어왔다.
② 도로명 주소가 정착되는 데까지 100년이 걸렸다.
③ 지번 주소를 사용하면 목적지를 쉽게 찾을 수 있다.
④ 도로명 주소에서 건물 번호가 짝수이면 건물은 오른쪽에 있다.

16. ① 충남 지역 주민들은 다른 지역보다 걷기 운동을 많이 한다.
② 걷기 운동은 건강에는 좋지만 체지방 감소에는 효과가 없다.
③ 보건소에서는 주민들의 건강을 위해 걷기 홍보 안내판을 제작했다.
④ 임산부들이나 건강이 좋지 않은 사람들은 걷기 운동을 하면 위험하다.

※ [17~20] 다음을 듣고 남자의 중심 생각을 고르십시오. (각 2점)

17. ① 회사원들은 회의 때 꼭 정장을 입어야 한다.
② 회사원들이 출근할 때 반바지를 입지 않는 것이 좋다.
③ 회사원들이 정장을 하고 넥타이를 매면 성의가 있어 보인다.
④ 회사원들이 더울 때 자율 복장을 하면 업무 효율이 높아진다.

18. ① 영수증은 필요할 때만 발행해야 한다.
② 영수증은 아무 곳에나 버리면 안 된다.
③ 영수증에 카드 사용자 정보를 넣지 않아야 한다.
④ 문자 메시지로 카드 정보를 받는 것이 편리하다.

**19.** ① 출연자의 연습이 부족한 경우 좋은 공연을 할 수 없다.
② 공연의 질을 위해서 뮤지컬에 인기 가수들이 필요하다.
③ 인기 가수들이 출연하지 않으면 뮤지컬이 성공할 수 없다.
④ 뮤지컬 시장의 성장을 위해 인기 가수들의 출연은 필요하다.

**20.** ① 동물 종류별 병원이 만들어져야 한다.
② 동물은 사람과 같은 질병에 걸리지 않는다.
③ 전문적인 치료를 위해 각 전공의 전문 수의사가 필요하다.
④ 경영의 어려움을 해결하기 위해 동물 전문 병원이 필요하다.

※ [21~22] 다음을 듣고 물음에 답하십시오. (각 2점)

**21.** 남자의 중심 생각으로 맞는 것을 고르십시오.

① 땀을 흘리면서 뜨거운 음식을 먹어야 더 맛있다.
② 여름에는 삼계탕을 먹은 후에 팥빙수를 먹어야 한다.
③ 더운 여름에는 냉면 같은 시원한 음식을 먹어야 한다.
④ 더운 여름에는 삼계탕 같은 뜨거운 음식을 먹는 것이 좋다.

**22.** 들은 내용으로 알맞은 것을 고르십시오.

① 여름에 시원한 냉면을 먹으면 건강에 좋다.
② 여름에는 팥빙수로 몸을 차갑게 만들어야 한다.
③ 남자는 더워서 냉면과 삼계탕을 함께 먹고 싶어한다.
④ 여자는 땀 흘리면서 뜨거운 음식 먹는 것을 싫어한다.

※ [23~24] 다음을 듣고 물음에 답하십시오. (각 2점)

MP3_5_23~30

**23.** 남자는 무엇을 하고 있는지 고르십시오.

① 아이들 교육 업체를 소개하고 있다.
② 다음 학기 교육 과정을 설명하고 있다.
③ 공동 육아에 대한 정보를 제공하고 있다.
④ 공동 육아 조합을 함께 만들자고 제안하고 있다.

**24.** 들은 내용으로 알맞은 것을 고르십시오.

① 공동 육아의 교육 과정은 정해져 있다.
② 공동 육아의 먹거리는 부모가 직접 만든다.
③ 공동 육아는 부모들이 직접 참여하는 것이다.
④ 공동 육아는 정부의 지원을 받기 때문에 무료이다.

※ [25~26] 다음을 듣고 물음에 답하십시오. (각 2점)

**25.** 남자의 중심 생각으로 맞는 것을 고르십시오.

① 게임을 이용하면 스타의 숲을 만들 수 있다.
② 나무를 심는 것은 결국 지구를 지키는 일이다.
③ 사막이나 자투리땅에 나무를 심는 것은 불가능하다.
④ 인기 배우는 팬들에게 받은 사랑을 나무 심는 일로 돌려줘야 한다.

**26.** 들은 내용으로 알맞은 것을 고르십시오.

① 5년 만에 여러 나라에 51만 그루의 나무를 심었다.
② 이 회사는 여러 방법으로 기금을 마련하여 축구장을 만든다.
③ 이 회사의 게임을 이용하는 사람은 직접 숲에서 나무를 심는다.
④ 이 회사에서 심은 나무에서 나오는 산소는 10년 동안 사용할 수 있다.

※ [27~28] 다음을 듣고 물음에 답하십시오. (각 2점)

27. 여자가 남자에게 말하는 의도를 고르십시오.

① 국가 경제가 좋지 않은 원인을 분석하기 위해
② 남자의 결혼과 출산에 대한 생각을 묻기 위해
③ 육아에 드는 비용을 줄여야 함을 설득하기 위해
④ 저출산이 야기하는 문제의 심각성을 전달하기 위해

28. 들은 내용으로 맞는 것을 고르십시오.

① 결혼 시기와 출산율은 관계가 없다.
② 최근 들어 자녀가 둘 이상인 가정이 늘고 있다.
③ 자녀 양육의 경제적인 부담을 줄일 정책이 마련되었다.
④ 저출산이 지속되면 국가 경제에 나쁜 영향을 줄 것이다.

※ [29~30] 다음을 듣고 물음에 답하십시오. (각 2점)

29. 남자는 누구인지 고르십시오.

① 호흡기 전문 의사
② 전문 세탁업체 직원
③ 가전제품 제조업체 직원
④ 가전제품 청소관리업체 직원

30. 들은 내용으로 맞는 것을 고르십시오.

① 세탁기는 일 년에 두세 번은 청소해야 한다.
② 청소한 세탁기의 세균은 변기의 100배 정도이다.
③ 세균이 묻은 세탁물로 인해 질병을 유발할 수 있다.
④ 세균 번식을 막기 위해 세탁기 뚜껑은 닫아 두어야 한다.

MP3_5_31~38

※ [31~32] 다음을 듣고 물음에 답하십시오. (각 2점)

**31.** 남자의 생각으로 맞는 것을 고르십시오.

① 범죄자의 신상 공개는 공익을 위한 것이다.
② 범죄자의 신상 공개로 범죄 예방이 되지는 않는다.
③ 범죄자의 인권을 생각하여 신상을 공개하면 안 된다.
④ 범죄자는 범죄의 종류와 관계없이 신상을 공개해야 한다.

**32.** 남자의 태도로 맞는 것을 고르십시오.

① 상대의 의견을 존중하면서 타협점을 찾고 있다.
② 다른 사람이 제기한 의견에 지지를 보내고 있다.
③ 객관적인 근거를 들어 자신의 의견을 주장하고 있다.
④ 구체적인 사례를 들어 자신의 주장을 뒷받침하고 있다.

※ [33~34] 다음을 듣고 물음에 답하십시오. (각 2점)

**33.** 무엇에 대한 내용인지 맞는 것을 고르십시오.

① 빈둥지 증후군의 원인
② 빈둥지 증후군의 예방법
③ 빈둥지 증후군의 부작용
④ 빈둥지 증후군 극복 방법

**34.** 들은 내용으로 맞는 것을 고르십시오.

① 우울증을 느낄 때는 일에 몰두하는 것이 좋다.
② 빈둥지 증후군은 일하는 여성에게 많이 나타난다.
③ 자녀가 결혼을 한 후 우울증에 걸리는 사람이 많다.
④ 나이가 들어서도 여자가 가사의 책임을 전담해야 한다.

※ [35~36] 다음을 듣고 물음에 답하십시오. (각 2점)

**35.** 남자는 무엇을 하고 있는지 고르십시오.

① 장학생들을 격려하고 있다.
② 장학생 선정 기준에 대해 설명하고 있다.
③ 우수한 학생의 지원 방법을 조사하고 있다.
④ 세계적인 선수가 되어야 함을 강조하고 있다.

**36.** 들은 내용으로 맞는 것을 고르십시오.

① 올해 처음으로 장학금 전달식 행사를 했다.
② 앞으로도 우수한 인재 육성에 힘쓸 것이다.
③ 공부를 잘 한 학생들에게 장학금을 수여했다.
④ 장학생으로 뽑힌 학생들은 성장 가능성을 증명해야 한다.

※ [37~38] 다음은 교양 프로그램입니다. 잘 듣고 물음에 답하십시오. (각 2점)

**37.** 남자의 중심 생각으로 맞는 것을 고르십시오.

① 일상에 지친 심신은 바로 치유해야 한다.
② 다양한 분야에서 활동을 하려면 여행을 해야 한다.
③ 현대 사회에서는 참된 자신을 찾는 활동이 필요하다.
④ 현대 사회는 우울증 때문에 폭력 사건이 많이 일어난다.

**38.** 들은 내용과 일치하는 것을 고르십시오.

① 현대 사회는 넓은 시야를 가지고 살아야 한다.
② 템플스테이를 통해 종교적인 지식을 배우게 된다.
③ 학생들은 자신의 내면을 찾기 위해 전국을 여행한다.
④ 한 학기에 한 분야에서 활동하는 전문가들의 특강을 듣는다.

MP3_5_39~46

※ [39~40] 다음은 대담입니다. 잘 듣고 물음에 답하십시오. (각 2점)

**39.** 이 담화 앞의 내용으로 알맞은 것을 고르십시오.

① 교재의 불법 제본이 출판계의 큰 골칫거리이다.
② 공연장에서 몰래 촬영하는 일이 성행하고 있다.
③ 공연을 몰래 녹음한 사람이 법적으로 처벌을 받았다.
④ 불법 복제에 대해 법적 조치하는 것은 부담스러운 일이다.

**40.** 들은 내용과 일치하는 것을 고르십시오.

① 불법 촬영 금지 등 저작권법을 강화해야 한다.
② 출판계의 저작권 문제는 최근에 생기기 시작했다.
③ 불법 복제를 방지하기 위해서는 처벌도 강력하게 해야 한다.
④ 대학가의 교재를 촬영하여 온라인으로 유통하는 경우가 많다.

※ [41~42] 다음은 강연입니다. 잘 듣고 물음에 답하십시오. (각 2점)

**41.** 들은 내용과 일치하는 것을 고르십시오.

① 비만과 유전자는 관련이 없다.
② 각종 약을 복용하면 체중을 줄일 수 있다.
③ 현대의 치료약들은 삶의 질을 저하시킨다.
④ 잠이 부족하면 비만이 될 확률이 높아진다.

**42.** 남자의 중심 생각으로 맞는 것을 고르십시오.

① 비만의 원인은 식사량이 아니다.
② 비만의 원인은 밝혀지지 않았다.
③ 비만의 원인은 생활 습관과는 관계가 없다.
④ 비만의 원인을 제대로 알고 건강을 위해 노력해야 한다.

※ [43~44] 다음은 다큐멘터리입니다. 잘 듣고 물음에 답하십시오. (각 2점)

43. 이 마을의 집들이 다른 지역의 집들과 다른 점은 무엇입니까?

① 벽면에 색을 칠해 화려해졌다.
② 공사용 콘크리트로 집을 만들었다.
③ 낮은 산 중턱까지 집들이 붙어 있다.
④ 밤이 되면 불빛 때문에 아름답게 보인다.

44. 이 이야기의 중심 내용으로 맞는 것을 고르십시오.

① 콘크리트는 마을 분위기를 망친다.
② 산들바람이 부는 마을이 살기 좋다.
③ 벽화 전문가들이 마을 분위기를 바꾸어야 한다.
④ 마을의 외관이 사람들의 마음에도 영향을 미친다.

※ [45~46] 다음은 강연입니다. 잘 듣고 물음에 답하십시오. (각 2점)

45. 들은 내용과 일치하는 것을 고르십시오.

① 수족관 안의 돌고래는 하루 100km를 헤엄친다.
② 야생의 돌고래가 수족관의 돌고래보다 수명이 길다.
③ 수족관의 돌고래들은 서로 사회적인 관계를 형성한다.
④ 관광객의 환호와 박수는 돌고래의 스트레스를 없애준다.

46. 여자의 태도로 가장 알맞은 것을 고르십시오.

① 인간과 수족관 돌고래의 차이점을 분명하게 드러내고 있다.
② 수족관 특성에 대한 객관적인 자료에 근거하여 해결책을 제시하고 있다.
③ 돌고래를 관찰하는 방법에 대한 다른 견해를 논리적으로 분석하고 있다.
④ 돌고래의 스트레스에 대해 구체적인 사례를 들어 자기의 주장을 펼치고 있다.

※ [47~48] 다음은 대담입니다. 잘 듣고 물음에 답하십시오. (각 2점)

MP3_5_47~50

**47.** 들은 내용과 일치하는 것을 고르십시오.

① 기업의 이미지는 짧은 순간 무너질 수 있다.
② 기업의 이미지는 경영 활동에 영향을 주지 않는다.
③ 상품의 품질 관리는 기업 이미지 관리를 위해 가장 중요하다.
④ 위기가 닥치면 어떤 기업이더라도 이미지 회복 속도는 느리다.

**48.** 남자의 태도로 가장 알맞은 것을 고르십시오.

① 기업 이미지 구축과 관리 방법을 제시하고 있다.
② 기업의 이미지와 상품의 품질의 상관관계를 증명하고 있다.
③ 사람들이 반응하는 기업의 결점에 대해 예를 들어 설명하고 있다.
④ 위기 상황의 경우 기업이 이미지를 회복할 수 있는지 진단하고 있다.

※ [49~50] 다음은 강연입니다. 잘 듣고 물음에 답하십시오. (각 2점)

**49.** 들은 내용과 일치하는 것을 고르십시오.

① 한국은 경제적인 이유로 분단되었다.
② 남한과 북한의 전쟁은 60년 전에 끝났다.
③ 남한과 북한의 이념적인 대립은 지속되고 있다.
④ 한국은 세계에서 분단되어 있는 여러 나라 중 하나이다.

**50.** 남자의 태도로 가장 알맞은 것을 고르십시오.

① 남한과 북한의 분단의 원인을 분석하고 비판하고 있다.
② 남한과 북한의 통일이 필요함을 강력하게 주장하고 있다.
③ 남한과 북한의 관계 개선을 위한 해결책을 제시하고 있다.
④ 남한과 북한의 관계가 앞으로 어떻게 될지 전망하고 있다.

최신판
한국어능력시험 II

YONSEI

# TOPIK II

Test of Proficiency in Korean

## Listening

Type & Practice

유형과 실전

토픽을 체계적으로 공부하기 위한

## 연세 토픽 II 듣기

연세대학교 한국어학당 편

# 부록

연세대학교 출판문화원

YONSEI

# TOPIK II

Test of Proficiency in Korean

Listening

Type & Practice

토픽을 체계적으로 공부하기 위한

연세 토픽 II 듣기

유형과 실전

# 부록

# 차례

## 부록

## 1. 유형편: 듣기 지문 정답풀이



## 2. 실전편: 정답 및 듣기 지문

# 1

# 유형편
# 듣기 지문 및 정답풀이

유형 01

# 듣고 알맞은 그림 고르기

## 연습 2

유형편 유형 01(2-1~3)

1. 여자: 계산 부탁합니다. 물건이 많아서 들고 가기가 힘든데 배달해 주실 수 있나요?
남자: 네, 그런데 배달이 밀려서 한 시간쯤 걸릴 텐데 괜찮으시겠어요?
여자: 괜찮아요. 우유만 먼저 가져갈 테니까 나머지는 배달 부탁합니다.

[정답] ③

문제 풀이

마트에서 물건을 많이 산 여자가 계산을 하면서 배달을 부탁하는 상황입니다. ①은 진열대 앞에서 하는 대화이므로 오답입니다. ②, ④는 배경이 집이므로 오답입니다.

2. 남자: 정말 멋진 연주였어요. 초대해 주셔서 고마워요.
여자: 바쁘실 텐데 공연을 보러 와 주셔서 감사합니다.
남자: 이거 받으세요. 꽃다발은 다른 분들이 드릴 것 같아서 작은 선물을 준비했어요.

[정답] ④

문제 풀이

공연이 끝난 후 남자가 여자에게 선물을 주는 상황입니다. ①은 배경이 꽃가게이므로 오답입니다. ②는 공연을 관람하는 상황이므로 오답입니다. ③은 꽃다발을 주기 때문에 오답입니다.

3. 남자: 최근 ㉠ 선호하는 명절 선물에 대한 설문 조사에 따르면 백화점 상품권이 55%로 사람들이 가장 선호하는 것으로 나타났습니다. 그 다음으로는 건강식품, 과일이 뒤를 이었는데, 이 중 ㉡ 백화점 상품권은 지난해에 비해 판매량이 2배 정도 는 것으로 조사됐습니다.

[정답] ③

문제 풀이

지문에서 알 수 있는 정보는 ㉠ 선호하는 명절 선물과 ㉡ 백화점 상품권 판매량 증가 두 가지입니다. 선호하는 명절 선물은 백화점 상품권(55%), 건강식품, 과일의 순이므로 ①, ②는 오답입니다. 백화점 상품권 판매량은 작년보다 2배가 증가했으므로 ④도 오답입니다.

## 연습 3

유형편 유형 01(3-1~3)

1. 여자: 실례합니다만, 박물관에 가려면 몇 번 출구로 나가야 하나요?
남자: 오른쪽으로 가시면 8번 출구가 있어요. 나가서 버스나 택시를 타셔야 해요. 걸어서 가기에는 좀 멀어요.
여자: 아, 그렇군요. 감사합니다.

[정답] ④

문제 풀이

지하철역 안에서 나가는 출구를 묻고 있는 상황입니다. 지하철역 안이기 때문에 ③의 지하철 안은 오답이고, ①, ②의 버스 정류장과 박물관은 지하철역에서 나간 후의 상황이 될 수 있으므로 오답입니다.

2. 남자: 손님, 어떻게 해 드릴까요?
여자: 앞머리만 좀 다듬어 주세요. 자꾸 눈을 찌르거든요.
남자: 네, 다음에 오시면 앞머리 파마도 한번 해 보세요.

[정답] ②

문제 풀이

미용실에서 여자 손님이 남자 미용사에게 앞머리를 손질해 달라고 하는 상황입니다. ①, ③은 배경은 미용실이지만 머리를 감는 상황과 계산하는 상황이므로 오답입니다. ④는 여자가 파마를 하고 있지만 대화에서는 남자가 여자에게 다음에 파마할 것을 권하기만 했기 때문에 오답입니다.

**3.** 남자: ㉠ 최근 직업을 선택할 때 가장 중요하게 생각되는 요인을 조사한 결과 '수입'이라는 응답이 가장 많았으며 ㉡ '안정성', '적성이나 흥미' 등이 그 뒤를 이었습니다. ㉢ 과거에는 '안정성'이 가장 중요했지만 지금은 안정성이나 정신적인 만족감보다는 현재의 경제적인 면을 더 중요하게 생각하는 것으로 조사되었습니다.

[정답] ④

문제 풀이

최근 직업 선택의 가장 중요한 요인은 ㉠, ㉡에서 보는 바와 같이 '수입-안정성-적성이나 흥미'의 순이고, 20년 전 과거에는 ㉢ 안정성이 중요한 요인이었는데 현재는 경제적인 수입이 가장 중요한 요인이 되었습니다. 따라서 맞는 그래프는 직업 선택의 요인을 '수입 - 안정성 - 적성과 흥미'의 순으로 그린 ④가 정답입니다.

## 연습 4

유형편 **유형 01(4-1~3)**

**1.** 남자: 손님, 예약번호를 말씀해 주십시오.

여자: 3465입니다.

남자: 확인되었습니다. 방 번호는 715호입니다. 수영장과 사우나는 숙박하시는 동안 무료로 이용하실 수 있습니다. 그리고 조식은 오전 7시부터 10시까지 1층 식당에서 드실 수 있습니다.

[정답] ①

문제 풀이

남자가 방 번호를 말해 주고 숙박이라는 단어를 말하기 때문에 이곳은 숙박 시설입니다. 그리고 숙박 시설에서 이용할 수 있는 수영장과 사우나 식당 서비스를 부가적으로 설명하고 있습니다. 따라서 이 대화는 숙박 시설을 이용하기 전에 방을 배정받는 상황입니다. 따라서 장소는 호텔 프런트입니다. ②는 배경이 호텔 방이고 ③은 수영장, ④는 식당 계산대이므로 오답입니다.

**2.** 여자: 민수 씨, 빨리 오세요. 왜 이렇게 늦었어요?
남자: 버스를 탔는데 길이 너무 막혔어요. 지하철을 타고 올 걸 그랬어요.
여자: 기차가 곧 출발해요. 빨리 탑시다.

[정답] ②

문제 풀이

남자는 버스를 타고 왔는데 너무 막혀서 기차역에 늦게 도착하여 급히 타려고 하고 있습니다. 이 두 사람은 기차역 플랫폼에서 급히 열차에 오르자고 이야기하고 있으므로 이야기를 하는 장소는 ② 기차 플랫폼 앞입니다.

**3.** 여자: 올해 도서를 많이 구입한 연령대와 구입 장소를 조사한 결과, ㉠ 40대의 도서 구입이 가장 많았고, ㉡ 지난해 가장 많았던 30대의 도서 구입은 크게 줄었습니다. 구입처를 묻는 질문에는 ㉢ 대형 서점에서 책을 구입하는 사람이 가장 많았지만 앞으로는 그 뒤를 잇고 있는 인터넷 서점의 이용이 더 늘 것으로 예상됩니다.

[정답] ①

문제 풀이

지문에서 알 수 있는 정보는 ㉠ 도서를 가장 많이 구입한 연령대, ㉡ 연령대별 도서 구입률과 ㉢ 도서 구입 장소의 비율입니다. ②는 올해 30대 도서 구입률이 40대 보다 높아서 오답이고, ③, ④는 대형 서점이 책을 제일 많이 구입하는 곳이 아니기 때문에 오답입니다.

## 연습 5

유형편 **유형 01(5-1~3)**

**1.** 여자: 어머니가 많이 편찮으셔서 걷기 힘들어 하시는데 병원 안에 휠체어를 빌릴 수 있는 곳이 있나요?
남자: 반대편 엘리베이터 옆으로 가시면 휠체어를 빌리는 곳이 있습니다.
여자: 네, 감사합니다.

[정답] ①

**문제 풀이**

여자가 많이 편찮으신 어머니를 위해 병원 안에서 휠체어를 빌리려고 하는 상황입니다. 따라서 병원 안에서 안내를 받는 상황의 그림을 골라야 합니다. ②는 백화점이 배경이고 ③, ④는 이미 어머니가 휠체어를 타고 있는 그림이기 때문에 오답입니다.

**2.** 여자: 승진하신 것 축하드려요. 입사하신 지 삼 년밖에 되지 않으셨는데 벌써 승진하시다니 정말 대단하세요.

남자: 축하해 주셔서 감사합니다. 오늘 저녁은 제가 한턱내겠습니다. 여기서 드시고 싶으신 것 다 주문하세요.

여자: 정말요? 감사합니다.

[정답] ④

**문제 풀이**

여자는 남자의 승진을 축하하고 있고 남자는 축하해주는 여자에게 대화를 하는 장소에서(여기서) 먹고 싶은 것을 사주겠다고 말하기 때문에 이 대화가 일어나는 장소는 식당입니다. 정답은 식당이 배경인 ④입니다.

**3.** 남자: 드라마와 케이팝(k-pop)의 한류 열풍이 한식까지 이어지고 있습니다. 베이징, 도쿄, 뉴욕, 타이페이 등 ㉠ 세계 주요 도시 4곳에서 한식당이 가장 인기 있는 외국 식당으로 꼽혔습니다. 한식당에서 ㉡ 중국인들은 갈비와 치킨, 떡볶이, 냉면을 일본인들은 비빔밥, 전, 갈비를 미국인들은 불고기와 비빔밥을 가장 많이 찾는 것으로 나타났습니다.

[정답] ①

**문제 풀이**

지문에서 알 수 있는 정보는 ㉠ 세계 주요 도시에서 가장 인기 있는 식당이 한식당이라는 것과 ㉡ 외국인들이 많이 찾는 한국 음식 순위입니다. ②는 일본 식당, 태국 식당이 한국 식당보다 베이징 시민들이 많이 찾는다고 나와 있기 때문에 오답이고 ③, ④는 중국인이 많이 찾는 음식이라고는 말하지 않고 일본인과 미국인이 많이 찾는다고 말한 비빔밥이 들어가 있기 때문에 오답입니다.

유형 02

# 듣고 이어지는 말 고르기

## 연습 2

유형편 유형 02(2-4~8)

**4.** 남자: 며칠째 눈이 계속 빨가네요. 병원에 갔다 왔어요?
여자: 아니요. 요즘 회사일이 많아서 시간이 안 나요.
남자: ______________________

[정답] ②

문제 풀이

여자가 회사일 때문에 병원에 갈 시간이 없다고 했으므로 여자에게 병원에 갈 것을 가볍게 명령하는 ②가 정답입니다.

**5.** 남자: 휴대 전화 수리가 다 됐습니다, 수리비는 4만 원입니다.
여자: 수리비요? 저는 수리비가 없는 줄 알았는데요.
남자: ______________________

[정답] ④

문제 풀이

여자는 수리비가 없다고 잘못 알고 있으므로 수리비를 왜 내야 하는지 설명하고 있는 ④가 정답입니다.

**6.** 남자: 출퇴근 시간에 버스가 너무 복잡해서 회사에 다니기 힘들어요.
여자: 댁이 저희 집과 가깝다고 하지 않았어요? 제 차로 같이 출근하시겠어요?
남자: ______________________

[정답] ②

문제 풀이

출퇴근의 어려움을 말하고 있는 남자에게 여자가 자신의 차로 같이 출근할 것을 권유하고 있으므로 여자의 말을 수용하는 ②가 정답입니다.

**7.** 여자: 미선이랑 무슨 일 있었어? 둘 사이가 어색해 보이더라.
남자: 오해가 좀 생겼는데 어떻게 오해를 풀어야 할지 고민이야.
여자: ____________________

[정답] ③

문제 풀이

남자는 친구와 생긴 오해를 푸는 방법에 대해 고민하고 있으므로 이에 대한 해결책을 제시하고 있는 ③이 정답입니다.

**8.** 여자: 508호지요? 관리비 미납 문제로 연락드렸습니다.
남자: 아, 죄송해요. 제가 여행을 다녀왔거든요. 여행을 하느라고 관리비는 신경을 못 썼네요. 언제까지 내면 되나요?
여자: ____________________

[정답] ③

문제 풀이

관리비를 제때 내지 못 한 여자가 관리비를 언제까지 내야 하는지 묻고 있으므로 내일까지 내 달라고 말하고 있는 ③이 정답입니다.

## 연습 3 유형편 유형 02(3-4~8)

**4.** 남자: 택배입니다. 10분쯤 후에 도착할 것 같은데 지금 댁에 계세요?
여자: 아니요, 잠깐 볼일 보러 나왔는데요.
남자: ____________________

[정답] ④

문제 풀이

여자가 지금 밖에 나와서 택배를 받을 수 없다고 했으므로 경비실에 맡겨 놓을지 물어보는 ④가 정답입니다.

**5.** 남자: 언제까지 수강 신청을 해야 하는지 알아?
여자: 주말까지야. 그런데 인기가 많은 강의는 일찍 마감될지도 모르니까 빨리 해.
남자: ______________________________

[정답] ③

문제 풀이

남자는 아직 수강 신청을 하지 않았고, 언제까지 수강 신청을 해야 하는지 묻고 있습니다. 여자는 금요일까지이고 서두르라고 말하고 있으므로 남자가 이에 호응하며 '서둘러야겠네'로 대답하는 ③이 정답입니다.

**6.** 남자: 요리를 배운 지 벌써 세 달이 지났는데도 아직도 음식 만드는 게 어려워요.
여자: 제가 보기엔 요리 실력이 많이 는 것 같은데요.
남자: ______________________________

[정답] ②

문제 풀이

남자는 아직도 음식을 만드는 걸 어려워합니다. 여자의 칭찬에 대한 겸손 및 부정의 의미를 담고 있는 ②가 정답입니다.

**7.** 남자: 미국에 서류를 보내고 싶은데 시간이 얼마나 걸려요?
여자: 도착하는 데 5일 정도 걸려요. 빠른 배송으로 보내면 보통 24시간 이내에 도착해요.
남자: ______________________________

[정답] ③

문제 풀이

남자는 미국에 서류를 보내는 데 걸리는 시간을 묻고 있고, 여자는 보통과 빠른 배송에 걸리는 시간을 대답해 주고 있습니다. 그러므로 다음에 이어질 남자의 말은 빠른 배송의 비용과 관련된 ③이 정답입니다.

**8.** 여자: 김 과장님 자리에 계신가요?
남자: 지금 신입 사원 교육 중이신데, 끝나려면 시간이 꽤 걸릴 것 같아요. 기다리시겠어요?
여자: ______________________

[정답] ②

**문제 풀이**

여자가 만나려고 하는 김 과장은 교육 중이고, 마칠 때까지 많이 걸린다고 했으므로 나중에 다시 오겠다고 말하는 ②가 정답입니다.

## 연습 4

유형편 **유형 02(4-4~8)**

**4.** 남자: 여보세요? 영진 무역회사의 김민철이라고 하는데 박 부장님과 통화할 수 있을까요?
여자: 지금 안 계세요. 연락처를 알려 주시면 돌아오시는 대로 전해 드리겠습니다.
남자: ______________________

[정답] ①

**문제 풀이**

남자는 박 부장님과 통화하고 싶어하고, 여자는 연락처를 알려주시면 전해 드리겠다고 대답하고 있습니다. 이어질 남자의 말은 연락처를 알려주지 않고 다시 연락 드리겠다는 ①이 정답입니다.

**5.** 남자: 그 이야기 들었어? 네가 좋아하는 가수에게 여자 친구가 생겼대.
여자: 그럴 리가 없어. 어제 방송에서도 여자 친구는 없다고 하던데…….
남자: ______________________

[정답] ①

**문제 풀이**

좋아하는 가수에게 여자 친구가 생겼다는 뉴스를 믿지 못하는 여자의 말에 대한 대답으로 여자가 남자의 말을 믿을 수 있도록 만드는 ①이 정답입니다.

**6.** 여자: 비행기 표가 없어서 제주도에 못 가게 됐어요.
남자: 휴가철인데 미리 예약하지 그랬어요.
여자: ______________________________

[정답] ③

문제 풀이

여자가 비행기 표가 없어서 제주도에 못 가게 됐다고 말하니까 남자는 왜 미리 예약하지 않았냐고 말하고 있습니다. 여자의 이어질 말은 이런 상황이 될 줄 몰랐다는 의미인 ③이 정답입니다.

**7.** 여자: 저는 봉사 동아리에 들고 싶어요. 형편이 어려운 아이들을 위해서 외국어도 가르쳐 주고 고민 상담도 해 주고 싶어요.
남자: 남을 돕는 일이 쉬운 일이 아닌데 좋은 생각을 하고 계시네요.
여자: ______________________________

[정답] ④

문제 풀이

여자는 남을 돕는 봉사 동아리에 들고 싶어하기 때문에 좋은 생각을 하고 있다는 남자의 말에 이어질 내용으로 어렸을 때부터 남을 도와주는 일을 하고 싶었다는 ④가 정답입니다.

**8.** 여자: 카드를 하나 만들려고 하는데요. 요즘은 어떤 카드를 많이 써요?
남자: 요즘은 체크카드를 많이 쓰는 편입니다. 통장에 잔액이 있어야 사용할 수 있으니까 신용카드보다 돈을 계획적으로 쓸 수 있습니다.
여자: ______________________________

[정답] ③

문제 풀이

남자가 체크카드의 장점에 대해 이야기하고 있으므로 그 이야기를 듣고 여자가 체크카드를 만들겠다는 ③이 정답입니다.

연습 5 유형편 유형 02(5-4~8)

4. 남자: 식당에서 주문을 받는 아르바이트를 해 본 적이 있어요?
여자: 네. 고향에서 이런 일을 3년쯤 했었어요.
남자: ______________________

[정답] ④

문제 풀이

남자가 아르바이트 경험을 물어보는 질문에 여자가 자신의 경험을 말합니다. 따라서 여자에게 경험이 있으니까 같이 일해도 좋겠다는 의미로 말하는 ④가 정답입니다.

5. 여자: 죄송합니다. 아이가 조심하지 않아서 옷에 아이스크림을 묻혔네요.
남자: 괜찮습니다. 닦으면 되니까 아이를 혼내지 마세요.
여자: ______________________

[정답] ①

문제 풀이

아이의 실수에 사과하는 여자의 말에 아이를 이해하는 태도로 남자가 말합니다. 따라서 남자의 말에 고마움을 표현하는 의미인 ①이 정답입니다.

6. 남자: 주말에 야구 경기 보러 갈래요?
여자: 저는 야구에 대해 아는 것이 없어서 봐도 별로 재미없을 것 같아요.
남자: ______________________

[정답] ②

문제 풀이

주말에 야구를 보러가는 남자의 제안에 야구에 흥미가 없다고 여자가 말합니다. 따라서 직접 가서 보면 더 재미있을 거라며 여자에게 계속 같이 갈 것을 제안하는 의미인 ②가 정답입니다.

**7.** 남자: 옷장을 어디에 놓을까요?

여자: 이쪽 벽에 놓아 주세요. 그리고 사용하던 옷장을 아파트 1층까지 내려 주세요.

남자: ______________________________

[정답] ③

문제 풀이

옷장을 배달해 준 남자에게 여자는 사용하던 옷장을 1층으로 내려달라고 부탁하고 여자의 부탁을 들어주는 의미인 ③이 정답입니다.

**8.** 남자: 출장 경비를 받으려면 어떻게 해야 합니까?

여자: 출장 경비 신청서를 작성하세요. 그리고 영수증과 함께 제출하시면 됩니다.

남자: ______________________________

[정답] ④

문제 풀이

출장 경비를 받으려면 출장 경비 신청서와 영수증을 제출하라는 여자의 말에 출장 경비 신청서를 받는 장소를 질문하는 ④가 정답입니다.

유형 03

# 듣고 이어지는 행동 고르기

연습 2 유형편 유형 03(2-9~12)

**9.** 여자: 민수 씨는 백화점 카드가 있네요. 저는 귀찮아서 안 만들었어요.

남자: 백화점 카드로 계산하면 5% 할인이 돼요. 또 카드 회원들에게 사은품을 주는 행사도 자주 있고요.

여자: 생각보다 혜택이 많네요. 오늘 백화점에 온 김에 카드를 신청해야겠어요.

남자: 고객 상담실에 가서 신청하면 바로 만들 수 있을 거예요.

[정답] ②

문제 풀이

여자가 백화점 카드 혜택에 대한 이야기를 듣고 카드를 신청해야겠다고 말하자 남자는 백화점 카드를 만드는 곳을 알려 줍니다. 따라서 여자의 이어질 행동으로는 ②가 정답입니다.

**10.** 여자: 여보세요? 제가 오전에 기차에다가 가방을 놓고 내렸는데요. 혹시 찾을 수 있을까요? 확인 좀 부탁드려요.

남자: 분실물 목록을 한번 볼게요. 가방이 두 개 들어왔습니다. 하나는 까만색이고, 하나는 파란색이에요.

여자: 까만색 가방이 제 것인 것 같아요. 오늘 가서 확인해 볼게요.

남자: 네. 6시까지 하니까 빨리 오세요.

[정답] ③

문제 풀이

기차에서 가방을 분실한 여자가 분실물 센터에 전화해 들어온 가방을 확인하고 있습니다. 남자는 6시까지 분실물 센터 문을 여니까 빨리 오라고 말하고 있으므로 여자의 이어질 행동으로는 ③이 정답입니다.

**11.** 여자: 주인아저씨, 제가 사정이 생겨서 계약 기간까지 이 집에 살 수 없을 것 같은데 어떻게 하지요?

남자: 그래요? 그런데 새로운 세입자가 바로 구해질지 모르겠네요. 주위에 이사 올 사람이 있는지 한번 알아볼게요.

여자: 네, 저도 학교 인터넷 게시판에 세입자를 구하는 글을 올릴게요.

남자: 그렇게 해 주세요. 내일 부동산에도 이야기해 놓겠습니다.

[정답] ②

문제 풀이

계약 만료 전에 집을 나가야 하는 여자가 집 주인에게 사정을 말하고 있습니다. 여자는 학교 인터넷 게시판에 글을 올리겠다고 이야기했으므로 여자의 이어질 행동으로는 ②가 정답입니다.

**12.** 남자: 회사 사보 팀의 사진작가가 개인 사정으로 그만뒀어요. 혹시 아는 사진작가가 없어요?

여자: 회사 사보면 주로 인물 사진을 찍는 거지요?

남자: 네. 곧 연말 특집 화보를 준비해야 하는데 사진작가가 없어서 큰일이네요.

여자: 제가 아는 후배 중에서 사진을 전공한 사람이 있는데 도와줄 수 있는지 한 번 물어볼게요. 본인이 안 되면 다른 사람을 추천 받을 수 있을 거예요.

[정답] ②

문제 풀이

남자는 회사 사보 팀 사진작가를 급하게 구하고 있습니다. 여자는 사진을 전공한 아는 후배에게 연락해 보겠다고 했으므로 여자의 이어질 행동으로는 ②가 정답입니다.

연습 3 유형편 유형 03(3-9~12)

**9.** 여자: 손님, 주문하신 음료 나왔습니다.
남자: 어, 이거 제가 시킨 거 맞나요? 저는 커피가 아니라 녹차를 달라고 말씀 드렸는데요.
여자: 죄송합니다. 저희 직원이 실수를 한 모양이에요. 제가 다시 해 드리겠습니다.
남자: 네, 감사합니다.

[정답] ③

문제 풀이

남자는 녹차를 주문했지만 직원의 실수로 커피를 받았습니다. 여자가 다시 해 드리겠다고 했으므로 여자의 다음 행동은 음료를 다시 준비하는 것입니다. 따라서 ③이 정답입니다.

**10.** 남자: 프로젝트 성공도 축하할 겸 그동안 쌓인 스트레스도 풀 겸 오늘 부서 회식을 할까요?
여자: 좋아요. 지난번에 갔던 삼겹살 가게가 괜찮던데 이번에도 거기로 할까요?
남자: 그런데 거기는 당일 예약이 안 되잖아요. 금요일에는 사람이 많을 텐데 예약이 가능한 곳으로 가는 게 어때요?
여자: 네, 그럼 제가 알아보고 예약해 놓겠습니다.

[정답] ③

문제 풀이

남자가 오늘 회식을 제안하고 여자는 회식 장소로 지난번에 갔던 삼겹살 가게를 제안했습니다. 남자는 그 곳은 당일 예약이 불가능하다고 하며 당일 예약이 가능한 곳으로 하자고 했습니다. 따라서 여자의 이어질 행동은 당일 예약이 가능한 식당을 찾아서 예약하는 것이므로 ③이 정답입니다.

**11.** 여자: 김 선생님, 이번 수학여행은 어디로 가는 게 좋겠어요?
남자: 경주가 어떨까요? 여러 유적지를 볼 수 있을 뿐만 아니라 전통 한옥에서 묵으면 한국의 전통적인 분위기도 느끼고 유익할 것 같아요.
여자: 좋아요. 그럼 숙소와 교통편 좀 알아봐 주세요. 일정은 제가 짜 볼게요.
남자: 그렇게 하는 것으로 하지요.

[정답] ③

문제 풀이

남자는 수학여행 장소로 경주를 제안했습니다. 이에 여자는 남자에게 숙소와 교통편을 알아봐 달라고 부탁하고, 일정은 자신이 짜겠다고 했습니다. 따라서 여자의 다음 행동은 수학여행에서 할 것들을 계획하는 것이므로 ③이 정답입니다.

**12.** 남자: 이번 외국인 한국어 말하기 대회 장소는 예약했지요?

여자: 네, 시청에 전화했더니 외국인을 대상으로 하는 행사라서 무료로 장소를 빌려 준다고 합니다.

남자: 잘 됐네요. 그럼 참석 인원을 확인하고 기념품, 음식 등 행사에 필요한 것을 잘 준비해 주세요.

여자: 네, 알겠습니다. 먼저 참석 인원부터 확인하도록 하겠습니다.

[정답] ①

문제 풀이

남자는 행사와 관련한 일을 여자에게 지시하고 있습니다. 여자는 여러 가지 일 중에서 먼저 참석 인원부터 확인하겠다고 했으므로 여자의 이어질 행동으로는 ①이 정답입니다.

## 연습 4

유형편 **유형 03(4-9~12)**

**9.** 여자: 다음 달에 이사해야 하는데 뭘 먼저 준비해야 할지 모르겠어.

남자: 이삿짐센터는 정했어?

여자: 응. 이사철이어서 미리 정했어. 그 다음에 뭘 해야 하지?

남자: 가스 회사에 전화해서 이전 신청을 해야 해. 또 인터넷도 이사 간 후에 바로 사용하려면 미리 인터넷 회사에 예약도 해 놓아야 해.

[정답] ③

문제 풀이

여자가 남자에게 이삿짐센터를 정하는 것 이외에 이사 준비를 해야 하는 것을 물어보고 남자가 가스 이전 신청과 인터넷 연결 예약 신청을 해야 한다고 말하는데 인터넷 연결 신청은 보기에 없습니다. 따라서 가스 회사에 전화한다는 ③이 정답입니다.

**10.** 여자: 오는 길에 가방을 잃어버리는 바람에 수험표와 주민등록증이 없어졌는데 어떻게 해야 돼요?

남자: 여권이나 운전면허증이 있으면 괜찮아요.

여자: 아, 다행히 운전면허증은 있네요. 수험표는 어떻게 해야 하나요?

남자: 사무실에 가서 재발급을 받은 후에 입실하시기 바랍니다.

[정답] ①

**문제 풀이**

여자는 가방을 잃어버려서 수험표와 주민등록증을 분실했습니다. 여자에게 신분증으로 인정이 되는 운전면허증은 있어서 괜찮지만 수험표는 없습니다. 남자가 수험표는 사무실에 가서 다시 발급을 받은 후에 시험을 보는 교실로 들어가라고 했습니다. 따라서 수험표를 다시 받으러 가는 ①이 정답입니다.

**11.** 여자: 다음 주에 회사 면접이 있는데 뭘 어떻게 준비해야 할지 모르겠어.

남자: 취업 사이트에 가면 다른 사람들의 면접 후기들이 나와 있으니까 참고해 봐.

여자: 취업 사이트에 그런 내용도 있는 줄은 몰랐어. 한번 찾아봐야겠다.

남자: 면접 때 많이 나오는 질문도 정리되어 있고 면접을 잘 보는 방법도 있어서 도움이 될 거야.

[정답] ③

**문제 풀이**

여자는 회사 면접을 준비하고 있고, 남자는 여자에게 취업 사이트의 면접 후기를 참고하라고 말해 주고 있습니다. 여자의 이어질 행동은 면접 후기를 읽는 일이므로 정답은 ③입니다.

**12.** 여자: 피아노 대회 본선 진출자가 확정됐는데 본선 준비는 잘 되어 갑니까?

남자: 네, 일정은 모두 짰고 참가자의 연주곡도 정해졌습니다. 그런데 심사 위원 한 분이 급한 일이 생겨서 다른 분을 구해야 하는데 아직 못 구해서 걱정입니다.

여자: 그건 제가 알아보지요. 지난 대회 때 심사해 주신 분께 부탁드리면 들어주실 거예요.

남자: 감사합니다. 그럼 저는 참가자들에게 다음 일정을 공지하도록 하겠습니다.

[정답] ③

문제 풀이

남자가 피아노 대회의 본선 일정은 짰고, 참가자의 연주곡도 정해졌지만 심사 위원 한 분을 구해야 한다고 했습니다. 이에 여자는 자신이 알아보겠다고 하며 지난 대회 심사 위원께 부탁해 보겠다고 했기 때문에 ③이 정답입니다.

## 연습 5

유형편 유형 03(5-9~12)

**9.** 여자: 이번 여름에 가족들이 다 같이 여행을 가려고 하는데 비행기 표 값이 생각보다 비싸.
남자: 혼자 가는 것도 아니고 가족들이 다 같이 가려면 비용이 만만치 않지.
여자: 응. 조금 싸게 갈 수 있는 방법이 없을까?
남자: 요즘 항공사에서 일찍 예약하는 사람들에게 표를 많이 할인해 준대. 한번 알아봐.

[정답] ②

문제 풀이

여자가 남자에게 비행기 표를 조금 싸게 살 수 있는 방법을 물어보고 남자는 항공사에서 일찍 예약을 하면 할인을 받을 수 있다는 정보를 알려주기 때문에 항공사 홈페이지를 찾아보는 ②가 정답입니다.

**10.** 여자: 안녕하세요? 정장을 하나 다려야 하는데요. 내일 오전까지 찾을 수 있어요?
남자: 지금 맡기시면 내일 오전까지는 힘들 것 같습니다. 주문들이 밀려 있거든요. 오늘 비가 와서 그런지 손님들이 옷을 많이 맡기셨어요.
여자: 그럼 어떻게 하죠? 혹시 이 호텔 근처에 세탁소가 있나요?
남자: 네. 바로 호텔 길 건너에 세탁소가 있습니다. 서비스가 빠르고 좋다고 소문이 난 가게예요.

[정답] ④

문제 풀이

여자와 남자는 호텔에서 세탁 서비스를 해 주는 곳에 있습니다. 여자가 내일 오전까지 정장을 다려야 한다고 말하는데 남자는 주문이 밀려 있어서 내일까지는 힘들다고 말하면서 호텔 길 건너에 있는 세탁소를 알려줍니다. 따라서 ④가 정답입니다.

**11.** 여자: 오늘 전체 메일을 봤어요? 내일 효율적인 업무를 위해 사무 공간 이동이 있을 거래요. 우리 팀은 아래층으로 간다던데요?

남자: 네, 저도 봤어요. 그런데 이사 업체에서 와서 다 해주니까 바닥에 있는 개인 짐만 치우면 될 거예요.

여자: 네. 알겠어요.

남자: 책상 위에 있는 물건들도 먼지가 묻을 수 있으니까 봉투에 넣어서 서랍 안에 넣어 놓는 게 좋을 것 같은데요?

[정답] ①

문제 풀이

여자가 회사 전체 메일을 보고 사무 공간 이동에 대해 이야기를 합니다. 남자는 사무 공간 이동이 있을 때 해야 하는 일을 알려줍니다. 다른 일은 이사 업체에서 해 주기 때문에 바닥에 있는 개인 짐만 정리하라고 말합니다. 따라서 ①이 정답입니다. ④는 서랍 안에 있는 물건을 봉투에 넣는 것이 아니고 책상 위에 있는 물건을 먼지가 묻을 것을 우려하여 봉투에 넣어 서랍 안에 넣는 게 좋겠다고 말하고 있기 때문에 오답입니다.

**12.** 여자: 겨울 옷 신상품을 홍보해야 하는데 요즘 인기 있는 이민우 씨를 모델로 하면 어때요?

남자: 이민우 씨는 드라마에서 주로 상류층으로 나오지 않아요? 우리 제품은 누구나 편하게 입을 수 있도록 만든 것인데 이미지가 안 맞는 것 같아요.

여자: 제가 이민우 씨의 인기만 생각했네요. 팀 사람들과 회의를 해 보고 우리 회사 제품과 잘 맞는 모델을 선정해야겠어요.

남자: 유명인을 모델로 광고를 만들 때는 신중해야 해요. 만약에 제품이 모델의 이미지와 맞지 않으면 효과가 좋지 않을 수 있거든요.

[정답] ②

문제 풀이

제품 모델을 선정하는 이야기를 하고 있습니다. 요즘 인기가 많은 배우는 제품 이미지와 맞지 않기 때문에 팀 사람들과 다시 회의를 해야겠다고 말하기 때문에 ②가 정답입니다.

유형 04

## 듣고 세부 내용 파악하기

연습 2 유형편 유형 04(2-13~16)

**13.** 여자: 다음 달에 ㉠ 학교 기숙사에서 나가야 하는데 어디 좋은 데 없을까?

남자: 고시원은 어때? 방이 작기는 하지만 혼자 살기에는 충분할 거야. ㉡ 내가 아는 고시원이 있는데 알아봐 줄까?

여자: 그래? 한번 알아보고 거기 빈 방이 있거든 좀 말해 줄래?

남자: 알았어. 지하철역에서도 가깝고 깨끗한 편이어서 마음에 들 거야.

[정답] ①

문제 풀이

여자가 기숙사에서 나가야 해서 고민을 하니까 남자가 고시원을 추천하고 있으므로 정답은 ①입니다.

㉠에서 여자가 기숙사에서 나가야 한다고 말하기 때문에 남자가 기숙사에 들어간다고 말하는 ②는 오답입니다. ③ ㉠에서 여자는 기숙사가 마음에 안 드는 것이 아니고 나가야 한다는 것을 말하고 있습니다. ④ ㉡에서 여자가 집을 찾고 있고 남자가 여자가 살 집으로 고시원을 추천하고 있습니다.

**14.** 여자: 경비실에서 알려 드립니다. 내일 아파트 전체 소독이 있습니다. 한 집도 빠지지 않고 소독할 수 있도록 협조해 주십시오. 오전 9시부터 집을 방문하여 소독을 할 예정입니다. 개인 사정으로 ㉠ 내일 소독을 받을 수 없는 주민들을 위해 다음 주에 2차 소독이 있습니다. ㉡ 방문 소독을 원하지 않는 주민께서는 경비실에서 소독약을 받아 가시기 바랍니다.

[정답] ④

문제 풀이

㉡에서 방문 소독을 원하지 않는 주민은 소독약을 받아 가라고 말하고 있으므로 ④가 정답입니다.

① ㉡에서 방문 소독을 원하지 않는 주민에 한해 소독약을 받아가라고 말합니다. ② 이야기에 없는 내용입니다. ③ ㉠에서 내일 소독을 받을 수 없는 주민을 위해 다음 주 2차 소독이 있다고 합니다.

**15.** 남자: 주말인 내일 오후 7시 30분부터 여의도 한강 공원에서 '서울 세계 불꽃 축제'가 열립니다. 올해 13회째를 맞은 이번 행사에는 ㉠ 한국, 독일, 이탈리아, 중국 등 4개국 대표 팀이 참가해 불꽃을 쏘아 올립니다. 이날 ㉡ 한국 팀은 최근 개발한 부채 불꽃을 선보일 예정입니다. 서울시는 ㉢ 당일 지하철을 연장 운행하며, ㉣ 밤 10시 반까지 행사장 주변의 차량 통행을 금지하기로 했습니다.

[정답] ④

문제 풀이

㉢에서 행사 당일에 지하철을 연장 운행한다고 말했기 때문에 ④가 정답입니다.

① ㉠에서 13개국이 아닌 4개국이 참가한다고 말합니다. ② ㉡에서 부채가 아니라 부채 불꽃을 개발했다고 말합니다. ③ ㉣에서 24시간이 아니라 밤 10시 반까지 행사장인 여의도 주변의 차량 통행을 금지한다고 말합니다.

**16.** 여자: 시장님, 다음 달부터 ㉠ 서울시가 전국에서 처음으로 심야 버스를 운행한다고 들었는데요. 소개 좀 부탁드립니다.

남자: 밤 늦은 시간 귀가할 때 불편한 점이 많으셨지요? 서울시에서는 이러한 불편을 해소하기 위해서 밤 12시부터 새벽 5시까지 ㉡ 40분 간격으로 심야 버스를 운행하기로 했습니다. 심야 버스는 시속 70km 이상으로 달리지 못하게 과속 방지 장치가 버스에 달려 있고, ㉢ 심야 버스 운전기사는 심야 버스만 운행하도록 하였습니다. ㉣ 버스 요금은 일반 버스보다 800원이 비쌉니다. 시민들의 반응이 좋으면 노선을 더 늘릴 예정입니다.

[정답] ①

문제 풀이

㉡에서 배차 시간이 40분임을 알 수 있으므로 ①이 정답입니다.

② ㉣에서 심야 버스 요금이 일반 버스보다 비싼 것을 알 수 있습니다. ③ ㉢에서 심야 버스 운전기사는 심야 버스만 운행하는 것을 알 수 있습니다. ④ ㉠에서 심야 버스는 서울에서 처음으로 운행되는 것을 알 수 있습니다.

**13.** 여자: 휴대 전화 요금 명세서를 이메일로 받으면 요금 할인이 된다면서?
남자: ㉠ 아니, 통신 요금이 할인되는 게 아니고 ㉡ 매달 무료 문자를 30건 받을 수 있어.
여자: ㉢ 명세서가 가끔 배달되지 않을 때가 있어서 불편했는데 나도 바꿔야겠다.
남자: 지금 신청하면 ㉣ 다음 달부터 이메일 명세서와 문자 서비스를 받을 수 있을 거야.

[정답] ②

문제 풀이

㉢에서 명세서가 가끔 배달되지 않을 때가 있다고 말했기 때문에 ②가 정답입니다.
① ㉣에서 이번 달이 아니라 다음 달부터 문자 서비스를 받을 수 있다고 말합니다. ③ ㉠에서 통신 요금이 할인되는 게 아니라고 말하므로 휴대 전화 요금을 할인해 주는 것이 아닙니다. ④ ㉡에서 무제한 무료 문자 서비스 혜택이 아니라 매달 받을 수 있는 무료 문자 메시지가 30건이라고 말합니다.

**14.** 여자: 안내 말씀 드리겠습니다. 잠시 후 공연이 시작될 예정입니다. ㉠ 공연이 시작된 후에는 공연장 입장이 불가하오니 서둘러서 입장해 주시기 바랍니다. ㉡ 공연 중 휴대 전화 벨소리나 문자 메시지 알림 소리는 공연자와 관람객 여러분 모두에게 방해가 되오니 반드시 휴대 전화를 꺼 주시기 바랍니다. 더불어 ㉢ 공연장 내에서의 사진 촬영과 사전에 협의되지 않은 동영상 촬영 및 녹음은 금지되어 있으니 협조해 주시기 바랍니다.

[정답] ④

문제 풀이

㉢에서 사전에 협의되지 않은 동영상 촬영은 금지되어 있다고 말합니다. 이는 촬영 전에 미리 논의된 촬영은 가능하다는 의미이므로 ④가 정답입니다.
① ㉢에서 공연장 안에서 사진 촬영은 할 수 없다고 말하기 때문에 공연하는 모습을 사진으로 남길 수 없습니다. ② ㉠에서 공연이 시작된 후에는 공연장에 들어갈 수 없다고 말합니다. ㉡에서 공연을 하는 동안 문자 메시지 알림 소리가 나면 공연자와 관람객에게 모두 방해가 된다고 말하므로 공연에 방해가 되지 않는다고 말한 ③도 오답입니다.

**15.** 남자: 올해부터 ㉠ 소득이 적어서 어려움을 겪고 있는 사람들에게 근로 장려금 신청을 받고 있습니다. 시에서 신청 대상자에게 안내문을 모두 보냈지만, 어제까지 기준으로 ㉡ 신청률이 21%밖에 되지 않는다고 합니다. 이번 달 안에 신청해야 장려금의 100% 다 받을 수 있고, ㉢ 이번 달을 넘겨서 신청하면 70%만 받을 수 있습니다. 근로 장려금 안내문을 받으신 분들은 빨리 신청하시기 바랍니다.

[정답] ④

문제 풀이

㉣에서 다음 달에 신청하면 근로 장려금을 70%만 받는 것을 알 수 있으므로 ④가 정답입니다.

① ㉡에서 근로 장려금 신청률이 낮은 것을 알 수 있습니다. ② ㉠에서 소득이 적은 사람들에 한해 근로 장려금 신청을 받고 있는 것을 알 수 있습니다. ③ 지문에 없는 내용입니다.

**16.** 여자: 시장님, 이번에 ㉠ 에너지 절약을 위한 에코 마일리지 운동을 펼치고 있다고 들었는데요. 에코 마일리지 운동이 무엇입니까?

남자: 에코 마일리지 운동은 서울시에서 시민들의 에너지 사용량을 무료로 관리해 드리면서 에너지 절약 실적이 우수한 분들께 선물을 드리는 에너지 절약 운동입니다. ㉡ 인터넷 홈페이지를 통해 회원 가입을 하시면 ㉢ 서울시에서 매달 회원의 에너지 사용량을 수집합니다. ㉣ 6개월마다 회원의 에너지 사용량을 이전 연도의 같은 기간과 비교해 보고 에너지 절약을 많이 한 우수 회원에게 친환경 상품을 선물로 드립니다.

[정답] ④

문제 풀이

㉠에서 에코 마일리지 운동으로 에너지 절약을 실천할 수 있음을 알 수 있으므로 ④가 정답입니다.

① ㉡에서 에코 마일리지 운동은 회원 가입을 한 시민을 대상으로 하는 것을 알 수 있습니다. ② ㉣에서 이전 연도의 에너지 사용량 비교를 통해 우수 회원을 선정하는 것을 알 수 있습니다. ③ ㉢에서 매달 회원의 에너지 사용량을 수집하는 것을 알 수 있습니다.

연습 4 유형편 유형 04(4-13~16)

**13.** 여자: ㉠ 어젯밤에 경복궁에 갔다 왔다면서?

남자: 응. ㉡ 일주일 동안 밤에 궁을 개방하는 행사를 하는데, 낮보다 밤에 보는 경복궁이 정말 멋있더라. 내년에 또 가고 싶어.

여자: 나도 가 보고 싶은데, 경복궁에 가면 바로 표를 살 수 있겠지?

남자: 인터넷으로 예매해야 해. ㉢ 현장 구매는 외국인만 된대. ㉣ 인원 제한이 있으니까 빨리 예매해.

[정답] ②

문제 풀이

㉣에서 인원 제한이 있다고 말했으므로 ②가 정답입니다.

① ㉡에서 경복궁 야간 개장 행사는 일주일 동안 진행되는 것을 알 수 있습니다. ③ ㉠에서 남자는 어제 경복궁 야간 개장 행사에 다녀온 것을 알 수 있습니다. ④ ㉢에서 외국인에 한해 매표소에서 야간 개장 입장권을 구입할 수 있다고 말합니다.

**14.** 여자: 승객 여러분 안녕하십니까? ㉠ 런던 행 한국항공에 탑승하신 것을 환영합니다. 모든 승객께서는 가지고 타신 ㉡ 짐을 좌석 위의 짐칸에 넣어 주시거나 좌석 아래에 놓아 주시기 바랍니다. 지금부터 좌석벨트를 매 주시고 좌석벨트는 안전을 위해 비행기가 완전히 이륙해도 ㉢ 좌석벨트 표시등이 꺼진 후에 풀어 주시기 바랍니다. ㉣ 휴대 전화는 비행 중으로 설정해 주시고 라디오, 컴퓨터 등의 전자 기기는 안전 운항에 방해가 되오니 잠시 꺼 주시기 바랍니다.

[정답] ③

문제 풀이

㉢에서 좌석벨트 표시등이 꺼진 후에 좌석벨트를 풀어 달라고 말했기 때문에 ③이 정답입니다.

① ㉠에서 목적지가 런던임을 의미하는 런던행이라고 말합니다. ② ㉡에서 짐을 좌석 위의 짐칸이나 좌석 밑에 놓으라고 말하므로 모든 짐을 짐칸에 넣어야 하는 것은 아닙니다. ㉣에서 전자 기기 중의 하나인 휴대 전화는 '비행 중'으로 해 달라고 했으므로 끄지 않아도 됩니다.

**15.** 여자: 다음 주에 열릴 우리 학교 축제 소식입니다. 이번 정기 축제 기간에 다양한 행사가 마련되어 있다고 하는데요. ㉠ 축제는 13일부터 사흘 동안 열릴 예정이며 ㉡ 첫째 날 체육 대회를 시작으로 여러 행사가 진행된다고 합니다. ㉢ 둘째 날에는 응원제가 있고, ㉣ 마지막 날 저녁에는 야외극장에서 가수들의 공연도 있다고 하니 친구들과 함께 참여하면 즐거운 시간이 될 것 같습니다.

[정답] ③

문제 풀이

축제는 13일부터 사흘이니까 13일부터 15일까지 열릴 예정이라는 ③이 정답입니다.

① ㉢에서 둘째 날에 응원제가 있다고 말했습니다. ② ㉣에서 마지막 날 콘서트가 있다고 말했습니다. ④ ㉠에서 첫째 날에 체육 대회를 시작으로 축제를 시작한다고 말했습니다.

**16.** 여자: 이번 황금연휴를 알차게 즐길 수 있는 행사를 진행하는 호텔이 있다고 합니다. 좀 소개해 주시지요.

남자: 저희 호텔에서는 가족의 달 5월을 맞이하여 5월 한 달 동안 ㉠ 호텔에 숙박하시는 모든 고객들께 호텔 내부 시설 이용 및 식사를 보다 합리적인 가격에 즐기실 수 있도록 했습니다. ㉡ 와인과 과일이 무료로 제공되며 ㉢ 수영장 및 체육 시설도 24시간 무료로 이용이 가능합니다. 또한 ㉣ 가족 예약 시 어린이 조식이 무료로 제공됩니다.

[정답] ②

문제 풀이

㉠에서 호텔에 숙박하는 고객들을 대상으로 행사를 한다고 말합니다. ㉣에서 가족 예약 시, 어린이는 아침 식사를 의미하는 조식이 무료로 제공된다고 말합니다. 따라서 ②가 정답입니다.

① ㉢에서 수영장 24시간 무료 이용이 가능하다고 말합니다. ③ ㉡에서 와인을 제공한다고 하기는 했지만 ㉠에서 호텔에 숙박하는 고객들을 대상으로 행사를 한다고 말합니다. ④ ㉢에서 체육 시설은 무료로 이용이 가능하다고 말합니다.

**13.** 여자: 차가 고장이 나서 ㉠ 수리 센터에 맡겼는데 갑자기 차를 쓸 일이 생겼어. 3시간 정도 만 사용하면 되는데 렌터카 회사에서 차를 빌리면 돈이 많이 들까?

남자: 며칠 전에 신문 기사를 보니까 ㉡ 요즘 차를 30분 단위로 빌려주는 서비스가 있다고 하던데 들어 봤어?

여자: 정말? ㉢ 짧은 시간을 이용할 때는 하루 단위로 빌리는 것보다 저렴하겠네.

남자: 응. 그렇다고 하더라. ㉣ 전화로 예약하면 직원을 만나지 않아도 차를 사용할 수 있다고 하니까 한번 알아봐.

[정답] ①

**문제 풀이**

㉣에서 전화로 예약하면 직원을 만나지 않아도 차를 사용할 수 있다고 말합니다. 따라서 전화로 예약하면 차를 빌릴 수 있다는 ①이 정답입니다.

② ㉠에서 수리 센터에 차를 맡기면 차를 빌려 주는 것이 아니라 수리를 하는 동안 렌터카 회사에서 차를 빌린다고 말합니다. ③ ㉡에서 요즘은 하루 단위가 아니라 30분 단위로 차를 빌려주는 서비스가 있다고 말합니다. ④ ㉢에서 짧은 시간을 이용할 때는 하루 단위로 빌리는 것보다 저렴하다고 말합니다.

**14.** 여자: 안내 말씀 드리겠습니다. 시험 시간 중 휴대가 허용되지 않는 물품은 모두 가방에 넣어 정해진 장소에 두어야 합니다. 시험 중에 ㉠ 휴대할 수 있는 물품은 신분증, 수험표, 일반 시계, 흑색 연필과 컴퓨터용 사인펜입니다. 컴퓨터용 사인펜은 각 교실에서 지급됩니다. 연습장이나 ㉡ 사전과 같은 물품은 사용이 금지되어 있으니 유의하시기 바랍니다.

[정답] ②

**문제 풀이**

시험 중 휴대할 수 있는 물건은 신분증, 수험표, 일반 시계, 흑색 연필, 사인펜인데, 컴퓨터용 사인펜은 각 교실에서 지급되니까 ②가 정답입니다.

① ㉠에서 휴대할 수 있는 물품 중에 빨간색 볼펜은 없습니다. ③ ㉠에서 흑색 연필과 일반 시계를 휴대할 수 있습니다. ④ ㉡에서 사전은 사용할 수 없지만 ㉠에서 흑색 연필은 시험 시 휴대가 가능하다고 말합니다.

**15.** 남자: 본격적인 피서철을 앞두고 부산 광안리 해수욕장이 1일 문을 열고 손님맞이에 들어갔습니다. 올해는 ㉠ 해변 확장 공사로 지난해보다 한 달 가까이 늦게 문을 열게 되었습니다. 특히 ㉡ 피서객들의 편의를 위해 샤워장과 화장실을 추가로 마련했을 뿐만 아니라 ㉢ 주말에는 차 없는 문화 거리도 운영합니다. 그 곳에서 야외 연극 공연과 콘서트 등 다양한 문화 행사도 연다고 합니다. 이번 여름 피서지로 온 가족이 부산 바닷가로 가셔도 좋을 것 같습니다.

[정답] ①

문제 풀이

올해는 해변 확장 공사로 지난해보다 한 달 가까이 늦게 문을 열게 되었다고 하였으므로 ①이 정답입니다.
② ㉡에서 샤워장과 화장실을 수리한 것이 아니고 피서객들의 편의를 위해 샤워장과 화장실을 추가로 마련했다고 말했습니다. ③ ㉢에서 날마다 볼 수 있는 것이 아니고 주말에 차 없는 문화 거리를 운영하여 그 곳에서 야외 연극 공연과 콘서트 등 다양한 문화 행사를 연다고 말했습니다. ④ ㉠에서 광안리 해수욕장은 도로를 넓히는 공사가 아니고 해변 확장 공사로 늦게 문을 열었다고 말했습니다.

**16.** 여자: 오늘은 제주도에서 큰 인기를 끌고 있는 제주도의 녹차 박물관에 나와 있습니다. 관장님, 이곳을 좀 소개해 주시죠.

남자: 우리 박물관은 2001년에 제주도의 한 녹차 밭에 처음 개관하였습니다. ㉠ 건물은 찻잔 모양으로 하여 멀리서도 녹차 박물관임을 알 수 있게 하였습니다. ㉡ 1층에는 차 문화실과 전시관, 차를 마실 수 있는 공간이 마련되어 있고, ㉢ 2층에는 한라산과 녹차 밭을 볼 수 있는 전망대가 있습니다. 차를 통한 문화, 휴식 공간으로 자리 잡은 우리 박물관은 ㉣ 국내외 관광객이 찾는 제주도의 명소가 되었습니다. 특히, 박물관 주변과 녹차 밭 사이의 산책로는 연인들의 데이트 코스로도 인기가 높습니다.

[정답] ④

문제 풀이

이 박물관은 국내외 관광객이 찾는 제주도의 명소가 되었다고 하였으므로 ④가 정답입니다.
① ㉢에서 전망대는 2층에 있다고 말했습니다. ② ㉠에서 이 박물관의 건물은 녹차 잎 모양이 아니라 찻잔 모양이라고 말했습니다. ③ ㉢에서 2층은 전망대이고 만들어 볼 수 있는 곳에 대한 이야기는 말하고 있지 않습니다.

유형 05

# 듣고 중심 생각 고르기

## 연습 2

유형편 유형 05(2-17~20)

**17.** 남자: 글씨가 흐려서 잘 안 보여요. 프린터 잉크를 갈아야겠어요.

여자: 그거 바꾼 지 얼마 안 되었는데 벌써 흐려졌네요.

남자: 불필요한 것을 출력하는 경우가 많고 개인적인 것도 회사에서 출력하니까 프린터 잉크가 빨리 닳는 것 같아요. 다들 회사 물품도 개인 물품처럼 절약을 했으면 좋겠어요.

[정답] ③

문제 풀이

남자가 프린트 잉크가 많이 닳는 이유가 불필요한 것을 출력하고 개인적인 것도 회사에서 출력하기 때문이라고 하며 회사 물품을 개인 물품처럼 절약해야 한다고 말합니다. 따라서 남자의 생각은 ③ 회사에서 사용하는 것도 자신의 물건처럼 아껴야 한다는 것입니다.

**18.** 남자: 1960년대의 서울은 이런 모습이었군요.

여자: 불과 50여 년 전인데 이 사진들만 보면 지금의 서울은 상상이 안 되네요. 이렇게 짧은 시간에 엄청난 발전과 변화를 하다니 정말 대단해요.

남자: 사실 역사박물관 관람은 지루할 거라고 생각했었어요. 그런데 서울이 변화되어 온 모습을 한눈에 보여 주니까 생각보다 재미있네요. 여러 기획 전시뿐만 아니라 문화 체험관도 있어서 아이들과 함께 와도 교육적으로 좋을 것 같고요.

[정답] ②

문제 풀이

남자는 역사박물관 관람이 지루할 거라고 생각했지만 관람을 하면서 생각보다 재미있다고 했습니다. 여러 기획 전시도 있고 문화 체험도 해 볼 수 있어서 교육적으로도 좋을 것 같다고 생각하므로 ②가 정답입니다.

**19.** 남자: 지금 춤을 추며 노래하는 저 가수는 중학생이래요.

여자: 중학생이라고요? 어린 나이에 연예계 활동을 하면 힘든 일이 많을 텐데요.

남자: 본인이 원하고 꿈이 확실하면 일찍부터 한 곳에 집중하는 것도 좋은 것 같아요. 요즘은 기획사에서 체계적으로 연습생을 잘 교육시킨다고 해요.

여자: 너무 일찍 방송 생활을 하면 놓치는 게 많지 않을까요? 그 나이에만 경험할 수 있는 것들이 있잖아요.

[정답] ②

문제 풀이

여자는 어린 나이에 연예계 활동을 하면 힘든 일도 많고 그 나이에만 할 수 있는 것들을 못할 수도 있다는 우려를 하고 있습니다. 하지만 남자는 아이의 꿈이 확실하다면 일찍부터 원하는 분야에 집중하는 것이 좋은 것 같다고 하므로 ②가 정답입니다.

**20.** 여자: 오늘은 '올해의 발명왕'으로 뽑힌 김민수 씨를 만나 봤습니다. 김민수 씨, 발명왕을 꿈꾸는 학생들에게 마지막으로 한 말씀해 주시지요.

남자: 발명하는 데 필요한 창의력은 특정 분야의 전문적인 지식에서 나옵니다. 그러므로 공부를 등한시해서는 안 됩니다. 본인이 관심을 가지고 있는 분야가 있다면 그 분야의 지식부터 쌓으십시오. 꾸준히 노력해서 관심 분야의 지식을 전문가 수준으로 쌓는다면 그것이 새로운 것을 생각해 내는 창의력으로 이어집니다. 그러니까 발명왕을 꿈꾼다면 지식을 쌓는 일에 소홀하지 마십시오.

[정답] ②

문제 풀이

남자는 발명왕이 되는 데 필요한 창의력은 특정 분야의 전문적인 지식에서 나오므로 지식을 쌓을 것을 강조하고 있습니다. 따라서 남자의 중심 생각으로는 ②가 정답입니다.

## 연습 3

유형편 유형 05(3-17~20)

**17.** 남자: 수지 씨가 직장을 그만두고 외국으로 유학을 가기로 했대요. 정말 대단하지 않아요?

여자: 저도 그 소식을 들었어요. 그런데 지금 하는 일과 전혀 다른 분야를 배우기 위해서 간다지요? 벌써 회사 경력도 꽤 되고 곧 승진도 할 텐데 어떻게 그런 결정을 했는지 모르겠어요.

남자: 늦었다고 생각할 때가 제일 빠른 때라고 하잖아요. 후회 없는 인생을 위해서 도전하는 건 멋진 일인 것 같아요.

[정답] ②

**문제 풀이**

남자는 회사를 그만두고 유학 가는 동료를 대단하다고 생각합니다. 늦었다고 생각할 때가 그 일을 시작하기에 제일 빠른 때라고하며 후회 없이 살기 위해서는 하고 싶은 것을 위해 도전하는 것이 좋다고 말하므로 ②가 정답입니다.

**18.** 남자: 새로 출시된 스마트 시계를 사용해 보시니까 어때요?

여자: 통화 품질이 휴대 전화만 못하긴 하지만 생각보다 좋던데요. 사실 뉴스에서 봤을 때는 별로 유용하지 않은 제품이라고 생각했는데 실제로 사용해 보니까 편리하더라고요.

남자: 특히 스마트 시계는 휴대 전화의 기능뿐만 아니라 결제와 자동차 문의 개폐 기능도 있습니다. 스마트 시계를 활용하시면 지갑을 소지하실 필요도 없고 가방에서 열쇠를 찾느라 뒤지는 수고도 덜 수 있습니다. 바쁜 현대인에게 이보다 좋은 제품이 없지요.

[정답] ①

**문제 풀이**

스마트 시계에 휴대 전화, 결제, 자동차 문을 열고 닫는 기능 등 여러 가지 기능이 있어 바쁜 현대인에게 좋다고 하므로 ①이 정답입니다.

**19.** 남자: 다음 달부터 서울 곳곳에 담배를 피울 수 없는 거리가 생긴대요. 정말 잘 됐지요?

여자: 그럼 흡연자들은 담배 피울 데를 찾기가 힘들겠는데요.

남자: 사람들이 많이 다니는 거리만 금연 구역으로 만드는 거니까 괜찮을 거예요. 금연 거리가 생기면 간접흡연 피해도 줄일 수 있고, 바닥에 담배꽁초가 없으면 거리도 깨끗해져서 좋을 것 같아요.

여자: 글쎄요. 너무 비흡연자들만 배려하는 거 아니에요?

[정답] ④

문제 풀이

남자는 금연 거리가 생긴 후 얻게 될 여러 가지 장점에 대해서 말하고 있으므로 남자의 중심 생각으로는 ④가 정답입니다.

**20.** 여자: '희귀암 환우 돕기 운동'이 올해로 10년째를 맞았는데요. 이 운동에 대해 소개 좀 부탁드립니다.

남자: 이 운동은 희귀암에 대한 정보를 많은 사람들에게 알려서 희귀암에 대한 사회적인 관심과 지원을 얻기 위한 것입니다. 환우들은 실질적인 의료 정보가 부족하고 의료 복지 지원도 부족하여 경제적인 어려움을 겪고 허탈감도 느낍니다. '희귀암 환우 돕기 운동'을 통해 희귀암과 건강에 대한 정보를 서로 공유하고 일반인들과 함께 환우들이 받을 수 있는 의료 복지 혜택을 제도화시키기 위한 노력을 기울입니다. 사회적인 관심과 지원이 환우들에게 용기와 희망을 줄 거라 믿습니다.

[정답] ②

문제 풀이

희귀암 환우 돕기 운동은 희귀암에 대한 정보를 알려서 희귀암에 대한 사회적인 관심과 지원을 얻기 위한 것이라고 했습니다. 이 운동을 통해 일반인들과 환우들을 위한 의료 복지 혜택 제도화를 위한 노력을 하고 있습니다. 따라서 ②가 정답입니다.

**17.** 남자: 벌써 한 달째 복도에 자전거가 놓여져 있네요. 지나갈 때마다 너무 불편해요.
여자: 우리 아파트에는 자전거를 둘 수 있는 자전거 보관소가 없잖아요. 보관소가 없으니까 어쩔 수 없는 것 같아요.
남자: 맞아요. 하지만 복도는 아파트 주민 모두가 사용하는 공간이잖아요. 그러니까 개인 물건은 자기 집에 둬야지요.

[정답] ①

문제 풀이

남자는 복도에 놓인 자전거 때문에 불편을 겪고 있습니다. 남자는 복도가 공동으로 사용하는 공간이므로 복도에 개인 물건을 두면 안 된다고 생각하고 있습니다. 따라서 남자의 중심 생각으로는 ①이 정답입니다.

**18.** 남자: 공원에 개를 데리고 같이 산책하는 사람들이 많이 보이네요.
여자: 네, 그런데 공원에 개 배설물을 그냥 두고 가는 사람들이 있대요. 또 개에게 목줄을 해 주지 않아서 개를 싫어하는 사람들에게 위협이 되는 경우도 종종 있고요.
남자: 배설물 처리를 제대로 하지 않거나 목줄을 하지 않은 개를 데리고 나오는 경우에 과태료를 내야 한다고 들었는데, 아직 모르는 사람이 많은가 봐요. 다른 사람을 배려하는 마음을 좀 가져야 할 것 같아요.

[정답] ④

문제 풀이

남자와 여자는 공원에 개를 데리고 나온 사람들을 보면서 공공장소에 개를 데리고 나올 때의 문제점에 대해서 말하고 있습니다. 마지막 남자의 말에서 다른 사람을 배려해야 하는 마음을 언급하고 있으므로 남자의 중심 생각으로는 ④가 정답입니다.

**19.** 남자: 요즘 여기저기 감시 카메라가 너무 많이 눈에 띄더라. 괜히 행동도 조심스럽고 신경 쓰이지 않니?

여자: 그래도 카메라가 한 대라도 더 있으면 범인 검거에 도움이 되지 않을까?

남자: 주위에 카메라가 너무 많으니까 내가 감시 받고 있는 것 같아서 불편해. 사생활 침해를 최소화하기 위해서는 꼭 필요한 곳이 어디인지에 대한 조사부터 해야 할 것 같아.

여자: 글쎄, 난 주위에 감시 카메라가 있으면 보호를 받고 있고 안전하다는 느낌이 들어서 좋던데.

[정답] ③

문제 풀이

여자는 감시 카메라가 많으면 범인 검거에도 도움이 되고 보호를 받고 있다는 느낌이 든다고 한 반면, 남자는 감시 카메라 때문에 신경이 많이 쓰이고 감시 받는 것 같아서 불편하다고 생각합니다. 따라서 남자는 ③ 감시 카메라가 꼭 필요한 곳이 어디인지 조사 한 후에 필요한 곳에 설치해야 한다고 말하고 있습니다.

**20.** 여자: 요즘 배우를 꿈꾸는 청소년들이 많은데요, 배우로 크게 성공하신 김철수 씨께서 청소년들에게 한 말씀해 주시지요.

남자: 저는 어떤 일을 할 때 남보다 몇 배의 시간과 노력을 들이는 편입니다. 열정을 가지고 노력하는 건 참 중요한 일이잖아요. 하지만 노력한다고 해서 누구나 다 배우가 될 수 있는 것은 아니에요. 배우는 타고난 재능이 있어야 될 수 있다는 것을 알아야 합니다. 배우가 되더라도 재능이 없으면 배우 생활을 오래 할 수 없겠지요. 그러니 배우가 되고자 하는 청소년들은 자신에게 재능이 있는지부터 잘 생각해 보세요.

[정답] ①

문제 풀이

남자는 노력한다고 해서 다 배우가 될 수 있는 것은 아니라고 하면서 재능을 강조하고 있습니다. 따라서 남자의 중심 생각으로는 ①이 정답입니다.

**17.** 남자: 수미 씨, 신문 보고 계시네요. 요즘도 종이 신문을 배달시켜 보세요?
여자: 네. 저는 매일 아침 배달되는 신문을 보지 않으면 세상이 돌아가는 것을 저 혼자 모르는 것 같아서 불안해요. 그리고 신문을 보면 관심이 없었던 기사도 보게 되니까 좋은 것 같아요.
남자: 요즘은 많은 사람들이 인터넷이나 휴대폰으로 기사를 보잖아요. 저도 휴대폰으로 기사를 검색해서 보는데 다양한 신문사의 기사를 비교해서 보니까 생각하지 않았던 것까지 알게 되어 좋아요.

[정답] ③

문제 풀이

여자가 배달시켜 보는 종이 신문을 통해 세상 돌아가는 것과 관심이 없던 소식까지 본다고 하니까 남자는 요즘은 인터넷으로 기사를 보는 사람이 많다고 말합니다. 또 휴대폰으로 기사를 검색해서 봤을 때 다양한 기사를 비교해 보면서 많은 정보를 알게 되어 좋다고 말합니다. 따라서 남자의 생각은 ③ 인터넷으로 여러 신문사의 기사를 보면 더 많은 정보를 얻는다는 것입니다.

**18.** 남자: 건강 보조 식품을 왜 이렇게 많이 드세요?
여자: 야근이 많아져서 그런지 너무 피곤해서요. 몸에 좋은 건 챙겨 먹으면 좋잖아요.
남자: 여러 가지의 건강 보조 식품을 같이 드시는 건 오히려 몸에 부담을 줄 수 있어요. 부작용이 생길 수도 있고요. 의사와 상담을 하고 꼭 필요한 것만 섭취하는 게 좋을 것 같은데요?

[정답] ③

문제 풀이

여자는 건강 보조 식품은 몸에 좋기 때문에 많이 먹으면 도움이 된다는 입장이고, 남자는 몸에 부담을 주거나 부작용이 생길 수도 있기 때문에 전문가의 의견을 듣고 필요한 것만 섭취해야 한다는 입장입니다. 따라서 ③이 정답입니다.

**19.** 남자: 자동차를 운전하기 전에 공회전을 3분 이상 하게 되면 벌금을 내야 한대.

여자: 응. 나도 신문에서 봤어. 그렇게 되면 운전하기 전에 불필요하게 시동을 걸어놓는 일이 줄어들 것 같아.

남자: 쓸데없이 공회전하는 습관은 줄여야겠지만 운동을 할 때 준비 운동을 하는 것처럼 자동차도 주행하기 전에 5분 정도 공회전을 해서 엔진을 준비시켜야 하지 않을까? 특히 겨울에는 3분은 부족할 것 같은데?

여자: 그래? 난 차에 타자마자 공회전을 하지 않고 운전을 해도 아무 문제 없던데? 요즘 자동차들은 잘 만들어져서 괜찮은 것 아니야?

[정답] ②

문제 풀이

여자는 공회전을 제한하면 좋다는 입장이고, 남자는 준비 운동처럼 자동차를 출발시키기 전에 공회전이 필요하다는 입장입니다. 따라서 ②가 정답입니다.

**20.** 여자: 한상현 지휘자님, 보통 어렵게만 생각하는 클래식 음악을 즐겁고 재미있게 전해 주시는 비결은 무엇인가요?

남자: 보통 사람들은 클래식을 어려운 것이라고 생각해요. 어느 시대 음악이고 어떤 형식의 음악인지를 외우고 시험 보는 것이 클래식이라고 생각하는 사람이 많아요. 그래서 저는 관객의 눈높이에 맞춰서 곡을 설명합니다. 클래식을 들으며 그 곡 속에 담긴 의미를 생각하는 시간을 가지면 누구나 쉽게 클래식에 다가갈 수 있습니다.

[정답] ②

문제 풀이

보통 사람들은 클래식을 어려운 것이라고 생각하지만 남자는 시험을 보기 위해 듣는 클래식이 아니고 클래식을 들으면서 곡 속에 담긴 의미를 생각하면 누구나 쉽게 듣고 이해할 수 있다고 말합니다. 따라서 ②가 정답입니다.

유형 06

# 듣고 중심 생각, 세부 내용 파악하기

## 연습 2

유형편 유형 06(2-21,22)

여자: 요즘 아이들 장난감이 왜 이렇게 비싼지 모르겠어.

남자: 맞아. 가격이 만만치 않지. 참, 어제 뉴스에서 봤는데, ㉠ 다음 달부터 구청에서 장난감을 대여해 준다더라.

여자: 정말? 좋은 생각이긴 한데, 다른 아이들이 썼던 장난감을 쓰는 게 좀 마음에 걸려. 장난감 소독도 잘 안 돼 있을 것 같고 말이야.

남자: ㉡ 회원들에게 받은 대여료로 ㉢ 위생 관리도 철저하게 한대. 한 번에 3개씩 빌릴 수 있고 ㉣ 보름간 대여가 가능하다니까 대여 받아서 쓰는 것도 괜찮을 것 같아. 비싼 것을 사더라도 아이들이 크면 금방 쓸모없어지는 장난감인데, 장난감 비용이라도 아끼면 좋잖아.

### 21.

[정답] ④

문제 풀이

남자는 금방 쓸모없어지는 장난감은 대여해서 쓰면 장난감 비용을 아낄 수 있다고 생각합니다.

### 22.

[정답] ②

문제 풀이

㉣에서 보름간 대여가 가능하다고 했으므로 ②가 정답입니다.

① ㉡에서 대여료가 있다고 말하고 있습니다. ③ ㉢에서 장난감의 위생 관리는 구청해서 담당하는 것을 알 수 있습니다. ④ ㉠에서 장난감 대여 서비스는 아직 시행 전인 것을 알 수 있습니다.

## 연습 3 유형편 유형 06(3-21,22)

여자: ㉠ 취직한 지 1년이 지났는데도 저축을 전혀 못했어. 어떻게 해야 돈을 모을 수 있는 걸까?
남자: 사실 사회 초년생이 큰 돈을 모으기란 쉽지 않은 일이지. ㉡ 하지만 내가 경험해 보니 가계부를 쓰면서 저축을 하니까 자연스럽게 아껴 쓰게 되더라.
여자: 그런데 돈 쓸 곳도 많은데 아껴 쓴다고 해서 과연 저축할 돈이 남을지 모르겠어.
남자: 남은 돈만 저축해서는 돈 모으기가 어려워. ㉢ 먼저 매달 급여의 일정 부분을 저축한 후에 나머지를 소비에 사용하는 습관을 들여 봐.

### 21.

[정답] ③

문제 풀이

남자는 돈을 모으려면 ㉢에서 말한 바와 같이 우선 일정 부분 저축한 후에 나머지를 소비에 사용하라고 말하고 있으므로 정답은 ③입니다.

### 22.

[정답] ①

문제 풀이

㉠에서 여자는 취직한 지 1년이 지나도록 돈을 하나도 못 모았다고 했으므로 정답은 ①입니다.
② ㉠에서 여자는 돈을 하나도 저축하지 않고 모으지 못했다고 말했습니다. ③ ㉡에서 남자는 가계부를 쓰면서 돈을 저축하고 있다고 말했습니다. ④ ㉡에서 남자는 가계부를 쓰면서 아껴 쓰니까 저축할 수 있다고 말하고 있습니다.

여자: 오늘 주차를 하고 문을 열었는데 ㉠ 내가 세게 문을 열어서 옆에 주차되어 있던 차에 흠집이 생겼어. ㉡ 그 차가 비싸 보이던데 수리비가 많이 나올 것 같아 걱정이야.

남자: 차 문을 열 때는 항상 옆쪽 차와 부딪치지 않게 확인을 하고 조심해서 열어야지.

여자: 항상 조심하는데 오늘은 회의에 늦어서 급하게 문을 여는 바람에 그렇게 됐어. ㉢ 차는 점점 커져 가는데 주차장은 옛날 자동차 크기에 맞춰져 있으니까 이런 사고들이 많이 나는 것 같아.

남자: 주차장이 좁은 건 사실이지만 그래도 운전하는 사람들이 조금만 조심을 한다면 작은 사고는 막을 수 있어. 앞으로는 바빠도 꼭 옆을 살펴보고 내려.

## 21.

[정답] ②

문제 풀이

남자는 주차장이 차에 비해 좁은 것은 사실이지만 운전자들이 타고 내릴 때 조심한다면 주차장에서의 사고는 피할 수 있다고 생각합니다.

## 22.

[정답] ②

문제 풀이

㉢에서 차는 점점 커져 가는데 주차장은 옛날 차 크기에 맞춰져 있다고 말합니다. 이 말의 의미는 옛날에 비해 차가 커졌다는 의미입니다.

① ㉡에서 여자가 문을 세게 열어서 흠집을 낸 차가 비싸 보인다고 말합니다. ③ ㉠에서 여자는 자기가 문을 세게 열었다고 말합니다. ④ ㉠에서 여자가 문을 세게 열어 옆에 주차되어 있던 차에 흠집을 냈기 때문에 여자의 차 때문에 옆 차에 흠집이 생긴 것입니다.

## 연습 5

유형편 유형 06(5-21,22)

여자: 졸업을 미루고 학교에 다니면서 취직 준비를 해야겠어.

남자: ㉠ 졸업을 안 하면 등록금도 계속 내야 하는데 부담스럽지 않겠어?

여자: 부담스럽기는 하지만 ㉡ 선배들을 보면 졸업을 해도 취직을 못하는 경우가 많더라고. 그래서 졸업을 하지 않고 여러 가지 경험을 쌓으려고 해.

남자: ㉢ 다양한 경험이 있다고 좋은 회사에 취직하는 것은 아니잖아. ㉣ 들어가고 싶은 회사를 정하고 그 회사에 필요한 업무 능력을 키우는 것이 더 중요할 것 같아.

### 21.

[정답] ③

문제 풀이

남자는 다양한 경험보다는 들어가고 싶은 회사에 필요한 업무 능력을 키우는 것이 중요하다고 생각합니다.

### 22.

[정답] ③

문제 풀이

㉠에서 졸업을 안 하면 등록금을 계속 내야 해서 부담이 된다고 말합니다.

① ㉣에서 들어가고 싶은 회사를 먼저 정하고 그 회사에 필요한 업무 능력을 키우는 것이 더 좋을 거라고 말합니다. ② ㉡에서 선배들이 졸업을 해도 취직을 못한 경우가 많다고 말합니다. ④ ㉢에서 남자가 다양한 경험이 있다고 좋은 회사에 취직하는 것은 아니라는 말을 했습니다. 다양한 경험과 업무 능력을 관련지어서 말하지는 않았습니다.

유형 07

# 듣고 특정 정보, 세부 내용 파악하기

## 연습 2

유형편 유형 07(2-23,24)

여자: 김 과장, 직원 소리함 설치 후에 직원들 반응이 어때요?
남자: ㉠ 회사에 건의 사항이 있을 때 다른 사람의 눈치를 보지 않고 건의할 수 있으니까 좋아하는 것 같습니다. 건의 내용은 회사에 도움이 되는 이야기들이 많았습니다. 그런데 아직 소리함 설치를 모르는 사람이 많아서 ㉡ 이용자가 많지는 않았습니다.
여자: 그래요? 그럼 홍보를 좀 더 해야겠군요. 그리고 ㉢ 층마다 소리함 설치를 하면 좋을 것 같은데요.
남자: 네, 그렇게 하겠습니다. ㉣ 직원 소리함 설치가 회사 발전에 큰 도움이 됐으면 좋겠네요.

### 23.

[정답] ④

문제 풀이

남자는 사내 직원 소리함 설치 후에 사원들의 반응을 여자에게 이야기하고 있습니다.

### 24.

[정답] ②

문제 풀이

㉠에서 직원들이 직원 소리함 설치를 반기고 있음을 알 수 있습니다.
직원 소리함은 이미 사내에 설치되어 있는데 반응이 좋기 때문에 ㉢에서 층마다 직원 소리함 설치를 했으면 좋겠다고 제안하고 있습니다. 따라서 ①은 오답입니다. ㉣에서 직원 소리함 설치가 회사의 발전에 도움이 되면 좋겠다는 희망을 말하고 있습니다. 따라서 홍보를 하고 있다고 하는 ③은 오답입니다. ④ ㉡에서 직원 소리함 설치를 이용하는 사람이 많지 않음을 알 수 있습니다.

연습 3 유형편 유형 07(3-23,24)

여자: 우리 회사가 내년부터 탄력근무제를 도입한다고 하던데 정확히 어떤 건지 잘 모르겠어요.

남자: 조건이나 상황에 따라 근무 시간을 자유롭게 조절하는 제도예요. ㉠ 일주일에 15시간에서 35시간 범위 내에서 근무가 가능하고 ㉡ 근무 시간에 따라 보수를 받게 되는 거지요.

여자: ㉢ 본인이 원하는 시간에 일하면 창의성이나 업무 집중도도 높일 수 있어서 좋고, ㉣ 특히 집이 먼 사람들은 출퇴근 스트레스에서 벗어날 수 있어서 좋을 것 같아요.

남자: 기업체 입장에서도 업무 효율이나 생산성도 높아져서 많은 기업에서 도입하고 있는 추세라던데요.

## 23.

[정답] ③

문제 풀이

여자가 탄력근무제를 잘 모르겠다고 말하니까 남자가 탄력근무제의 뜻과 좋은 점 등을 설명해 주고 있으므로 정답은 ③입니다.

## 24.

[정답] ②

문제 풀이

㉡에서 근무 시간에 따라 보수를 받게 된다고 하므로 정답은 ②입니다.

㉢에서 여자는 탄력근무제가 창의성이나 업무 집중도에 좋을 것 같다고 말했습니다. 따라서 비효율적이라고 하는 ①은 오답입니다. ③ ㉣에서 남자가 아니라 여자가 집이 먼 사람들이 좋아할 것이라고 말하고 있습니다. ④ ㉠에서 일주일에 15시간에서 35시간 이내로 근무가 가능하다고 말했습니다.

연습 4 유형편 유형 07(4-23,24)

남자: 혼자 사는 독거노인들에게 식사를 대접하는 일은 잘 진행되고 있습니까?

여자: 네. ㉠ 작년 5월 가정의 달을 맞이하여 시작된 나눔 봉사 활동인데 지금까지 잘 진행되고 있습니다. 주부 봉사자들이 중심이 되어 ㉡ 둘째 주 화요일마다 ㉢ 반찬을 만들어서 ㉣ 시청 강당에서 어르신들께 식사를 대접하고 있습니다.

남자: 홀로 외롭게 지내고 계시는 노인들이 잠시나마 따뜻한 마음을 느낄 수 있도록 시청에서 도울 수 있는 것은 적극 돕도록 하세요.

여자: 네, 그렇게 하도록 하겠습니다.

## 23.

[정답] ④

문제 풀이

남자는 시청 사업의 하나로 진행되고 있는 독거노인들에게 식사를 대접하는 나눔 봉사 활동의 진행이 잘 되고 있는지 여자에게 보고를 받고 있습니다.

## 24.

[정답] ①

문제 풀이

이 사업은 ㉠에서 작년 5월 가정의 달을 맞이하여 시작되어 올해까지 계속 진행되고 있다고 하기 때문에 2년째 시행하고 있습니다.

② ㉡에서 둘째 주 화요일마다 노인들에게 식사를 대접한다고 말합니다. 즉 한 달에 한 번 시행하고 있습니다. ③ ㉣에서 시청 강당에서 노인들에게 식사를 대접한다고 말합니다. ㉢에서 주부 봉사자들이 중심이 되어 반찬을 만든다고 말합니다. 따라서 구입한 음식을 사용한다고 하는 ④는 오답입니다.

## 연습 5 유형편 유형 07(5-23,24)

여자: ㉠ 쌀 생산량은 늘었는데 쌀 소비량은 줄어서 농민들이 울상이라고 합니다.
남자: 우리나라는 쌀이 주식인데 매년 쌀 소비량이 급격히 주니 정말 문제네요. 시대가 변하면서 ㉡ 생활 수준이 높아지고 식생활이 서구화되었기 때문인 것 같습니다.
여자: 네. 아침 식사를 거르는 사람도 많고 ㉢ 1인 가구가 늘어나면서 간편식을 찾는 사람이 늘어난 것도 원인입니다. 농민들의 생활 안정을 위해 쌀을 소비할 수 있는 다양한 방법을 찾아야 합니다.
남자: ㉣ 쌀 소비량을 증가시키려면 쌀의 다양한 변화가 필요합니다. 떡, 쌀로 만든 빵, 쌀 과자, 쌀 음료수 등 다양한 쌀 가공식품을 개발해야 합니다.

### 23.

[정답] ③

문제 풀이

남자는 쌀 소비량을 증가시키기 위한 방안으로 쌀을 다양하게 가공할 수 있는 방법을 개발할 것을 제안하고 있습니다.

### 24.

[정답] ②

문제 풀이

㉢에서 1인 가구가 늘어나면서 간편식을 찾는 사람이 늘어난 것이 쌀 소비량이 줄어든 하나의 원인이라고 말하고 있습니다.
① ㉡에서 생활 수준이 높아지고 식생활이 서구화되어 쌀 소비량이 줄었다고 말합니다. ③ ㉣에서 쌀 소비량을 증가시키려면 쌀의 다양한 변화가 필요하다고 말합니다. 이미 다양한 쌀 가공식품을 개발했다고는 말하고 있지 않습니다. ④ ㉠에서 쌀 생산량이 늘었다고 말합니다. 이는 쌀농사는 잘 되었다는 의미입니다. 따라서 쌀 소비량이 줄었기 때문에 농민들이 힘든 것이지 쌀농사가 잘 되지 않아서 힘들다는 의미는 아닙니다.

유형 08

# 듣고 중심 생각, 세부 내용 파악하기

## 연습 2

유형편 유형 08(2-25,26)

여자: 오늘은 장애인의 날입니다. 장애인의 날을 맞이하여 서울시에서 장애인 가족을 위해서 특별한 프로그램을 만들었다고 들었는데요. 설명 부탁드립니다.

남자: 네, ㉠ 서울시에서 처음으로 한 달 간 장애인 가족의 휴식 지원을 위한 '장애인 돌봄 가족 휴가제'를 실시합니다. 이 서비스는 장애인 가족들이 잠시나마 부양 부담에서 벗어나 재충전할 수 있도록 해 드리기 위해 만들어진 것입니다. ㉡ 서울 시내 45개 장애인 복지관에 신청을 하면 휴가 일정을 안내 받을 수 있습니다. 사실 지금까지 장애인을 돌보는 장애인 가족을 위한 프로그램은 없었습니다. 이번에 실시하는 프로그램을 시작으로 앞으로 장애인 가족에게도 관심을 갖고 장애인뿐만 아니라 장애인 가족을 위한 프로그램도 더 늘릴 계획입니다.

### 25.

[정답] ①

문제 풀이

남자는 장애인 가족들의 부양 부담을 언급하면서 장애인 가족을 위한 프로그램을 더 늘릴 계획이라고 이야기하고 있습니다.

### 26.

[정답] ②

문제 풀이

㉠에서 장애인 돌봄 가족 휴가제는 서울에서 처음 실시하는 것을 알 수 있습니다.

㉠에서 장애인 돌봄 가족 휴가제는 올해 처음 생긴 것을 알 수 있습니다. 따라서 오래 전부터 있었다는 ①은 오답입니다. ③ ㉡에서 서울 시내 45개 장애인 복지관에서 신청할 수 있다고 말하고 있습니다. 시청에 가야 하는 것이 아닙니다. ④ ㉠에서 장애인 돌봄 휴가제는 한 달간 실시한다고 밝히고 있습니다. 따라서 1년 중 언제든지 신청할 수 있는 것은 아닙니다.

여자: 오늘은 십여 개 학교를 돌며 초중고 축구 교실을 진행하고 있는 한국 축구의 신화적인 존재 안지환 씨를 만났습니다. 어떻게 이런 활동을 하시게 된 건가요?

남자: ㉠ 한국 축구의 발전을 위해 필요한 것은 축구가 생활 체육으로 자리를 잡는 것이라고 생각합니다. 생활 체육의 목적은 경기에서 이기는 것이 아니라 일상생활 속에서 운동을 통해 건강을 증진시키는 것입니다. 그러므로 ㉡ 아이들이 축구 경기를 통해 경쟁이나 승부보다는 재미를 느끼게 하는 것이 최우선이라고 생각합니다. 축구 선수를 꿈꾸는 아이들이 아니더라도 ㉢ 좀 더 가까이 전문적인 축구를 접할 수 있는 기회가 필요합니다. 이런 기회를 접한 아이들이 꼭 ㉣ 축구 선수가 아니어도 축구 전문 기자나 축구와 관련된 직종에 관심을 갖게 될 수도 있지 않을까요?

## 25.

[정답] ②

문제 풀이

한국 축구가 발전하기 위해서는 생활체육으로 자리 잡아야 한다고 말하고 있으므로 정답은 ②입니다.

## 26.

[정답] ④

문제 풀이

㉢에서 아이들이 전문적인 축구를 접할 수 있는 기회가 있다고 말하고 있으므로 정답은 ④입니다.
① ㉣에서 이 사람의 직업이 축구 기자가 아니라, 축구 교실을 통해 축구 선수가 아니더라도 축구 전문기자라는 직종에 관심을 가질 수도 있다고 말합니다. ② 축구 선수의 공부 관련 이야기는 이 글에 없습니다. ③ ㉡에서 아이들이 승부나 경쟁보다 재미가 우선이어야 한다고 말합니다.

## 연습 4

유형편 유형 08(4-25,26)

여자: 청소년 활동 안전 교육에 힘쓰고 계시는 김영수 씨를 만났습니다. 어떻게 안정적인 직장을 그만두고 청소년 안전에 이렇게 관심을 가지게 되셨습니까?

남자: 최근 수학여행이나 야영, 수련회 활동에서 크고 작은 사고들이 빈번하게 발생하고 있습니다. 제가 몸담고 있는 ㉠ 청소년 활동 안전 센터는 ㉡ 청소년과 담당 교사를 대상으로 안전 교육을 실시해 ㉢ 안전 규칙을 이해하고 지켜 나갈 수 있는 환경을 만들려고 노력하고 있습니다. 신체적 성장과 정신적 발달이 급격하게 진행되는 ㉣ 사춘기 청소년들은 충동적이고 모험적인 성향이 강해서 예상치 못한 사고가 일어날 가능성이 높습니다. 안전사고를 막는 가장 효과적인 방법은 뭐니 뭐니 해도 어릴 때부터 교육을 통해 안전 의식을 체득하는 것입니다.

### 25.

[정답] ③

문제 풀이

청소년 안전사고를 막는 효과적인 방법은 어릴 때부터 안전 의식을 체득하는 것이라고 말하고 있으므로 정답은 ③입니다.

### 26.

[정답] ②

문제 풀이

㉡에서 청소년과 담당 교사를 대상으로 안전 교육을 실시한다고 하였으므로 정답은 ②입니다.

① ㉠에서 의료 시설이 아니고 안전 교육 센터라고 말하고 있습니다. ③ ㉣에서 청소년은 모험적이고 충동적이어서 예상치 못한 사고가 일어날 가능성이 높다고 말합니다. ④ ㉢에서 안전규칙을 이해하고 지켜나갈 수 있는 환경을 만들려고 노력하고 있다고 말합니다.

연습 5 유형편 유형 08(5-25,26)

여자: ㉠ 소아암 환자들에게 모발을 기증하기 위해 ㉡ 무려 2년 동안 주변의 놀림을 참으며 머리를 길렀다면서요? 14살 어린 나이에 어떻게 이런 생각을 하게 됐습니까?

남자: 저는 2년 전 크리스마스에 머리카락이 빠진 소아암 환자들을 보게 됐습니다. 그때부터 2년 동안 머리를 길러 25cm 정도의 모발을 소아암 환자들을 위한 무료 가발 제작을 위해 기증했습니다. ㉢ 2년 동안 또래 아이들이 여자애 같다며 놀렸습니다. ㉣ 그럴 때마다 저는 항상 당당하고 차분하게 사람들에게 제가 머리를 기르는 이유를 설명했습니다. 머리가 길다고 놀리는 또래 아이들보다 제 머리카락으로 희망을 얻을 친구들을 먼저 생각했습니다. 머리가 길고 짧은 것은 중요하지 않지만 다른 사람을 배려하고 돕는 마음의 깊이는 중요하다고 생각합니다. 그래야 이 세상은 더 따뜻해질 것입니다.

## 25.

[정답] ④

문제 풀이

머리가 길고 짧은 것 같은 외형보다 다른 사람을 배려하는 마음이 더 중요하다고 말합니다. 즉 남자는 서로 돕고 배려하는 마음이 따뜻한 사회를 만든다고 생각합니다.

## 26.

[정답] ③

문제 풀이

㉠에서 여자는 남자가 소아암 환자들에게 모발을 기증하기 위해서 머리를 길렀다고 말합니다. 이는 남자의 모발이 소아암 환자들을 위해 사용되었다는 것을 말합니다.

① ㉡에서 14살인 이 남자는 2년 동안 머리를 길렀다고 말합니다. 14년 동안 기른 것은 아닙니다. ② ㉣에서 또래 아이들이 놀릴 때마다 당당하고 차분하게 머리를 기르는 이유를 설명했다고 말합니다. 놀리는 아이들을 괴롭혔다는 이야기는 없습니다. ④ ㉢에서 또래 아이들은 여자 아이 같다며 머리를 기르는 남자를 놀렸다고 말합니다. 친구들이 이해해 주었다는 말은 없습니다.

유형 09

# 듣고 화자의 의도, 세부 내용 파악하기

연습 2 유형편 유형 09(2-27,28)

여자: 요즘 회사 일도 많고 야근에다가 회식까지 힘들지?

남자: 응. ㉠ 일이 나랑 안 맞는 것 같아. 전공 지식을 활용할 일도 없고 말이야. 이참에 회사를 옮길까 해.

여자: 너 그 회사에 들어간 지 두 달밖에 안 됐는데 벌써 이직하겠단 말이야? ㉡ 한번 취직하면 그 회사에 최소 1년은 있어야 된다고들 하잖아. ㉢ 너무 빨리 이직하는 건 네 이력에 도움이 안 돼.

남자: 그렇긴 한데 일이 적성에 안 맞을 뿐만 아니라 잡무도 너무 많아.

여자: 개개인의 요구를 다 들어 주는 회사가 어디 있겠어? 이직해도 비슷한 상황일 거야. 그래도 ㉣ 정말 이직하고 싶다면 좀 더 다니다가 옮겨. 이직하려면 새 회사도 알아봐야 하고, 차근차근 준비해야 할 것도 많잖아.

## 27.

[정답] ②

문제 풀이

여자는 취직한 지 얼마 안 돼 이직하려는 남자에게 이직과 관련하여 도움이 되는 말을 해 주고 있습니다.

## 28.

[정답] ④

문제 풀이

㉡에서 여자는 일반적인 이직 기간을 언급하면서 취직한 지 얼마 안 돼 이직하려는 남자를 말리고 있습니다. ① ㉠에서 남자는 회사 일이 자신과 맞지 않다고 말합니다. ② ㉢,㉣에서 여자는 이직하려는 남자를 말리고 있습니다. ③ 지문에 없는 내용입니다.

연습 3 유형편 유형 09(3-27,28)

여자: 너 아이한테 휴대 전화 사 줬다면서? 가격도 만만치 않은데, 초등학생한테 휴대 전화가 왜 필요하니?

남자: 우리 딸이 ㉠ 친구들은 다 휴대 전화를 가지고 있다면서 계속 휴대 전화 타령을 해서 결국 사 줬어.

여자: 하나에 100만 원 가까이 하는 휴대 전화를 사 줬다고?

남자: 응. 그런데 ㉡ 잘 사 줬다는 생각이 들더라. 아이가 학교에서 좀 늦거나 아이한테 급하게 전할 말이 있으면 바로 전화하면 되니까 말이야. ㉢ 수업 중에는 학교에서 휴대 전화 사용을 못하게 한다니까 공부에 방해될 일도 없고.

여자: 초등학생들은 스스로 제어가 안 되니까 휴대 전화 중독의 위험도 있고, 유해 정보에도 쉽게 노출될 수 있어서 문제야. ㉣ 나는 아이가 중학교에 들어갈 때까지는 안 사 줄 생각이야.

**27.**

[정답] ③

문제 풀이

여자는 초등학생 휴대 전화 사용의 문제점을 이야기하면서 아이에게 휴대 전화를 사 준 남자를 나무라고 있습니다.

**28.**

[정답] ④

문제 풀이

㉢에서 수업 중에는 휴대 전화를 사용할 수 없음을 알 수 있습니다.

① ㉠에서 많은 초등학생들이 휴대 전화를 소지하고 있음을 알 수 있습니다. ② ㉣에서 여자는 아이가 클 때까지는 아이에게 휴대 전화를 사 주고 싶지 않다고 합니다. ③ ㉡에서 남자는 아이에게 휴대 전화를 사 준 것에 만족하고 있습니다.

여자: 보령 머드 축제, 제주 유채꽃 축제, 강릉 단오제……. ㉠ 요즘은 각 지역마다 축제가 정말 많다.

남자: ㉡ 지역 축제의 과도한 관광 상품화로 진정한 축제 정신이 사라지고 있는 것 같아. 경제적 수입만을 올리기 위해서 물건과 음식물을 파는 장소로 변질됐지.

여자: 그런 점도 있지만 지역 축제 덕분에 그 지역의 특색 있는 문화도 알릴 수 있고, ㉢ 지역 간의 문화 교류도 할 수 있게 됐잖아.

남자: 나는 지역 축제가 별로 특색도 없고 관광객을 불러 모으려고 각 지역이 경쟁만 하고 있다고 생각해.

여자: 하지만 ㉣ 지역 축제가 지역 경제에 미치는 영향도 얼마나 큰지 몰라. 실업 문제가 심각 한 상황에서 일자리를 많이 창출할 수 있다는 점도 무시할 수 없어.

## 27.

[정답] ①

문제 풀이

여자는 지역 축제가 지역 간 문화 교류나 경제적 파급 효과가 크다고 말하고 있으므로 정답은 ①입니다.

## 28.

[정답] ③

문제 풀이

남자와 여자 모두 지역 축제와 지역 경제와의 연관성을 인정하고 있으므로 정답은 ③입니다.

① ㉠에서 요즘 각 지역마다 축제가 많다고 말하고 있기 때문에 지역 축제가 줄어들고 있다는 것은 오답입니다. ② ㉡에서 남자는 과도한 관광 상품화 때문에 축제 정신이 사라지고 있다고 하면서 지역 축제의 관광 상품화에 대해 부정적으로 말하고 있기 때문에 지역 축제의 상품화의 반대하는 입장입니다. ④ ㉢에서 지역 간의 문화 교류를 할 수 있다고 말하고 있습니다. 경쟁이 심해졌다는 말은 없습니다.

## 연습 5 유형편 유형 09(5-27,28)

여자: ㉠ 빈병을 재활용하는 것보다 재사용하는 것이 친환경적인데 요즘에는 재활용 수거할 때 다 그냥 버리는 것 같아.
남자: 재사용하려면 병을 세척하고 소독해야 하는데 그렇게 하는 과정이 번거롭고 비용도 만만치 않을 것 같은데?
여자: ㉡ 한 해에 새로 만드는 병이 4억 병이 넘고 또 온실가스 배출량도 20만 톤이래. ㉢ 새로 병을 만드는 것보다는 재사용하는 것이 환경에도 좋고 ㉣경제적이야.
남자: 그래? 그렇지만 보증금 얼마 받겠다고 무거운 병들을 가게에 가지고 가는 사람들이 얼마나 될까?
여자: 환경을 보존하기 위해서는 수고스럽더라도 재사용할 수 있도록 수거하는 가게에 가지고 가야지.

### 27.

[정답] ③

문제 풀이

여자는 빈병 재활용보다 재사용이 경제적으로, 또한 환경을 보존하는 측면에서 필요하다는 것을 남자에게 주장하고 있습니다.

### 28.

[정답] ①

문제 풀이

㉡에서 병을 새로 만들면 온실가스가 20만 톤이나 배출된다고 말합니다. 따라서 병을 새로 만들지 않고 재사용을 하면 온실가스를 줄일 수 있다는 것은 정답입니다.
② ㉢에서 빈병을 재사용하는 것이 환경에 좋다고 말합니다. ③ ㉠에서 요즘 빈병을 재활용 수거할 때 다 그냥 버린다고 말하는 것으로 생각해 보면 빈병을 재사용하도록 유도하는 제도는 마련되어 있지 않다고 볼 수 있습니다. ④ ㉣에서 새로 병을 만드는 것보다 재사용하는 것이 경제적이라고 말합니다.

유형 10

# 듣고 특정 정보, 세부 내용 파악하기

## 연습 2

유형편 유형 10(2-29,30)

여자: 이번 서울 패션 박람회는 유난히 해외 관계자들의 반응이 뜨거웠는데요. 어떤 점 때문이라고 보시나요?

남자: ㉠ 저희 패션 박람회는 원래 일반인 대상이 아닌 패션 관계자를 위한 것이었습니다. 그런데 지난 몇 해 동안 시민 행사처럼 박람회가 진행되다 보니 정작 와야 할 패션 산업 관계자들은 안 오는 상황이 벌어졌습니다. 그래서 ㉡ 올해는 저희의 원래 목표에 맞춰 ㉢ 해외 패션 관계자들이 ㉣ 국내 정상급 디자이너들과 신진 디자이너들의 패션쇼를 통해 브랜드들을 살펴보고 ㉤ 사업 계약을 하는 행사로 되돌리는 데 중점을 두었습니다. 이 점이 외국인 관계자들의 마음을 사로잡았다고 생각합니다. 우리나라에 대한 세계인의 관심은 높은 편입니다. 한류를 보세요. 이제 저는 ㉥ 패션의 한류를 추진해 보려고 합니다. ㉦ 아시아의 패션을 읽으려면 서울 패션 박람회는 꼭 가 봐야 하는 박람회라는 인식을 심는 것이 저의 바람입니다.

### 29.

[정답] ③

문제 풀이

㉡, ㉢, ㉣, ㉤에서 올해 패션 박람회의 기획 방향을 설명하고, ㉥, ㉦에서 발전 방향과 목표에 대해서 말하고 있으므로 남자는 박람회 기획자임을 알 수 있습니다.

### 30.

[정답] ②

문제 풀이

㉢과 ㉤에서 해외의 패션 관계자들이 박람회를 통해 사업 계약을 할 수 있다고 말하고 있습니다. 해외 패션 관계자들과 사업 계약을 체결하면 해외 패션 시장에 진출이 가능하다는 것을 의미하므로 ②가 정답입니다. ① ㉥에서 패션의 한류를 추진하려고 한다고 했으므로 이는 미래의 계획임을 알 수 있습니다. ③ ㉡에서 올

해는 원래의 목표에 맞춰 박람회를 진행한다고 말하고 있습니다. ㉠에서 원래의 목표가 일반인 대상이 아닌 패션 관계자임을 알 수 있습니다. ④ ㉣에서 국내 정상급 디자이너들뿐만 아니라 신진 디자이너들의 패션쇼도 진행되는 것을 알 수 있습니다.

## 연습 3

유형편 유형 10(3-29,30)

여자: 대표님께서 추진하신 ㉠ 24시간 ㉡ 무료로 개방되는 도서관이 개관되자마자 대중의 반응이 굉장하네요. 어떤 매력 때문일까요?

남자: 모든 서가는 기증받은 도서들로 채워져 있는데 각 분야 교수나 전문가들의 기증 도서와 ㉢ 출판사의 기증 도서 코너로 나뉘어져 있습니다. 이곳은 ㉣ 전통적인 분류법을 따르지 않고 기증자별로 책이 꽂혀 있습니다. 예를 들어, ㉤ 저희 출판사 코너에 가면 지금까지 출판한 각 분야의 책이 전부 있어 출판사가 지닌 특유의 개성을 느낄 수 있습니다. 개인 기증자의 코너에 가면 전문가의 서재를 엿보는 듯한 흥미로운 경험을 하게 됩니다. 그리고 도서관 곳곳에 권독사가 있는데요. 권독사는 독자들에게 책을 안내하고 권유하면서 책을 보호하는 자원봉사자입니다. 독서를 권하는 사회, 함께 책을 읽는 사회를 만드는 게 제 꿈입니다.

### 29.

[정답] ③

문제 풀이

㉤의 '저희 출판사'에서 남자가 출판사 대표임을 알 수 있습니다.

### 30.

[정답] ②

문제 풀이

㉠에서 24시간 개방된다고 했으므로 ②가 정답입니다.

① ㉡에서 도서관이 무료로 개방된다고 말하고 있습니다. ③ ㉣에서 전통적인 분류법에 따르지 않고 기증자별로 책이 꽂혀 있다고 말하고 있습니다. ④ ㉢에서 도서관 서가에 출판사에서 기증한 도서 코너가 있음을 알 수 있습니다. 또한 ㉤의 '저희 출판사 코너'를 들으면 출판사가 아닌 서가를 말하고 있다는 것을 알 수 있습니다.

## 연습 4

유형편 유형 10(4-29,30)

여자: 김민준 씨, 이렇게 무대에서 다시 만나게 되어 반갑습니다. 이번에 발표한 앨범 좀 소개해 주시지요.

남자: 안녕하세요. ㉠ 3년 만에 인사드리게 되었네요. 사실 그 동안 예능 프로그램이나 드라마 출연 등의 방송 활동은 많았지만 본업인 가수로서의 활동은 뜸했던 것이 사실입니다. 이번 앨범을 준비하면서 다시 신인의 자세로 돌아가 가수로서의 참모습을 보여 드리려고 노력했습니다. 이번 앨범에 실린 전곡을 제가 작곡했고, 최정상급의 가수들과 함께 노래를 하면서 다채로운 모습을 보여드리려고 했습니다. ㉡ 이번 앨범의 대표곡 '세 사람'은 세 남자의 우정을 노래한 밝은 곡으로 남녀노소 할 것 없이 편하게 들으실 수 있을 거예요. 다음 달 초부터 ㉢ 서울을 시작으로 5개 도시의 순회공연도 할 예정이오니 많은 관심 부탁드립니다.

### 29.

[정답] ④

**문제 풀이**

3년 만에 앨범을 준비하여 무대에서 인사를 드린다고 하였으므로 정답은 ④입니다.

### 30.

[정답] ①

**문제 풀이**

㉠에서 3년 만에 인사를 드린다고 하는 것으로 봤을 때 3년 동안 앨범을 발표하지 않고 활동이 없었음을 알 수 있으므로 정답은 ①입니다.

② ㉢에서 서울을 시작으로 5개 도시의 순회공연을 할 예정이라고 하였으므로 오답입니다. ③ ㉡에서 밝은 곡이라고 말했습니다. ④ ㉡에서 세 남자의 우정을 노래했다고 했습니다.

## 연습 5 유형편 유형 10(5-29,30)

여자: 한율희 씨는 정말 많은 일정을 소화하고 계시면서도 무한한 긍정적인 에너지를 가지고 계신 분이십니다. 한율희 씨처럼 되고 싶어하는 사람들을 위해 한 말씀 해 주세요.

남자: 사람들은 지금의 성공한 제 모습을 보지만 저도 항상 성공하는 것은 아닙니다. ㉠ 실패하고 노력하고 또 실패하고 다시 일어서는 과정을 계속 반복합니다. 로봇을 만드는 것은 쉬운 일이 아닙니다. 한 대의 로봇을 만들기 위해 ㉡ 수없이 많은 실수와 실패가 필수 과정입니다. ㉢ 많은 시행착오에도 불구하고 사람의 생명을 구하고 행복을 추구하는 데에 도움을 줄 수 있기 때문에 저는 로봇에 매달립니다. 시각 장애인을 위한 로봇을 만들었을 때 저는 기계를 만들고 기술을 개발하는 사람이지만 ㉣ 제가 만든 로봇으로 이 세상을 따뜻하게 만들 수 있다는 것을 느꼈습니다. ㉤ 여러분도 꿈이 있을 겁니다. 실패를 두려워하지 말고 그걸 쫓으십시오. 그럼 행복해질 겁니다.

### 29.

[정답] ①

문제 풀이

남자의 답변 중 '㉣ 제가 만든 로봇'에서 남자의 직업을 찾을 수 있습니다.

### 30.

[정답] ②

문제 풀이

㉠에서 실패하고 노력하고 또 실패하고 다시 일어서는 과정을 반복한다고 말하기 때문에 성공 뒤에는 수많은 실패가 있다는 ②가 정답입니다.

① ㉡에서 수없이 많은 실수와 실패가 필수과정이라고 말합니다. ③ ㉢에서 많은 시행착오에도 불구하고 사람의 생명을 구하고 행복을 추구하는 데에 도움을 줄 수 있기 때문에 로봇을 만든다고 말하고 있습니다. 따라서 시행착오가 없어야 행복해진다는 것은 오답입니다. ④ ㉤ 듣고 있는 사람들에게 실패를 두려워하지 말고 꿈을 쫓으라고 말하고 있습니다. 따라서 어릴 적 꿈이 현실과 맞지 않다는 것은 오답입니다.

유형 11

# 듣고 화자의 생각, 태도 고르기

## 연습 2

유형편 유형 11(2-31,32)

여자: 요즘 외국어 조기 교육 열풍이 뜨겁습니다. 그런데 부모들의 무조건적인 조기 교육은 어린 아이들에게 오히려 악영향을 끼칠 수도 있다고 생각합니다.

남자: ㉠ 최근 교육 전문가들의 연구 결과에 따르면 외국어 조기 교육의 부정적인 영향이 더 큰 것으로 드러났는데요. 영유아를 외국어 환경에 노출시키면 아이에게 정신적인 부담을 주고 말더듬이 같은 부작용이 발생한다는 연구 결과가 있습니다.

여자: 맞는 말씀입니다. 언어 습득 능력이 제일 좋은 영유아기 때 외국어를 가르치는 게 효과적이라는 의견도 있습니다만 우리말도 못하는 아이에게 외국어 교육은 의미가 없다고 봅니다.

남자: 그렇습니다. ㉡ 외국어 교육은 우리말 습득이 완벽해진 상태에서 외국어 학습에 흥미가 있을 때 하는 것이 좋다고 봅니다.

### 31.

[정답] ③

문제 풀이

남자는 ㉡에서 외국어 교육은 우리말 습득이 완벽해진 상태에서 외국어를 배우는 것에 흥미가 있을 때 하는 것이 좋다가 이야기하고 있습니다. 따라서 남자의 생각으로 ③이 정답입니다.

### 32.

[정답] ③

문제 풀이

남자는 ㉠에서 최근 교육 전문가들의 연구 결과를 예를 들어 여자의 의견을 지지하고 있으므로 ③이 정답입니다.

## 연습 3

유형편 유형 11(3-31,32)

여자: 전통 시장을 살리는 문제에 대한 의견들을 제시해 주셨는데요. 대형 마트의 격주 휴무제와 특히 15개 품목을 '상생 품목'으로 정해 마트에서 판매 금지한 것은 시장과 마트가 공존할 수 있는 출발점으로 볼 수 있을 것 같습니다.

남자: 글쎄요. ㉠ 겨우 한 달에 두 번 마트 문을 닫는 것과 몇 개 품목을 마트에서 팔지 않는다고 전통 시장을 활성화 시킬 수 있을까요?

여자: 물론 바로 전통 시장의 매출 증대를 기대하기는 어렵겠지요. 하지만 상생품목제가 최소한의 안전판 역할을 하여 전통 시장을 유지하는 데 도움이 되지 않을까요?

남자: 그런 금지 조항보다는 ㉡ 대형 마트가 전통 시장 시설의 현대화나 홍보 등 시장 활성화에 실질적인 도움을 줘야 한다고 생각합니다. 대형 마트의 성장은 전통 시장의 침체와 무관하지 않으니까요.

### 31.

[정답] ④

문제 풀이

㉡에서 남자는 대형 마트가 전통 시장 시설의 현대화나 홍보 등에 실질적인 도움을 줘야 한다고 말했으므로 정답은 ④입니다.

① ㉠에서 격주 휴무제가 전통 시장 활성화에 그다지 효과적이지 않다는 태도를 보이고 있습니다. ②③ ㉠에서 남자는 상생 품목제가 전통 시장 활성화에 큰 도움을 주지 않는다는 생각하고 있으므로 오답입니다.

### 32.

[정답] ③

문제 풀이

여자는 마트의 상생 품목제와 격주 휴무제 덕분에 전통 시장이 활성화될 수 있다고 보는 반면, 남자는 여자의 생각에 반박하면서 전통 시장의 현대화나 홍보 등 실질적인 도움을 줘야 한다고 주장하고 있으므로 정답은 ③입니다.

## 연습 4

유형편 유형 11(4-31,32)

여자: 회식 자리에서 술잔을 돌리는 것이 비위생적일 뿐만 아니라 자신의 의지와 상관없이 과음을 하게 되는 등 건강에 나쁜 술 문화이므로 없어져야 한다고 생각합니다.

남자: 그렇지만 술잔 돌리는 문화가 부정적인 것만은 아닙니다. 술잔을 돌리면서 사람과 사람, 사람과 조직, 조직과 조직을 결속시키고 단결심이 생기게 하기 때문에 업무의 효율을 높여줄 수 있습니다.

여자: 최근 유행하는 독감이나 감기도 술잔으로 옮길 수 있습니다. 특히 ㉠ 면역력이 약한 사람에게는 치명적일 수도 있습니다. 그러나 ㉡ 우리나라 정서상 윗사람이 술잔을 권하면 거절하기가 힘듭니다. 따라서 윗사람부터 솔선수범하여 술잔 돌리는 문화를 없애야 합니다.

남자: 술잔 돌리기는 상대를 대접하는 의미가 있습니다. 술잔을 돌리는 사이에 서로간의 경계가 허물어지고 끈끈한 인간관계가 형성되어 절친한 사이가 되기도 합니다. ㉢ 비위생적인 측면이 없는 건 아니지만 ㉣ 끈끈한 인간관계를 위해 계속되어야 하는 문화라고 생각합니다.

### 31.

[정답] ①

문제 풀이

남자는 ㉣에서 끈끈한 인간관계를 위해서 술잔 돌리기는 계속 되어야 하는 문화라고 말합니다. 따라서 술잔 돌리기는 인간관계에 도움이 된다는 ①이 정답입니다.

### 32.

[정답] ①

문제 풀이

여자가 술잔 돌리기 문화가 비위생적이고 자신의 의지와 관계없이 과음을 하게 만드는 문화라고 부정적으로 말을 합니다. 반면 남자는 조직의 결속력을 높이고 업무 효율을 높일 뿐만 아니라 인간관계에 도움이 된다는 등 술잔돌리기의 긍정적인 측면을 들어 여자의 말에 반박을 합니다. 따라서 ①이 정답입니다.

연습 5 | 유형편 유형 11(5-31,32)

여자: 에스컬레이터 두 줄 서기 운동을 시작한 지 8년이 지났는데도 별 효과가 없는 만큼 폐지하는 것이 좋다고 봅니다.

남자: ㉠ 네. 한 줄 서기가 에스컬레이터 고장과 사고의 직접적인 원인이 아니라고 합니다. 그리고 ㉡ 한 줄 서기를 선호하는 여론도 지배적이고요.

여자: 해외에서도 에스컬레이터에서 줄을 서는 방법 자체를 이렇게 운동으로 시행한 사례가 없지요.

남자: ㉢ 그렇습니다. 대신에 ㉣ 에스컬레이터 손잡이 잡기, 뛰지 않기, 안전선 안쪽으로 탑승하기 등의 안전 이용 수칙을 철저히 지켜 안전사고를 예방하도록 해야겠습니다.

## 31.

[정답] ②

문제 풀이

남자는 ㉡에서 한 줄 서기를 좋아하는 대중의 의견이 많다고 하고, ㉣에서 에스컬레이터에서 손잡이 잡기 같은 안전 이용 수칙을 철저히 지켜야 한다고 했습니다. 따라서 ②가 정답입니다.

## 32.

[정답] ①

문제 풀이

㉠과 ㉢의 남자의 반응을 보면 여자가 제기한 의견을 지지하고 있음을 알 수 있습니다. 따라서 ①이 정답입니다.

유형 12

# 듣고 중심 내용, 세부 내용 파악하기

## 연습 2

유형편 유형 12(2-33,34)

여자: 선수들의 경기 모습을 보며 기쁨을 느끼는 국민들이 많습니다. 그런데 이 선수들이 현역에서 은퇴한 후의 삶은 어떨까요? 운동 외의 것은 생각해 보지 않은 선수들이 삶의 방향을 잃기도 하고 ㉠ 새로운 분야의 일을 찾는 과정에서 큰 어려움을 겪기도 합니다. ㉡ 선수들의 복지 향상을 위해 은퇴 선수들에게 다양한 직업 훈련 프로그램을 제공하여 취업 역량을 강화하고 이들을 취업 현장까지 연계하는 ㉢ 맞춤형 취업 지원을 해야 한다고 생각합니다. 은퇴 선수들에게 적합하고 필요한 ㉣ 지원 정책을 강화하여 대중에게 기쁨을 준 선수들이 사회에서 자리를 잡을 수 있도록 ㉤ 제도적으로 도와야 합니다.

### 33.

[정답] ④

문제 풀이

㉡에서 선수들의 복지 향상을 위해 은퇴 선수들에게 다양한 직업 훈련 프로그램을 제공해야 한다고 했으므로 ④가 정답입니다.

### 34.

[정답] ②

문제 풀이

㉡에서 은퇴 선수들을 대상으로 직업 훈련 프로그램을 제공해야 한다고 말하고 있습니다. 또한 ㉢, ㉣, ㉤에서 지원, 정책 강화, 제도적으로 돕기 등을 말하고 있으므로 ②가 정답입니다.

① ㉠에서 큰 어려움을 겪기도 한다고 말합니다. ③ ㉡에서 현역 선수가 아닌 은퇴 선수들이라는 것을 알 수 있습니다. ④ ㉣에서 새로운 분야를 개척하는 것이 아닌 지원 정책을 강화해야 함을 알 수 있습니다.

## 연습 3 유형편 유형 12(3-33,34)

여자: 사람은 누구나 살아가면서 실수도 하고 잘못을 저지르기도 합니다. ㉠ 자신의 잘못과 실수로 인해 사과를 해야 하는 경우 어떻게 사과하는 것이 좋을까요? 우리는 사과를 할 때 "미안해" 라는 말 뒤에 "하지만", "그런데" 같은 말을 덧붙여 핑계를 대는 경우가 많은데 이렇게 사과하면 오히려 역효과가 나기도 합니다. ㉡ 사과의 앞뒤에 변명의 말은 안 하는 것이 좋습니다. 또한 ㉢ 미안하다고 이야기할 때는 무엇이 미안한지 구체적으로 설명해야 합니다. 이것은 자신의 잘못에 대해 정확하게 알고 있으며 자신의 잘못을 인정한다는 의미이기 때문입니다. 또 ㉣ 마지막으로 사과를 할 때 중요한 점은 재발 방지에 대한 약속입니다. 앞으로 같은 문제가 발생한다면 어떻게 하겠다는 개선이나 보상의 내용을 구체적으로 밝혀 다시는 이런 일이 없도록 하겠다는 정확한 의사 표현이 중요합니다.

### 33.

[정답] ①

**문제 풀이**

㉠에서 사과를 어떻게 하면 좋을지 화두를 던지며 이야기를 전개하고 있으므로 정답은 ①입니다.

### 34.

[정답] ③

**문제 풀이**

㉣에서 사과를 할 때 중요한 것은 재발 방지에 대한 약속이라고 했으므로 정답은 ③입니다.

① 서로의 잘못을 지적한 다른 내용은 없습니다. ② ㉡에서 사과의 앞뒤에 변명의 말은 하지 않는 게 좋다고 말했습니다. ④ ㉢에서 사과를 할 때는 구체적으로 잘못이 무엇인지 설명해야 한다고 말하고 있습니다.

## 연습 4

유형편 유형 12(4-33,34)

여자: 똑같이 부당한 일을 당해도 어떤 사람은 큰 상처를 받고 힘들어하지만 어떤 사람은 금방 치유됩니다. ㉠ 그것은 있는 그대로의 나를 사랑하는 마음에 달려 있습니다. 자기 자신을 사랑하는 사람은 다른 사람들이 주는 상처로 자신의 삶이 힘들게 내버려 두지 않습니다. 어떤 사람이 나의 마음을 상하게 하는 것을 그냥 덮고 지나가지 마십시오. 상대방이 ㉡ 나를 사랑한다고 해서, 나이가 많다고 해서 나에게 상처를 주는 것을 아무렇지 않게 생각하게 두어서는 안 됩니다. ㉢ 상처를 치유하는 데 가장 중요한 것은 자존감입니다. 모든 것을 자기 탓이라고 생각하지 않고 자존감과 의연함을 키울 때 상처를 스스로 치유하고 평화롭게 살 수 있습니다.

### 33.

[정답] ①

문제 풀이

㉠에서 상처를 치유하는 것은 나를 사랑하는 마음에 달려있다고 하였으므로 정답은 ①입니다.

### 34.

[정답] ③

문제 풀이

㉠, ㉢에서 상처를 치유하는 것은 나를 사랑하는 마음, 즉 자존감에 달려있다고 말하고 있으므로 정답은 ③입니다.

① ㉡에서 나이가 많고 나를 사랑한다고 해도 나에게 상처 주는 것을 가만두어서는 안 된다고 했습니다. ② 여기에는 어떤 사람이 상처를 많이 받는지에 대한 내용은 없습니다. ④ ㉢에서 상처를 치유하는 데에 가장 중요한 것은 자존감이라고 말하고 있습니다.

## 연습 5

유형편 유형 12(5-33,34)

여자: 지구촌 곳곳이 온난화에 시달리고 있습니다. 북극과 가까운 알래스카는 온난화로 빙하가 사라지고 있습니다. ㉠ 영국은 작년에 250년 만에 가장 심한 겨울 홍수를 겪기도 했습니다. 이처럼 지구 온난화는 가뭄과 홍수, 폭설 등 이상 기후의 원인이 됩니다. ㉡ 이런 지구 온난화의 영향에서 한반도도 자유로울 수는 없습니다. 지구의 온난화로 한반도의 기온이 빠르게 오르면서 여름 더위가 더 심해지고 있습니다. ㉢ 1954년부터 1999년까지는 10년에 0.23도씩 올랐지만 1981년부터 2000년에는 0.41도, 그리고 2001년부터 2010년 사이에는 0.5도가 올라 기온 상승폭이 더 가팔라지고 있습니다. ㉣ 기온이 상승하면 폭염과 가뭄, 홍수의 가능성이 높아집니다. 더 늦기 전에 온난화가 심해지지 않도록 우리 모두가 신경 써서 낭비되는 에너지를 줄이고, 자동차 매연을 줄이는 등 온실 가스를 줄이는 노력을 해야겠습니다.

### 33.

[정답] ④

문제 풀이

여자는 지구촌 곳곳에서 온난화 현상에 의해 일어나는 이상 기후 현상에 대해 설명하고 더 늦기 전에 온난화가 심해지지 않도록 노력을 해야 한다고 말합니다. 따라서 ④가 정답입니다.

### 34.

[정답] ④

문제 풀이

㉣에서 기온이 상승하면 폭염과 가뭄, 홍수의 가능성이 높아진다고 했는데 기온이 상승하는 이유는 온난화 때문이기 때문에 ④가 정답입니다.

① ㉠에서 영국은 작년에 심한 겨울 홍수를 겪었다고 말합니다. 여름이라는 예항은 맞지 않습니다. ② ㉡에서 지구 온난화의 영향에서 한반도도 자유로울 수 없다고 말합니다. 이는 한반도도 온난화 문제가 심각해지고 있음을 말합니다. ③ ㉢에서 1954년부터 기온 상승폭이 가팔라지고 있다고 말합니다.

유형 13

# 듣고 특정 정보, 세부 내용 파악하기

## 연습 2

유형편 유형 13(2-35,36)

※ [35~36] 다음을 듣고 알맞은 물음에 답하십시오. (각 2점)

남자: 올해는 세계 여성의 날이 105주년 되는 해입니다. ㉠ 세계 여성의 날이 제정된 후 남녀 차별 철폐, 여성의 사회 참여 확대 등 여성 운동이 활기를 띠기 시작해 과거보다 여성의 지위가 많이 향상됐지만 ㉡ 여성들이 처한 현실은 아직도 개선돼야 할 점들이 많습니다. 올해도 여성의 날을 맞이하여 3월 8일에 ㉢ 기념식, 문화 공연, 거리 행진 등 다양한 행사가 치러집니다. ㉣ 차별 없는 세상, 다양성이 존중 받는 세상을 원하시는 모든 분들의 동참을 기대합니다. ㉤ 여러분의 적극적인 지지와 참여가 여성과 남성이 평등하게 살 수 있는 사회로 한 걸음 더 나아가는 밑거름이 될 것입니다.

**35.**

[정답] ③

문제 풀이

세계 여성의 날과 행사에 대해 소개하며 ㉤에서 행사 지지와 참여를 요청하고 있으므로 ③이 정답입니다.

**36.**

[정답] ③

문제 풀이

㉠에서 세계 여성의 날이 제정된 후 여성 운동이 활기를 띠기 시작했다고 했으므로 ③이 정답입니다.
① ㉡에서 아직도 개선되어야 할 점들이 많다고 말하고 있습니다. ② ㉣에서 차별 없는 세상, 다양성이 존중 받는 세상을 원하는 모든 사람의 동참을 기대한다고 했으므로 남성도 참가가 가능하다는 것을 알 수 있습니다. ④ 여성의 문화생활을 위한 행사를 마련해야 하는 것이 아니라 여성의 날을 맞이하여 ㉢에서 문화 공연과 같은 행사를 치루고 있음을 알 수 있습니다.

연습 3 유형편 유형 13(3-35,36)

남자: ㉠ 한국 국제 영화제 개막식에 참석해 주신 국내외 영화계 관계자 여러분께 감사드립니다. 저희 영화제는 한국 영화 산업이 침체기에 빠져 있던 시기에 한국 영화 시장을 살리기 위해 창립되었습니다. 본 영화제는 한국은 물론 아시아 영화 산업을 한 단계 발전시키는 데 공헌하였으며, ㉡ 세계 각국의 배우, 감독, 제작자, 일반 관객들이 서로 격의 없이 소통할 수 있는 장을 마련해 왔습니다. 이번 영화제에서는 ㉢ 세계 처음으로 상영되는 작품이 97편 소개되고 일반 극장에서 접하기 힘든 예술 영화와 독립 영화도 상영될 예정입니다. 더불어 ㉣ 전시관에서는 영화 제작 방법 및 제작 도구, 한국 영화의 역사를 보여 주는 기획 전시와 함께 대표적인 ㉤ 추억의 한국 영화 열 편도 상영될 예정입니다. 저희 영화제가 영화인 여러분들과 시민 여러분들을 위한 축제의 장이 되기를 바랍니다.

**35.**

[정답] ①

문제 풀이

㉠에서 국제 영화제의 시작을 알리는 개막식에 참석한 관계자들에게 감사 인사를 하며 영화제에 대해 소개하고 있으므로 ①이 정답입니다.

**36.**

[정답] ③

문제 풀이

㉤에서 추억의 한국 영화를 상영한다고 말하고 있습니다. 추억의 영화는 옛날 영화 중 대표적으로 기억되는 것을 의미하므로 ③이 정답입니다.

① ㉡에서 일반 관객들과 소통할 수 있는 행사가 마련해 왔다고 했으므로 일반 관객들도 참여를 할 수 있음을 알 수 있습니다. ② ㉣에서 전시관에서 영화 제작 방법을 보여 주는 기획 전시가 열린다고 말하고 있습니다. ④ ㉢에서 세계 첫 상영 작품 97편과 ㉤에서 추억의 한국 영화 10편이 상영된다고 했으므로 오답입니다.

## 연습 4

유형편 유형 13(4-35,36)

남자: 우리 회사가 서울 한복판인 광화문 거리에 글판을 단지 올해로 벌써 25주년이 되었습니다. ㉠ 이 글판은 25년 전 회사 창립자인 회장님의 제안으로 처음 등장했습니다. ㉡ 첫 글판은 '우리 모두 함께 뭉쳐 경제 활력 다시 찾자'는 딱딱한 격언이었지요. 5년 후 온 국민이 외환 위기로 고통을 겪자 ㉢ 시민들에게 위안을 주자는 취지에서 감성적인 글판으로 변화를 주었습니다. 감성적인 글판의 시작은 고은의 시에서 따온 '떠나라 낯선 곳으로, 그대 하루하루의 낡은 반복으로부터'라는 문구였습니다. 그때부터 우리 회사는 ㉣ 기업 홍보가 아니라 시민과의 공감과 소통 수단으로 글판을 활용하고 있습니다. 앞으로도 이처럼 우리 회사는 시민들의 마음을 이해하고 위로해 주는 좋은 글판으로 여러분을 찾아뵙겠습니다.

### 35.

[정답] ②

문제 풀이

㉠, ㉡에서 25년 전 시작한 글판의 역사와 글판의 내용에 대한 이야기를 하고 있으므로 정답은 ②입니다.

### 36.

[정답] ④

문제 풀이

㉢에서 시민들에게 위안을 주자는 취지로 감성적인 글판으로 변화를 주었다고 말하므로 ④가 정답입니다.
① ㉣에서 기업 홍보가 아니라 시민과의 공감과 소통 수단으로 글판을 활용하고 있다고 말하고 있습니다. ② ㉠에서 글판은 25년 전 회사 창립자인 회장님의 제안으로 처음 등장했다고 말했습니다. ③ ㉡에서 첫 글판은 '우리 모두 함께 뭉쳐 경제 활력 다시 찾자'는 딱딱한 격언이었다가 온 민이 외환 위기로 고통을 겪고 시민들에게 위안을 주자는 취지로 감성적인 글판으로 변화를 주었다고 하였으므로 오답입니다.

## 연습 5 유형편 유형 13(5-35,36)

남자: 오늘 이렇게 저희 빌딩의 개관 30주년 기념식에 와 주신 여러분, 감사드립니다. 저희 빌딩은 ㉠ 서울 올림픽을 3년 앞둔 시점에 완공되어 30년이 흐른 지금까지 '서울 최고층 빌딩', '한강의 기적' 등으로 불리며 ㉡ 서울을 대표해 왔습니다. 또한 시민들은 한강 변에 우뚝 솟은 빌딩을 보면서 자긍심을 키웠고 한국의 발전과 도약을 함께 축하했습니다. ㉢ 국내 기술로 강풍과 지진에도 견딜 수 있게 설계해 안전성을 유지해 왔고 기온과 시각에 따라 변하는 빌딩 외관도 화제가 되었습니다. ㉣ 10년 전에 시작한 개보수 공사는 올해 완공될 예정이고, 한강 유람선, 한류 스타 콘서트, 노량진 수산시장 투어, 여의도 봄꽃 축제 등 신규 관광 프로그램도 진행하여 내국인뿐만 아니라 외국인 관광객들도 즐겨 찾는 명소가 되도록 준비 중입니다. 국민의 사랑을 받으며 30년간 대한민국과 함께 성장한 저희 빌딩이 이제 세계인의 사랑을 받기 위해 또 다른 도전을 시작합니다.

### 35.

[정답] ③

**문제 풀이**

남자는 빌딩 개관 30주년 기념식에서 이 빌딩이 30년 동안 서울을 대표한 건물이라는 것과 이 빌딩이 어떻게 지어졌는지 그리고 앞으로 또 다른 도전을 통해 내국인과 외국인 관광객들에게 명소가 되기 위해 준비 중이라는 계획을 말하고 있습니다. 따라서 ③이 정답입니다.

### 36.

[정답] ②

**문제 풀이**

㉡에서 이 건물이 서울을 대표해 왔다고 말합니다. 따라서 ②가 정답입니다.

① ㉣에서 10년 전에 시작한 개보수 공사가 올해 완공될 예정이라고 말합니다. 따라서 아직 완공이 되지 않았습니다. ③ ㉢에서 이 건물은 국내 기술로 강풍과 지진에 견딜 수 있게 설계했다고 말합니다. ④ ㉠에서 이 건물은 서울 올림픽을 3년 앞둔 시점에 완공되었다고 말합니다.

## 유형 14 듣고 중심 생각, 세부 내용 파악하기(교양 프로그램)

### 연습 2

유형편 유형 14(2-37,38)

여자: 강성훈 대표님이 운영하시는 인터넷 사이트 '공신'이 요즘 화제를 모으고 있는데요, 공신은 어떻게 만들어지게 되었나요?

남자: ㉠ 3년 전 대학교 때 동생과 함께 '우리의 공부 방법을 인터넷에 공개해 보는 건 어떨까'라는 생각을 하게 됐어요. ㉡ 처음엔 개인 홈페이지에 공부 방법을 소개했어요. 그러다가 ㉢ 그 당시 생소했던 동영상 강의를 찍어 보기로 했어요. 마침 ㉣ 동생이 장학금을 제작비로 내놓았죠. 그때까지 고등학생들은 공부 방법 강의를 접해 본 적이 없었어요. 수학, 영어 강의라면 모를까 공부 방법까지 배울 필요가 있을까 의아해했죠. 하지만 우리는 학생들에게 공부 방법 강의가 꼭 필요하다고 믿고 학교나 학원에서 얻지 못할 공부 방법을 낱낱이 공개하기로 했어요. ㉤ 동영상이 공개되고 반응은 폭발적이었어요. 저희와 함께 하겠다는 대학 친구들이 하나 둘씩 늘면서 저희 인터넷 사이트는 점점 커져 현재의 회사가 되었어요. 한국의 모든 학생들이 저희의 도움을 받게 되길 꿈 꿔 봅니다.

**37.**

[정답] ②

**문제 풀이**

자가 공부 방법을 알려 주는 동영상을 제작하게 된 것은 공부 방법 강의가 학생들에게 도움이 될 것이라는 믿음이 있었기 때문입니다. 따라서 ②가 정답입니다.

**38.**

[정답] ③

**문제 풀이**

㉤에서 동영상을 본 학생들의 반응이 매우 좋았음을 알 수 있습니다. 따라서 ③이 정답입니다.

① ㉣에서 동생이 받은 장학금을 동영상 제작비에 사용한 것을 알 수 있습니다. ② ㉠,㉢에서 남자는 대학 재학 시절 동영상을 제작한 것을 알 수 있습니다. ④ ㉡에서 처음에는 동영상이 아니라 홈페이지에 글로 공부 방법을 소개한 것을 알 수 있습니다.

연습 3 유형편 유형 14(3-37,38)

여자: 오늘은 '박수 전도사'로 알려져 있는 김영춘 박사님을 모시고 박수의 효능에 대해서 들어보겠습니다.

남자: 초기에는 박수를 연구한다고 하면 사람들의 비웃음을 사기 일쑤였습니다. 하지만 ㉠ 가만히 앉아서 박수만 쳐도 심장 박동 수가 전력 달리기를 한 것처럼 증가하여 혈액 순환에 도움이 된다는 것이 ㉡ 과학적으로 입증되면서 인정을 받게 됐습니다. 연구를 하다 보니 다양한 박수에 대한 아이디어가 떠올랐습니다. ㉢ 전신 운동 효과를 볼 수 있는 박수 체조도 있고, 손바닥뿐만 아니라 주먹과 손등, 손끝 등으로 치는 부위별 건강 박수도 개발하게 됐습니다. 박수를 개발할 때는 놀이로서 재미있게 박수를 치며 건강과 두뇌 계발을 동시에 얻을 수 있도록 하는 데 중점을 둡니다. ㉣ 최근에는 웃음 치료와 박수를 결합한 웃음 건강 박수를 개발하여 알리는 데 힘쓰고 있습니다. ㉤ 박수로 사람들에게 기쁨과 웃음, 건강까지 선물할 수 있어서 행복합니다.

## 37.

[정답] ③

문제 풀이

㉤에서 박수로 사람들에게 기쁨과 웃음, 건강까지 선물할 수 있다고 했으므로 ③이 정답입니다.

## 38.

[정답] ④

문제 풀이

㉢에서 박수 체조로 전신 운동 효과를 볼 수 있다고 했으므로 ④가 정답입니다.

① ㉡에서 과학적으로 입증이 됐다고 말하고 있습니다. ② ㉠에서 가만히 앉아서 박수만 쳐도 혈액 순환에 도움이 된다고 했으므로 건강에 도움이 되는 것을 알 수 있습니다. ③ ㉣에서 최근에 웃음 건강 박수를 개발했다고 말하고 있습니다.

여자: 오늘은 권동수 건축사무소장님을 모시고 최근 유행하고 있는 '협소 주택'에 대한 이야기를 들어 보겠습니다. 소장님 소개해 주시겠습니까?

남자: 도심 속에 작은 주택을 짓는 시도가 건축가들을 중심으로 번지고 있습니다. ㉠ 협소 주택이란 도심의 자투리땅을 활용해 지은 작은 집을 말합니다. ㉡ 작아도 나만의 가치를 지닌 집을 지어보자는 것이지요. 외곽이 아니라 도심에 지을 수 있다는 큰 장점이 있고, 층간 소음 문제가 없어서 아이들이 마음껏 뛰어 놀 수도 있습니다. ㉢ 싸게 집을 구하려 한다면 협소 주택이 정답은 아닙니다. 협소 주택은 삶의 방식을 바꾸는 데 더 큰 의의가 있다고 생각합니다. ㉣ 건축가들은 고객과의 계속된 대화를 통해 그들의 생활 방식, 취향에 맞는 집을 설계합니다. 결국 내 집을 짓는다는 건 나를 알아가는 과정이라고 생각합니다.

## 37.

[정답] ③

**문제 풀이**

협소 주택을 설명하면서 작아도 나만의 가치를 지어보자는 의견을 제시하고 있으므로 정답은 ③입니다.

## 38.

[정답] ④

**문제 풀이**

㉠에서 협소 주택이란 도심의 자투리땅을 활용해 지은 작은 집을 말한다고 했으므로 정답은 ④입니다.

① ㉣에서 건축가들이 고객과의 계속된 대화를 통해 집을 설계한다고 했으므로 오답입니다. ② ㉠에서 도시 외곽이 아니라 도심의 자투리땅을 활용한다고 했습니다. ③ ㉢에서 싸게 집을 구하려고 한다면 협소 주택이 정답은 아니라고 했습니다.

## 연습 5

유형편 유형 14(5-37,38)

여자: 교수님께서 이번에 『고졸, 세상을 건너는 가장 힘든 방식』이라는 책을 내셨는데요. 왜 이런 책을 쓰게 되셨습니까?

남자: 저는 컴퓨터 전산시스템 분야에서 일하면서 실력만큼은 누구보다 자신이 있었습니다. 그렇지만 ㉠ 30년 동안 저임금과 진급 누락, 따돌림 등 부당처우를 받아야 했습니다. 덕분에 남은 것은 ㉡ 잦은 해고와 퇴사, 반복되는 이직 기록이었습니다. ㉢ 저는 결국 대학을 선택했고 이후 박사 학위를 취득하여 강단에 서게 되었습니다. 그런데 ㉣ 학생들을 가르치는 데 있어서 실력은 예전보다 못합니다. 학문적으로 컴퓨터를 공부하다 보니 실제 컴퓨터를 다루는 실력이 준 것 같습니다. 현장 감각이 살아 있어서 생동감 있게 가르쳐 줄 수 있을 때 학생들을 가르쳤다면 더 좋은 교육을 했을 것입니다. 저는 결국 대학을 선택했지만 고졸이 살 수 있는, 고졸 학력으로도 이 사회를 살아가는 데 전혀 부담이 없고 불편함이 없는 사회가 되었으면 좋겠다는 생각에서 이 책을 썼습니다. 이 책을 통해 학력 지상주의인 지금의 현실을 되돌아봤으면 좋겠습니다.

### 37.

[정답] ④

문제 풀이

여자는 남자가 『고졸, 세상을 건너는 가장 힘든 방식』이라는 책을 쓰게 된 동기를 질문하고 남자는 자신이 고졸로 사회생활을 했을 때 겪었던 부당처우에 대해 말합니다. 그리고 전문 분야에서는 대학에서 배운 지식보다는 현장에서의 경험과 실력이 중요함을 이야기합니다. 따라서 학력 지상주의인 현실을 돌아봐야 한다고 말합니다. 따라서 학력보다 실력이 중심이 되는 사회가 되어야 한다는 ④가 정답입니다.

### 38.

[정답] ①

문제 풀이

㉠에서 30년 동안 고졸로 사회생활을 할 때 저임금, 진급 누락, 따돌림 등의 부당대우를 받았다고 말합니다. 따라서 ①이 정답입니다.

② ㉢에서 고졸의 부당한 처우를 견디지 못해 결국 대학에서 공부를 하고 박사학위를 취득한 후 강단에 섰다는 말은 교육자 생활을 한다는 말입니다. ③ ㉡에서 잦은 해고와 퇴사, 반복적인 이직 기록이 있다고 말합니다. ④ ㉣에서 대학교 입학 전 현장에서 일을 할 때 실력이 더 좋았던 것 같다고 말합니다.

유형 15

# 듣고 앞의 내용 추론, 세부 내용 파악하기(대담)

## 연습 2

유형편 유형 15(2-39,40)

여자: 그렇게 많은 동물들이 화장품 안전성 검사를 위해 죽는다니 참 충격적인데요. 화장품 제조를 위한 동물실험은 피할 수 없는 건가요?

남자: 사람의 몸에 직접 바르는 화장품이 인체에 무해한지 검증하는 일은 꼭 필요합니다. 하지만 ㉠ 이제는 동물실험을 하지 않고도 정확히 안전성을 검증할 수 있는 대체 실험 방법이 많이 개발되고 있습니다. 예전에는 화장품 원료가 피부를 자극하는 정도를 보기 위해서 털을 제거한 토끼 피부에 약품을 바르는 방법이 쓰였지만 이제는 사람의 피부 세포를 사용하여 안전성을 검증합니다. 이런 ㉡ 대체 실험 방법은 동물실험보다 더 정확하고, 비용도 적게 듭니다. 게다가 ㉢ 이미 수만 가지 원료의 안전성이 검증되었습니다. 이런 안전성이 검증된 원료만으로도 충분히 좋은 제품을 개발할 수 있다고 봅니다.

### 39.

[정답] ②

문제 풀이

여자가 첫 번째 문장에서 '그렇게 많은 동물들이 화장품 안전성 검사를 위해 죽는다니 참 충격적인데요.'라고 말하는 것으로 유추해 보면 동물실험으로 많은 동물이 희생된다고 말하는 ②가 정답입니다.

### 40.

[정답] ③

문제 풀이

㉡에서 대체 실험 방법이 동물실험보다 비용이 적게 든다고 말하고 있으므로 ③이 정답입니다.

① ㉢에서 수만 가지 원료의 안전성이 검증되었다고 했습니다. ② ㉠에서 동물실험을 하지 않고도 안전성을 검증할 수 있는 대체 실험 방법이 많이 개발되고 있다고 말합니다. ④ ㉡에서 대체 실험 방법은 동물실험보다 더 정확하다고 말합니다.

연습 3 유형편 유형 15(3-39,40)

여자: 우리가 즐겨 마시는 ㉠ 커피가 대부분 개발도상국 어린 아이들의 손에서 생산되지만 이 아이들에게 돌아가는 수익이 전체 커피 시장 이윤의 0.5%밖에 안 된다는 사실에 좀 놀랐습니다. 그럼 이런 아이들에게 도움을 줄 수 있는 방법은 없을까요?

남자: 요즘 주목 받고 있는 '공정 무역 커피'는 아이들을 포함한 커피 생산 노동자의 가난 극복에 도움을 주고자 만들어졌습니다. 공정 무역 커피는 개발도상국에서 생산된 커피를 공정한 가격에 거래하는 커피를 말합니다. ㉡ 커피 판매 수익금의 80%는 커피 생산 노동자에게 돌아가며 나머지 20%는 개발도상국 아이들의 교육을 위한 장학 사업에 쓰입니다. 요즘엔 한국에서도 ㉢ 유명 커피 전문점에서 공정 무역 커피를 사용하는 곳이 증가하고 있는 추세입니다. 아직 ㉣ 공정 무역 커피에 대해 잘 모르는 사람들이 많은데, 적극적인 홍보가 필요하다고 봅니다.

## 39.

[정답] ④

문제 풀이

여자가 첫 번째 문장에서 '커피가 대부분 개발도상국 어린 아이들의 손에서 생산되지만 이 아이들에게 돌아가는 수익이 전체 커피 시장 이윤의 0.5%밖에 안 된다는 사실에 좀 놀랐습니다.'라고 말하는 것으로 유추해 보면 커피 생산 노동자가 정당한 노동의 대가를 받지 못한다고 말하는 ④가 정답입니다.

## 40.

[정답] ②

문제 풀이

㉠에서 커피가 대부분 개발도상국 아이들의 손에서 생산되고 있다고 말하고 있으므로 ②가 정답입니다.

① ㉣에서 많은 사람들이 공정 무역 커피에 대해서 잘 모르고 있는 것을 알 수 있습니다. ③ ㉢에서 유명 커피 전문점에서 공정 무역 커피를 사용하는 곳이 늘고 있다고 했습니다. ④ ㉡에서 커피 판매 수익금의 대부분은 커피 생산 노동자에게 돌아가는 것을 알 수 있습니다.

## 연습 4 유형편 유형 15(4-39,40)

여자: 광고가 단순히 소비를 자극하는 것이 아니라 시대의 메시지를 전하고 대중과 소통하는 매개체라는 생각이 참 흥미롭네요. 기존의 광고와 선생님의 광고가 확연히 구별되는 점이라고도 볼 수 있겠는데요. 그럼 어떻게 해야 선생님처럼 창의적인 광고를 만들 수 있는 걸까요?

남자: 많은 사람들이 제게 창의력을 기르려면 무엇을 해야 하냐고 묻는데 사실 특별한 비법은 없습니다. ㉠ 뭘 하든 그 일에만 몰입해서 잘하면 됩니다. 여행을 할 때는 여행을 잘하고 사람을 만날 때는 그저 사람을 잘 만나는 거지요. ㉡ 우리 주위에서 일상적으로 지나치는 평범한 것들도 촉각을 세우는 순간 새로운 아이디어가 됩니다. 나에게 주어진 시간이 하루밖에 없는 것처럼 세상을 바라보면 눈에 비치는 것이 매순간 새로울 것이고 세상에 놀랄만한 일들이 많다는 것을 느끼게 될 것입니다. ㉢ 자주 놀라고 감탄할수록 많은 창의력이 생깁니다. ㉣ 자기 스스로를 놀라게 한다면 다른 사람들도 놀라게 할 수 있고, 감동도 느낄 수 있다고 생각합니다.

### 39.

[정답] ①

문제 풀이

여자가 '광고가 시대의 메시지를 전달하고 대중과 소통하는 매개체라는 생각이 흥미롭다'라고 말하는 것으로 유추해 보면 ① 광고로 사회적 메시지를 전할 수 있다가 정답입니다.

### 40.

[정답] ①

문제 풀이

㉠에서 무엇이든지 몰입해서 하면 창의력을 키우는 데 도움이 된다고 말합니다. 또한 ㉡에서 우리 주위의 일상적으로 지나치는 평범한 것들도 촉각을 세우는 순간에 새로운 아이디어가 된다고 말합니다. 이는 특별하지 않은 일들, 일상에서 무심코 지나치는 일에도 주의를 기울이고 몰입해서 보면 새롭게 느껴지고 창의적인 아이디어가 될 수 있다는 것을 의미합니다. 따라서 ①이 정답입니다.

② ㉢에서 자주 놀라고 감탄할수록 창의력이 생긴다고 말합니다. ③ ㉡과 ㉢에서 뭘 하든 몰입하고, 일상적인 일에도 촉각을 세우면 아이디어가 생길 수 있다고 말합니다. ④ ㉣에서 자기 스스로를 놀라게 하면 다른 사람들도 놀라게 하고, 감동도 느낄 수 있다고 말합니다.

## 연습 5 유형편 유형 15(5-39,40)

여자: ㉠ 이런 운동이 한국에서 뿐만 아니라 해외에서도 한류의 일부로 인정받고 있다니 정말 대단한데요. 오랜 세월 우리나라 영어 교육의 대명사로 불리시다가 어떻게 갑자기 좋은 댓글 달기 운동에 힘을 쏟게 되신 건가요?

남자: 사실 저는 지난 ㉡ 30년 동안 영어 교육을 위해 한 방향만 보고 열심히 달려 왔습니다. 그러던 어느 날 ㉢ 어느 여가수가 악성 댓글에 시달리다가 자살한 사건을 접하게 되었습니다. 당시 대학교에서 강의를 하고 있었는데 학생 570명에게 각각 연예인 10명의 홈페이지나 블로그를 찾아가서 ㉣ 좋은 댓글을 달게 하는 과제를 냈습니다. 단순히 '좋아요', '힘내요'가 아니라 악성 댓글의 잘못된 점을 지적하고 상처 받은 사람들에게 힘이 될 수 있는 댓글을 달도록 했습니다. 그랬더니 학생들이 악성 댓글의 폐해와 좋은 댓글의 중요성을 자연스럽게 깨닫게 되더군요. 그 때부터 본격적으로 좋은 댓글 달기 운동을 시작하게 되었습니다.

### 39.

[정답] ③

**문제 풀이**

㉠에서 여자가 '이런 운동이 한국에서 뿐만 아니라 해외에서도 한류의 일부로 인정받고 있다'는 말을 한 것으로 보아 정답은 ③입니다.

### 40.

[정답] ③

**문제 풀이**

남자는 대학교 강의에서 좋은 댓글을 달게 하는 과제를 냈다고 말했으므로 정답은 ③입니다.
① ㉢에서 남자가 악성 댓글에 시달린 것이 아니고 어느 여가수의 사건 때문에 좋은 댓글 달기를 시작했습니다.
② ㉡에서 남자는 영어 교육에 30년 동안 힘써 왔다고 말하고 있습니다. ④ ㉢에서 영어 수업이 아닌 어느 여가수의 사건을 접하고 심각성을 깨닫게 된 것이라고 볼 수 있습니다.

# 듣고 세부 내용, 중심 생각 파악하기(강연)

## 연습 2

유형편 유형 16(2-41,42)

남자: 오늘은 기부 문화에 대해서 이야기해 보도록 하겠습니다. ㉠ 미국의 경우 산업 사회의 발전과 더불어 기부 문화가 일찍 자리를 잡았고, 지금까지 많은 기업인들이 기부 문화 형성에 주도적인 역할을 하고 있습니다. 또 ㉡ 소득에 관계없이 대부분의 미국인들은 여러 방법으로 기부에 동참하고 있습니다. 얼마 전 영국에서 전 세계 135개국을 대상으로 세계 기부 지수를 발표했는데, 미국이 1위를 차지했습니다. 이에 반해 ㉢ 한국은 60위를 기록했는데, 작년에 비하면 많이 상승했으나 여전히 낮은 순위입니다. 기부 행위는 의무감에 의한 것이 아니라 개개인의 자발적인 행위로 이루어지기 때문에 시민 의식이 성숙한 사회에서만 가능한 것입니다. 자발적으로 부와 재능과 시간을 이웃과 함께 나누는 기부 문화야말로 계층과 계층 간의 갈등과 벽을 허무는 사회 통합을 이루는 방법이라고 생각합니다.

**41.**

[정답] ④

문제 풀이

㉢에서 한국의 기부 지수 순위가 올라갔음을 알 수 있으므로 ④가 정답입니다.

① ㉠에서 미국의 많은 기업인들은 기부에 적극적임을 알 수 있습니다. ② ㉡에서 소득에 관계없이 기부에 동참한다고 말합니다. ③ ㉢에서 한국의 기부 지수 순위가 낮은 것을 알 수 있습니다.

**42.**

[정답] ③

문제 풀이

남자는 기부 문화가 활발한 미국의 사례를 소개하고, 한국의 기부 문화가 활발하지 못한 것을 언급하고 있습니다. 또한 기부 문화는 성숙한 시민 사회에서 가능하다고 말하면서 기부 문화가 사회 통합을 이루는 데 중요한 역할을 한다고 말하고 있습니다. 따라서 ③이 정답입니다.

연습 3 유형편 유형 16(3-41,42)

남자: 헌혈 장려 운동을 하면서 이런 꿈을 꿔 봅니다. 혈액을 만들 수 있다면, ㉠ 혈액을 약국에서 살 수 있다면 수혈이 필요한 환자들이 전전긍긍할 일도 없이 얼마나 좋을까요? 하지만 현실은 그렇지 않습니다. 누군가의 생명을 구하기 위한 수혈은 반드시 누군가의 헌혈을 통해서만 가능합니다. ㉡ 헌혈은 특별한 사람들만 하는 것이 아닙니다. 생명을 잃어가고 있는 사람들의 소중한 삶을 지켜 주고자 하는 마음만 있다면 여러분도 나눔을 실천할 수 있습니다. ㉢ 키, 직업, 국적, 성별에 관계없이 누구나 헌혈을 할 수 있습니다. 물론 너무 어리거나 ㉣ 연세가 많으신 분들, 건강 상태가 안 좋은 분들은 헌혈을 하기 어렵습니다. 하지만 남을 돕는 건 특별한 사람의 일이라는 생각이나 주사가 겁이 난다는 이유로 헌혈을 꺼리고 계시지는 않은가요? 헌혈은 생명을 살리는 도구이자 사랑입니다.

**41.**

[정답] ③

문제 풀이

㉢에서 국적에 관계없이 누구나 헌혈을 할 수 있다고 말하므로 ③이 정답입니다.

① ㉡에서 헌혈은 특별한 사람들만 하는 것이 아니라고 말합니다. ② ㉠에서 혈액을 약국에서 살 수 있다면 좋겠지만 현실은 그렇지 않다고 말합니다. ④ ㉣에서 연세가 많으신 분들은 헌혈을 하기 어렵다고 말합니다.

**42.**

[정답] ①

문제 풀이

생명을 잃어가고 있는 사람들의 소중한 삶을 지켜 주고자 하는 마음만 있다면 특별한 사람이 아니어도 나눔을 실천할 수 있다고 말합니다. 또한 헌혈을 통해 생명을 살릴 수 있고 사랑을 나눌 수 있다고 말하므로 ①이 정답입니다.

연습 4 유형편 유형 16(4-41,42)

남자: 다양한 외국어 교육 방법이 있지만 저는 효과적인 외국어 습득을 위한 방법으로 자율 독서에 대해 이야기하고자 합니다. ㉠ 좋아하는 외국어 책을 골라 마음대로 읽는 것이지요. ㉡ 수업 중 일정 시간 동안 자율 독서를 한 학급의 학생들이 기존 방식으로 지도 받은 학생들보다 문법이나 어휘, 나아가 시험에서도 높은 성적을 낸 증거가 무수히 많습니다. ㉢ 언어란 자연스럽게 습득하는 것이지 수학처럼 의도적으로 노력해 학습하는 것이 아닙니다. 다시 말해 일상에서 대화하거나 독서에 빠져들 때 언어를 배운다는 뜻입니다. 책을 읽으면서 작가들이 쓴 풍부한 어휘와 문체에 익숙해져 이를 자연스럽게 기억하고 자신의 언어로 표현하게 됩니다. ㉣ 흥미와 인지 발달 단계에 따라 자유롭게 책을 선택하여 독서에 몰입하는 것이 가장 효과적인 외국어 습득 방법이라고 할 수 있습니다.

## 41.

[정답] ①

문제 풀이

㉢에서 언어는 자연스럽게 습득하는 것이라고 말하고 있으므로 정답은 ①입니다.

② ㉡에서 자유롭게 독서한 학생들이 기존 방식으로 문법이나 어휘를 공부한 학생들보다 높은 성적을 냈다고 말하고 있습니다. ③ ㉣에서 흥미와 인지 발달 단계에 따라 자유롭게 책을 선택하여 읽는 것이 효과적이라고 말하고 있습니다. ④ ㉢에서 언어는 수학처럼 의도적으로 학습하는 것이 아니라고 말합니다.

## 42.

[정답] ②

문제 풀이

언어란 자연스럽게 습득하는 것이지 수학처럼 의도적으로 노력해 학습하는 것이 아니라고 주장하고 있으므로 정답은 ②입니다.

## 연습 5

유형편 **유형 16(5-41,42)**

남자: ㉠ 세상 모든 것에 돈의 힘이 미치는 황금만능주의의 시대입니다. 어떤 나라에서는 ㉡ 수감자들이 돈을 내면 호텔급의 개인 감방으로 옮길 수 있습니다. 또, 돈을 주면 장을 대신 봐 주기도 합니다. 연인이나 친구 간에 관계가 틀어졌을 때도 대리 사과 회사에 연락하면 됩니다. 돈은 막강한 힘을 과시합니다. 하지만 ㉢ 아무리 황금만능주의 시대라고 해도 돈으로 살 수 없는 것은 분명히 존재합니다. 집은 살 수 있어도 가정은 살 수 없고, ㉣ 약은 살 수 있어도 건강은 살 수 없습니다. 비싼 시계는 살 수 있어도 시간은 단 1초도 돈으로 살 수 없습니다. ㉤ 사람의 마음 역시 돈으로 살 수 없습니다. 세상에는 가격표를 붙일 수 없는 것이 아직도 참 많습니다.

### 41.

[정답] ③

문제 풀이

㉡에서 수감자들이 돈을 내면 개인 감방으로 옮길 수 있다고 말하고 있으므로 정답은 ③입니다.

① ㉤에서 사람의 마음은 돈으로 살 수 없다고 말합니다. ② ㉣에서 약은 살 수 있어도 건강은 살 수 없다고 말합니다. ④ ㉠에서 세상 모든 것에 돈의 힘이 영향을 미친다고 말합니다.

### 42.

[정답] ④

문제 풀이

㉢서 돈으로 살 수 없고 해결할 수 없는 것이 있다고 하면서 건강이나 사람의 마음을 언급하고 있으므로 정답은 ④입니다.

## 유형 17 듣고 세부 내용, 중심 내용 파악하기(다큐멘터리)

### 연습 2

유형편 유형 17(2-43,44)

여자: 남극에서 서식하는 황제 펭귄은 겨울에 알을 낳고 키우는 유일한 동물입니다. 암컷이 알을 낳으면 수컷이 알을 받아서 알이 얼지 않게 발등 위에 올려놓고 부화할 때까지 세 달 동안 품어 줍니다. 암컷은 수컷에게 알을 건네주고 부족한 먹이를 찾아 바다로 떠납니다. 수컷은 알을 품고 있는 동안 수분만 섭취하고, 아무것도 먹지 않아 체중이 많이 줍니다. ㉠ 알을 품고 있는 수백 마리의 수컷들은 서로 몸을 밀착하고 천천히 주위를 돌다가 바깥쪽에서 있는 수컷의 체온이 낮아지면 안쪽에 있는 수컷과 자리를 바꾸면서 강풍과 혹독한 추위 속에서 체온을 유지합니다. 새끼가 부화하면 수컷은 자신의 위 속에 있는 소화된 먹이를 토해서 먹입니다. 이처럼 수컷의 희생 덕분에 새끼는 부화하여 따뜻한 봄볕을 느낄 수 있습니다.

**43.**

[정답] ③

문제 풀이

㉠에서 자리를 바꾸면서 강풍과 추위 속에서 체온을 유지한다고 했으므로 ③이 정답입니다.

**44.**

[정답] ③

문제 풀이

이 다큐멘터리는 혹독한 추위 속에서도 새끼의 부화를 위해 희생하는 황제 펭귄 수컷의 모습을 소개하고 있습니다. 수컷의 희생 덕분에 새끼는 무사히 부화할 수 있습니다. 따라서 ③이 정답입니다.

연습 3 유형편 유형 17(3-43,44)

여자: 바다는 지구의 기후를 결정하는 데 중요한 역할을 합니다. 바닷물은 지구의 기온이 급격히 변화하는 것을 방지하며 기후를 조절하기도 합니다. ㉠ 바닷물은 천천히 데워지고 천천히 식는 반면 육지는 빨리 데워지고 빨리 식습니다. 그래서 낮 동안 육지 쪽은 빨리 데워져서 가벼워진 공기가 위로 상승하고, 그 빈 공간으로 차갑고 무거운 공기가 바다 쪽에서 이동해 옵니다. 밤에는 반대 현상이 일어나며 공기는 육지와 바다를 순환하게 됩니다. 그러나 바다는 장마 전선이나 태풍을 생성하여 여름철에 인명과 재산에 막대한 피해를 주기도 합니다. 겨울철에 발생하는 폭설의 원인 또한 바다입니다. 바다는 육지에 직접적으로 영향을 주어서 많은 피해를 일으키기도 하지만 우리가 잘 살아갈 수 있도록 적당한 온도를 유지시켜 주는 역할도 합니다.

**43.**

[정답] ④

문제 풀이

㉠에서 바닷물과 육지의 데워지고 식는 속도의 차이로 공기가 순환한다고 말하고 있으므로 ④가 정답입니다.

**44.**

[정답] ②

문제 풀이

이 다큐멘터리는 지구의 기후를 결정하는 데 중요한 역할을 하는 바다의 작용 소개하고 있습니다. 바다는 지구의 기온이 급격히 변화하는 것을 방지하고, 기후를 조절하기도 합니다. 따라서 ②가 정답입니다.

연습 4 유형편 유형 17(4-43,44)

여자: 여기는 해녀의 역사와 물질 도구가 전시되어 있는 해녀 박물관입니다. 해녀는 제주도의 상징적인 존재인데 이런 해녀가 사라질 위기에 처해 있습니다. 제주에서 태어나면 누구나 자연스럽게 바닷속에서 소라, 전복 등을 채취하는 물질을 배우던 때도 있었지만, 산업화로 인해 해녀가 줄어들고 남아있는 해녀도 고령화되고 있기 때문입니다. 해녀가 사라지면 그들이 오랫동안 쌓아온 물질 기술, 바다 생태 환경에 적응하며 축적된 오랜 경험과 지식, 해녀 공동체 정신도 함께 사라지게 됩니다. 이에 제주시에서는 사라지고 있는 해녀 문화를 지키기 위해 해녀 학교와 해녀 박물관을 세웠습니다. ㉠ 제주 해녀는 짧은 시간에 많은 산소를 받아들이기 위해 '호오이' 소리를 내며 호흡하지요. 해녀들의 이러한 숨소리가 오래도록 이어지기를 바랍니다.

**43.**

[정답] ②

문제 풀이

㉠에서 해녀는 짧은 시간에 많은 산소를 마시기 위해 소리를 내며 호흡한다고 말하므로 ②가 정답입니다.

**44.**

[정답] ①

문제 풀이

해녀가 사라졌을 때 그들의 물질 기술, 오랜 경험, 지식, 해녀 공동체 정신 등도 사라질 수 있다고 이야기하며 해녀 문화를 지키기 위한 노력의 일환으로 해녀 학교와 해녀 박물관 건립을 언급했습니다. 또한 마지막에 해녀들이 물질할 때 내는 숨소리가 오래 이어지기를 바란다고 이야기합니다. 따라서 ①이 정답입니다.

연습 5 유형편 유형 17(5-43,44)

여자: 지금의 부엌은 요리를 하고 함께 식사를 하는 공간입니다. 옛날 한옥의 부엌은 이 외에도 신성한 불을 담는 공간이라는 상징적인 의미가 있었습니다. 그래서 ㉠ 전통 한옥의 부엌에서 가장 중요한 것이 이 화덕입니다. 지금 보시는 이 화덕은 난방과 취사를 위해 중요한 역할을 합니다. 화덕은 지역에 따라 기능이 상이합니다. 중북부 지역은 화덕이 난방과 취사를 겸하는 반면, 남부 지역에서는 취사와 난방을 분리했습니다. 제주도는 취사용 화덕을 부엌 바깥 벽 쪽에 따로 마련했습니다. 화덕에서 발생된 연기의 검은 그을음으로 목재 표면이 검게 되는데 이것은 한옥을 유지하는 데 중요한 역할을 합니다. ㉡ 이 검은 그을음은 해충이 목재에 침입하는 것을 막을 뿐만 아니라 썩는 것도 방지해 줍니다.

**43.**

[정답] ①

문제 풀이

㉡에서 검은 그을음은 해충이 목재에 침입하는 것을 박을 뿐만 아니라 썩는 것도 방지해준다고 하였으므로 정답은 ①입니다.

**44.**

[정답] ③

문제 풀이

㉠에서 전통 한옥의 부엌에서 가장 중요한 것이 이 화덕이라고 이야기를 한 후에 화덕에 대한 이야기를 풀어 나가고 있습니다.

유형 18

# 듣고 세부 내용, 화자의 태도 파악하기(강연)

## 연습 2

유형편 유형 18(2-45,46)

여자: ㉠ 예전보다 정치에 대한 사람들의 관심이 많아지고, 참여도 늘고 있습니다. 하지만 여전히 ㉡ 정치에 관심을 갖지 않는 20대가 상당히 많습니다. 그 이유는 정치가 자신의 삶에 큰 영향을 미치지 않는다고 생각하고 있기 때문입니다. 그러나 ㉢ 우리의 삶에서 정치가 미치지 않는 요소는 하나도 없습니다. 모든 것이 정치와 연결되어 있다고 해도 과언이 아니지요. 20대는 정치에 가장 민감해야 하고 적극적이어야 할 세대입니다. 사회에 대한 관심은 나로부터 시작해 우리에 대한 관심으로 나아가는 것입니다. 취업이 걱정이라면 일자리를 만들겠다고 약속하는 정치인에게 투표하세요. 나의 한 표가 얼마나 큰 힘을 가질까 의심하기보다 젊은 세대의 ㉣ 한 표 한 표가 모여 우리를 억누르는 현실을 바꿀 수 있다고 생각하는 것이 정답입니다.

### 45.

[정답] ③

문제 풀이

㉢에서 삶에 정치가 미치지 않는 요소는 하나도 없다고 했으므로 정치와 삶은 긴밀히 연결돼 있다고 할 수 있습니다. 따라서 ③이 정답입니다.

① ㉣에서 투표로 현실을 바꿀 수 있다고 말합니다. ② ㉡에서 대부분의 20대가 정치에 관심이 없다는 것을 알 수 있습니다. ④ ㉠에서 예전에 비해 정치에 관심을 갖는 사람들이 많아졌다고 말하고 있습니다.

### 46.

[정답] ③

문제 풀이

여자는 정치에 관심을 갖는 사람들이 많아졌지만 20대는 정치에 무관심하다고 말합니다. 또한 삶과 정치는 무관하지 않으며, 투표를 통해 현실을 바꿀 수 있다고 말하면서 정치에 관심을 가질 것을 호소하고 있으므로 ③이 정답입니다.

연습 3 유형편 유형 18(3-45,46)

여자: ㉠ 과거 소비자들은 가격, 성능 등 합리적인 판단에 근거하여 상품을 구매하는 경향이 강했는데요. ㉡ 경제가 발전하고 제품 간의 품질에 큰 차이점이 없어지면서 많은 소비자들은 단순한 실용적인 욕구보다는 제품에 담긴 이야기나 자신만의 감성을 자극하는 것에 마음이 움직입니다. 즉 제품이나 서비스를 통해 어떤 가치와 경험을 누릴 수 있는지, ㉢ 매장을 방문했을 때 어떤 느낌을 받느냐가 중요하다는 겁니다. 이에 따라 ㉣ 향기, 음악, 색깔 등의 오감을 활용하여 소비자의 감성을 자극하는 감성 마케팅이 급부상했습니다. ㉤ 백화점 고급 의류 매장에 좋은 향기가 나게 해서 쾌적한 쇼핑 분위기를 조성한다든지, 시간대별로 음악을 달리하여 고객의 구매 심리를 자극한다든지, 아파트 광고에 집의 이미지나 예술적 디자인을 부각시키는 것 등이 감성 마케팅을 활용한 것이라 하겠습니다.

## 45.

[정답] ①

문제 풀이

㉣에서 오감을 활용하여 소비자의 감성을 자극하는 감성 마케팅이 급부상했다고 말하며, 그 예로 ㉤을 보면 매장의 향기, 쾌적한 쇼핑 분위기, 음악 등에 따라 고객의 구매 심리를 자극할 수 있다고 합니다. 구매 심리가 자극되면 판매량도 증가할 수 있으므로 ①이 정답입니다.

② ㉢에서 매장에서 받는 느낌, 매장의 분위기가 중요하다고 말합니다. ③ ㉠에서 과거 소비자들은 제품의 성능을 주로 고려했지만, 경제가 발전하고 제품 간 품질에 큰 차이가 없어진 요즘에는 소비자의 감성을 자극하는 것에 마음이 움직인다고 말합니다. ④ ㉣에서 감성 마케팅은 오감을 활용하여 소비자의 감성을 자극하는 것이라고 말합니다. 또한 그 예로 ㉤을 보면 광고가 아닌 매장의 분위기, 음악 등을 활용한다고 했습니다. 따라서 ①이 정답입니다.

## 46.

[정답] ②

문제 풀이

감성 마케팅이 무엇인지 이야기하고 백화점 매장, 아파트 광고 등 구체적인 사례를 통해 감성 마케팅에 대하여 설명하고 있습니다. 따라서 ②가 정답입니다.

연습 4 유형편 유형 18(4-45,46)

남자: ㉠ 20세기를 대표하는 지성인으로 꼽히는 러셀은 '어떻게 하면 행복해질 수 있을까?'와 같은 주관적이고 추상적인 문제에 관심이 많았습니다. 러셀은 ㉡ 행복을 성취하는 것은 우리 인생 최대의 전투라고 말합니다. 우리는 행복을 종종 일의 결과에서 얻어지는 부산물쯤으로 여기고 있습니다. ㉢ 행복은 엄연히 우리가 있는 힘을 다해 노력해서 달성해야 할 목표이고 본질인데 말입니다. 사람들은 흔히 자신의 결핍이나 욕망, 편견과 마주하는 것을 불편해하지만 그러한 것들과 당당하고 의연하게 맞서는 것이야말로 행복으로 가는 길입니다. 우리 인간에게 있어서 인생의 궁극적인 목표는 행복입니다. 불행에 맞서 싸우는 것을 두려워하거나 체념하지 않고 용감하게 맞서 행복을 쟁취할 준비가 되셨습니까?

**45.**

[정답] ②

문제 풀이

㉡에서 행복은 노력해서 달성해야 할 목표이고 본질이라고 말하고 있으므로 정답은 ②입니다.

① ㉠에서 행복을 성취하는 것은 타인과의 전투가 아니라 스스로 노력해서 달성해야 하는 인생 최대의 전투라고 말하고 있습니다. ③ ㉢에서 주어지는 것이 아니라 있는 힘을 다해 노력해서 달성해야 한다고 말합니다. ④ 전체적인 내용에서 직업이나 결혼을 통해 자연스럽게 도달할 수 있는 것이 아니고 노력해서 쟁취해야 한다고 말하고 있습니다.

**46.**

[정답] ④

문제 풀이

㉠에서 행복은 저절로 주어지는 것이 아니고 행복의 성취를 인생 최대의 전투라고 말하는 학자 러셀의 주장을 인용하여 그에 동조하며 의견을 펼치고 있으므로 정답은 ④입니다.

연습 5 유형편 유형 18(5-45,46)

여자: ㉠ 끔찍한 흉악범들은 이웃, 선생님 혹은 친구들에게서 배려를 받은 적이 없어 사회에 복수하기 위해서 범죄를 저지르는 경우가 많다고 합니다. 이런 사람들에게 누군가 따뜻한 손길을 보냈다면 이 사회는 어떻게 되었을까요? 내가 조금 피해를 보거나 손해를 입는다고 해도 나보다 약한 사람들을 향해 따뜻한 말과 관심을 베푸는 것이 이 사회를 안전하게 만드는 방법입니다. 네덜란드 심리학자의 조사에 따르면 안전할 때, ㉡ 사랑하는 사람과의 관계가 돈독할 때, 인간이 행복해진다고 합니다. 약자에 대한 조그만 배려가 나와 내 이웃을 행복하게 만들 수 있습니다. 이와 더불어 ㉢ 우리 사회의 법과 제도, 정책, 문화와 관행을 약자를 보호하고 배려하는 방향으로 만들어나가야 합니다.

**45.**

[정답] ④

문제 풀이

㉠에서 이웃, 선생님 혹은 친구들에게서 배려를 받은 적이 없다고 말합니다. 이웃, 선생님, 친구가 바로 주위 사람이므로 ④가 정답입니다.

① ㉡에서 사랑하는 사람과의 관계가 돈독할 때 인간은 더 행복해진다고 말합니다. ② 이 이야기에서 흉악범은 사회의 약자입니다. 그런데 ㉢에서 우리 사회의 법과 제도, 정책, 문화와 관행을 약자를 보호하고 배려하는 방향으로 만들어나가야 한다고 말합니다. ③ ㉠에서 흉악범들의 대부분은 배려를 받은 적이 없다고 말합니다. 그러나 배려를 받은 적이 없는 것이 피해자가 된 것은 아니기 때문에 오답입니다.

**46.**

[정답] ①

문제 풀이

이 강연에서 흉악범 중에 많은 사람들이 주위 사람들에게 배려를 받지 못한 약자였다고 말하고 있습니다. 따라서 이들에게 우리가 배려를 하고 관심을 가지면 이들이 행복을 느끼게 되고 그와 더불어 이 사회는 안전해질 수 있다고 주장하고 있습니다. 따라서 정답은 ①번입니다.

## 연습 2

유형편 유형 19(2-47,48)

여자: 섬이나 시골에 사는 분들이나 거동이 불편한 장애인들은 병원에 가는 일이 쉽지 않습니다. 이런 분들이 컴퓨터나 휴대 전화로 진찰을 받는다면 참 편리하겠지요? 이것을 가능하게 해 주는 것이 바로 원격 의료 서비스인데요. 정 박사님, 원격 의료 서비스에 대해서 설명 좀 부탁드립니다.

남자: ㉠ 원격 의료 서비스란 말씀하신 것처럼 의학 기술이나 장비가 취약한 곳의 응급 환자들을 원격으로 진료하는 서비스입니다. ㉡ 작년 9월 18개의 의료 기관이 원격 의료 서비스 시범 사업에 참여하였는데, ㉢ 환자 중 90% 이상이 만족했다는 결과가 나왔습니다. 환자들은 일주일에 2회 이상 혈압을 측정해서 의료 기관에 알리고, 의사는 환자의 혈압 수치를 보고 상담해 주는 방식으로 진행되었어요. 그 결과 환자들은 규칙적인 운동과 약 복용, 사소한 질병 관리에 대한 관심도가 높아져서 혈압이 전보다 나아지는 효과를 얻을 수 있었다고 합니다. 어떤 곳에 있더라도 몸이 아프면 의사를 만날 수 있어야 합니다. 의료 사각지대에 있는 분들을 위해 마련된 원격 의료 서비스가 더욱 활발해지기를 기대해 봅니다.

### 47.

[정답] ③

**문제 풀이**

㉢에서 환자들의 대부분의 원격 의료 서비스에 만족한 것을 알 수 있으므로 ③이 정답입니다.

① ㉡에서 원격 의료 서비스는 작년에 실시된 것을 알 수 있습니다. ② ㉠에서 원격 의료 서비스는 의학 기술이나 장비가 취약한 곳의 응급 환자들을 위해 만들어진 것을 알 수 있습니다. ④ ㉡에서 18개의 의료 기관이 원격 의료 서비스 시범 사업에 참여했음을 알 수 있습니다.

**48.**

[정답] ②

문제 풀이

남자는 원격 의료 서비스를 소개하고, 원격 의료 서비스 시범 사업 결과 환자들이 높은 만족도를 보였다고 했습니다. 따라서 ②가 정답입니다.

## 연습 3

유형편 유형 19(3-47,48)

여자: 최근에 ㉠ 아마존에 사는 식인 물고기가 국내 저수지에서 발견돼 결국 저수지의 물을 다 퍼내는 일까지 벌어진 사건이 있었습니다. 유해 외래 어종의 유입으로 인한 국내 생태계 파괴에 대한 우려의 목소리가 높은데 어떻게 보십니까?

남자: 이번 사건은 ㉡ 관상용으로 기르던 물고기를 무책임하게 버린 데서 생긴 겁니다. 육식성으로 매우 위험한 물고기이기 때문에 저수지 물을 퍼내기까지 했습니다. ㉢ 다행히 개체수가 확산되지 않고 4마리에 그쳤습니다. 하지만 이런 ㉣ 외래 어종이 국내 환경에 적응하여 번식하게 되면 생태계 파괴는 물론 인간의 생명까지 위협할 수 있습니다. 따라서 유해 외래 어종에 대한 관리 규제를 정책적으로 강화하여 개인의 무분별한 구입과 자연으로의 방류를 금지해야 한다고 생각합니다.

**47.**

[정답] ③

문제 풀이

㉡에서 집에서 보기 위해 기르던 관상용 물고기를 무책임하게 버렸다고 말하고 있습니다. 이는 개인의 부주의한 잘못입니다. 또한 ㉣에서 외래 어종으로 인해 생태계가 파괴될 수 있다고 하므로 ③이 정답입니다.

① ㉣에서 외래 어종이 국내 환경에 적응하여 번식하게 되면 인간의 생명을 위협할 수 있다고 했지만 사람을 해친 것은 아닙니다. ② ㉠에서 아마존에 사는 식인 물고기가 국내에서 발견된 것이라고 말하고 있지만 아마존 생태계에 대한 언급은 없습니다. ④ ㉢에서 다행히 개체수는 확산되지 않았다고 말합니다.

**48.**

[정답] ④

문제 풀이

남자는 유해 외래 어종의 국내 생태계 유입 시 발생할 수 있는 위험성에 대해 말하며 해당 어종에 대한 관리 규제를 정책적으로 강화하여 개인의 무분별한 구입과 자연으로의 방류를 금지해야 한다고 말하고 있습니다. 따라서 ④가 정답입니다.

## 연습 4

유형편 유형 19(4-47,48)

여자: ㉠ '정의란 무엇인가'라는 책이 국내에 소개된 후, 우리나라에 인문학 책 읽기 열풍이 시작됐다고 해도 과언이 아닌데요. 대학에서 인문학의 위치는 어떻습니까?

남자: 인문학 열풍 속에서 대학에서의 인문학은 오히려 위기를 맞고 있습니다. ㉡ 지난 5년간 전국 대학에서 사라진 인문계열 학과 수가 400여 개라는 조사 결과가 나왔습니다. 이는 대학의 지적 토대가 무너지고 있음을 말해주는 것입니다. ㉢ 기업에서는 인문학에 대한 필요성을 절감한다면서도 정작 인문학 전공자들의 채용을 꺼리는 모순을 드러내고 있습니다. 이런 현실을 반영하듯 대학에서는 취업이 잘되는 학과를 키우고 취업이 힘든 인문학과는 축소시키고 있습니다. 인문학은 언어, 문학, 철학 등을 연구하는 학문으로서 이에 대한 이해 없이 사회가 유지되기 어렵습니다. 우리 사회와 지성의 근간이 되는 인문학 전공자들이 다양한 인문학적 상상력을 펼칠 수 있도록 정부, 기업, 대학 모두가 힘을 합쳐야 합니다.

**47.**

[정답] ①

문제 풀이

㉡에서 지난 5년 동안 대학에서 사라진 인문계열 학과 수가 400여 개라는 조사 결과가 나왔다고 했으므로 ①이 정답입니다.

② ㉢에서 기업에서 인문학에 대한 필요성은 느끼지만 인문학을 전공한 사람들의 채용은 피하는 모순적인 태도를 보인다고 말합니다. ③ ㉠에서 '정의란 무엇인가'라는 책이 국내에 소개된 이후, 인문학 관련 책을 읽는

사람이 많이 늘어 인문학 열풍이 일었다고 할 수 있을 정도라고 말합니다. ④ ㉡에서 400여 개의 학과가 신설된 것이 아니라 인문학 관련 전공이 사라졌다고 말합니다.

### 48.

[정답] ④

문제 풀이

대학에서 인문계열 학과가 축소된 점, 취업이 잘되는 학과를 키우는 점과 기업에서 인문학 전공자의 채용을 꺼리는 점 등 인문학의 현 위치를 진단하며 정부, 기업, 대학에서 사회와 지성의 근간이 되는 인문학 전공자들이 다양한 인문학적 상상력을 펼칠 수 있게 힘을 합쳐야 한다는 방향을 제시하고 있습니다. 따라서 ④가 정답입니다.

## 연습 5

유형편 유형 19(5-47,48)

여자: 치명적인 질병을 치료하는 방법 중 하나로 장기 이식이 있습니다. ㉠ 기술의 발전으로 장기를 이식받은 수혜자의 생존율은 해를 거듭할수록 높아지고 있습니다. 한준희 교수님, 장기 이식에 대해 구체적으로 설명을 해 주시겠습니까?

남자: 장기 이식은 인체의 조직이나 장기의 기능을 복원하려는 목적으로 기증자의 장기를 수혜자의 인체로 옮기는 것입니다. ㉡ 위가 없다면 장으로 연결해서 살아갈 수 있습니다. 그러나 심장, 간, 신장이 제 기능을 하지 않으면 이를 대체할 장기가 없기 때문에 생명을 이어가기 힘듭니다. 이런 경우 장기 이식이 필요한데 장기를 이식받는 것은 쉬운 일이 아닙니다. 장기 기증자의 수가 수혜자의 수를 따라가기 힘들기 때문에 이식을 받기까지 대기 시간이 깁니다. ㉢ 국내에서 장기를 이식받기까지 걸리는 시간은 평균 500일 정도입니다. ㉣ 장기 이식을 기다리는 환자들은 시간이 갈수록 치명적인 합병증이 발생할 위험이 있기 때문에 생존율과 삶의 질이 떨어집니다. 따라서 이식 대기 시간을 줄이기 위해 장기 기증 문화가 활성화되어야 합니다.

### 47.

[정답] ②

문제 풀이

㉠에서 기술의 발전으로 장기를 이식받은 수혜자의 생존율의 해를 거듭할수록 높아지고 있다고 말합니다. 따라서 정답은 ②번입니다.

① ㉡에서 위가 없다면 장으로 연결해서 살아갈 수 있다고 말합니다. ③ ㉣에서 장기 이식을 기다리는 환자들은 시간이 갈수록 치명적인 합병증이 발생할 위험이 있다고 말합니다. ④ ㉢에서국내에서 장기를 이식받기까지 500일 정도 걸린다고 말합니다.

## 48.

[정답] ③

문제 풀이

이 글에서는 심장, 간, 신장 등이 제 기능을 하지 못할 때 장기 이식이 필요함을 설명하고 장기 기증자 수가 기증 받으려는 환자의 수에 턱없이 못 미치기 때문에 장기 기증 문화가 활성화되어야 한다고 말합니다. 따라서 장기 기증자가 늘어나야 함을 주장한다는 ③이 정답입니다.

## 유형 20 듣고 세부 내용, 화자의 태도 파악하기(강연)

연습 2 유형편 유형 20(2-49,50)

여자: 생물의 유전자를 조작하거나 변형하여 새로운 생물을 만드는 것을 유전 공학이라고 합니다. ㉠ 유전 공학의 대표적인 기술 중 세포 융합 기술은 서로 다른 두 세포를 융합하여 새로운 세포를 만드는 기술입니다. 이 기술을 이용하여 독일에서 감자와 토마토의 세포를 융합해 뿌리에는 감자를 가지에는 토마토를 맺는 '포마토'를 만들어 냈습니다. 일본에서는 배추와 양배추를 세포 융합 시켜 배추의 싱싱함과 양배추의 단맛을 지닌 새로운 품종인 '하쿠란'을 개발하였습니다. ㉡ 이렇게 유전 공학 기술을 농산물 생산에 이용하면 수확량을 늘려 인류의 식량 문제를 해결하는 데 상당한 기여를 할 것이라 생각합니다. 물론 ㉢ 인간의 인위적인 유전자 조작이 생태계 균형을 파괴할 수 있다는 우려가 있지만 적절하게 ㉣ 유전 공학 기술을 잘 이용한다면 식품의 영양이 개선되고, 생산량도 증가해 농가 소득을 높이는 데도 큰 도움이 될 것입니다.

### 49.

[정답] ③

문제 풀이

㉠에서 유전 공학의 대표적인 기술로 세포 융합 기술을 소개하고 있으므로 ③이 정답입니다.

① ㉢에서 유전자 조작을 통해 생태계 균형이 파괴될 수도 있다고 말합니다. ② ㉣에서 유전 공학 기술로 농가 소득을 높일 수 있다고 말합니다. ④ ㉡에서 유전 공학 기술이 식량 문제 해결에 큰 도움이 될 것이라고 말합니다.

### 50.

[정답] ②

문제 풀이

여자는 유전 공학의 대표적인 기술로 세포 융합 기술을 소개하고, 유전 공학 기술을 통해 식량 문제 해결, 식품의 영양 개선, 농가 소득 증대 같은 효과를 얻을 수 있다고 말합니다. 따라서 ②가 정답입니다.

연습 3 유형편 유형 20(3-49,50)

남자: 경제학의 아버지라고 알려진 아담 스미스는 전통적인 경제관에서 벗어나 현대적인 경제 개념을 처음 도입했습니다. ㉠ 아담 스미스는 정부의 간섭이나 개입이 없어도 시장의 기능에 의해 자연스럽게 가격이 결정된다고 주장했습니다. 즉 경쟁을 통해 생산자들이 소비자가 필요한 만큼의 수량을 생산하게 되어 그에 따라 적정 가격이 책정된다는 것입니다. 그러나 ㉡ '보이지 않는 손'에 의한 자유 시장 체제를 주장한 아담스미스의 이론은 시대의 흐름에 따라 수요와 공급의 불균형이 나타나면서 자원 배분이 효율적으로 이루어지지 못하는 문제점을 드러내기 시작했습니다. 그러면서 수요와 공급을 조절하기 위해서 다시 정부가 개입해서 가격을 통제하기 시작했고, 결국 경제 활동에 침체를 불러와 장기적인 경제 불황을 가져오는 원인이 되었습니다. 이런 침체된 경제 활동에 활기를 불어 넣기 위해서는 ㉢ 정부의 역할을 최소화시켜 다시 과거와 같은 보이지 않는 손이 작용하는 자유 경제로 돌아가야 한다고 생각합니다.

## 49.

[정답] ③

문제 풀이

㉠에서 아담스미스는 정부의 간섭이나 개입이  없어도 시장의 기능에 의해 자연스럽게 가격이 결정된다고 주장했는데 이것이 바로 '보이지 않는 손'을 말하는 것이므로 정답은 ③입니다.

① ㉠에서 아담스미스는 정부의 간섭이나 개입이  없어도 시장의 기능에 의해 가격이 결정됨을 강조하고 있습니다. ② ㉢에서 현재의 경제 활동에 활기를 넣기 위해 정부의 역할을 최소화시켜 다시 과거와 같은 보이지 않는 손이 작용하는 자유 경제로 돌아가야 한다고 말하고 있으므로 오답입니다.④ ㉠에서 가격을 합의하는 것이 아니라 자연스럽게 가격이 결정된다고 말합니다.

## 50.

[정답] ②

문제 풀이

과거 아담 스미스의 '보이지 않는 손' 경제 이론을 지지하면서 현재의 침체된 경제 상황에서 다시 이런 '보이지 않는 손'이 필요하다고 주장하고 있으므로 정답은 ②입니다.

## 연습 4 유형편 유형 20(4-49,50)

여자: 옛날부터 말로 전해 내려오는 풍자, 비판, 교훈 등을 간직한 짧은 구절을 속담이라고 합니다. ㉠ 속담은 사람들의 생활관이 반영되고 경험적 과학 지식이 포함되는 경우가 많습니다. ㉡ 속담 속에 숨어 있는 많은 과학적 개념들은 사람들의 경험을 통해서 형성된 것이기 때문에 이론적인 과학 수업보다 더 쉽게 사람들에게 전달됩니다. 예를 들면 '낮말은 새가 듣고 밤 말은 쥐가 듣는다'는 속담에도 과학적 논리가 숨어 있습니다. 낮에는 온도가 높아서 음파가 위로 올라가고 밤에는 온도가 낮아서 음파가 아래로 내려오므로 이런 이야기는 당연한 이치이지요. 소리의 퍼짐에 관한 과학적 원리에 꼭 들어맞습니다. 이 밖에도 '가는 말이 고와야 오는 말이 곱다'는 말도 과학적으로 풀어보면 내가 가는 말이 고우면 돌아올 때 반작용으로 동일하게 돌아온다는 말입니다. 즉 힘은 단독으로 작용하지 않고 상호작용을 한다는 과학 원리가 숨어 있는 것이지요. ㉢ 과학은 보편적 지식이나 법칙의 발견을 목적으로 하는 학문입니다. ㉣ 이런 과학을 품고 있는 속담을 사용하여 유쾌하게 과학적 지식을 전하는 것도 생활 속의 과학을 학습할 수 있는 좋은 방법입니다.

### 49.

[정답] ①

문제 풀이

속담은 사람들의 생활관이 반영되고 경험적 과학 지식이 포함되는 경우가 많다고 하였으므로 정답은 ①입니다. ② ㉣에서 과학 수업을 할 때 속담을 가르치라는 것이 아니고, 속담을 통해 과학을 전하는 것이 좋은 방법이라고 말하고 있습니다. ③ ㉢에서 속담이 아니라 과학은 보편적 진리나 법칙의 발견을 목적으로 하는 지식이라고 말합니다. ④ ㉡에서 속담이 이론적인 과학 수업보다 사람들에게 쉽게 전달된다고 말하고 있으므로 오답입니다.

### 50.

[정답] ②

문제 풀이

속담에 과학적 지식을 품고 있는 경우가 많아서 이런 친근한 속담을 사용하여 유쾌하게 과학적 지식을 전하는 것도 과학을 학습할 수 있는 좋은 방법이라고 말하고 있으므로 정답은 ②입니다.

## 연습 5

유형편 유형 20(5-49,50)

남자: ㉠ 우리는 정보가 넘쳐 나는 세상에 살고 있습니다. 눈을 뜨자마자 전 세계의 경제 상황과 사건, 사고 소식을 접합니다. 수많은 정보가 쏟아져 나오는 현실에서 정보를 수집하고 처리하는 데는 하루 24시간을 다 사용하더라도 모자랍니다. 또한 ㉡ 우리가 정보라고 생각하고 있는 많은 것들은 검증되지 않은 가짜 정보일 때도, 정보를 위장한 광고일 때도 많습니다. 이러한 ㉢ 정보의 홍수 속에서 살아남으려면 유용한 것을 찾고 그 의미를 잘 이해해야 합니다. ㉣ 자신의 생각과 맞는 정보만 받아들여서는 사실을 파악하기가 어렵습니다. 따라서 효율적으로 판단하고 학습하기 위해서 정보를 정리할 줄 알아야 합니다. 구슬이 서 말이어도 꿰어야 보배라는 말이 있습니다. ㉤ 정보의 접근성이 높아졌다고 정보를 효과적으로 활용할 수 있는 것은 아닙니다. 정보의 홍수 속에서 빠른 시간에 옥석을 가리는 능력을 키워야 경쟁 사회에서 살아남을 것입니다.

### 49.

[정답] ②

문제 풀이

㉠에서 우리는 정보가 넘쳐나는 세상에 살고 있다고 말합니다. 이는 과거에 비해 정보가 많다는 의미로 접근성이 높아졌다고 볼 수 있습니다. 또한 ㉤에서도 정보의 접근성이 높아졌다는 표현이 나옵니다. 따라서 ②가 정답입니다.

① ㉢에서 정보의 홍수 속에서 살아남으려면 유용한 것을 찾고 그 의미를 잘 이해해야 한다고 말합니다. 이는 양보다는 정보의 질이 중요하다는 것입니다. ③ ㉡에서 우리가 정보라고 생각하고 있는 많은 것들이 가짜 정보거나 정보를 위장한 광고라고 말합니다. 가짜 정보와 정보를 위장한 광고는 믿을 수 없습니다. 그러나 모든 정보가 믿을 수 없는 것은 아니기 때문에 매일 쏟아져 나오는 정보를 다 믿을 수 없다는 것은 오답입니다. ④ ㉣에서 자신의 생각과 맞는 정보만 받아들여서는 사실을 파악하기가 어렵다고 말합니다.

### 50.

[정답] ②

문제 풀이

현대 사회는 정보의 홍수이기 때문에 많은 정보 속에서 빠른 시간 안에 유용한 정보를 찾고 효율적으로 판단하고 정리해야 한다고 말합니다. 그래야 경쟁 사회에서 살아남을 수 있다고 말합니다. 따라서 남자는 정보를 선별하는 눈을 키워야 함을 강조하고 있다는 ②가 정답입니다.

# 2

# 실전편
# 정답 및 듣기 지문

연세 토픽 II

듣기

# 실전 1회 문항 구성표

| 대문항 | 문항 유형 | 소문항 | 주제 | 담화 유형 | 배점 |
|---|---|---|---|---|---|
| 1 | 알맞은 그림 고르기 | 1 | 쇼핑 | 대화 | 2점 |
| | | 2 | 영화 관람 | 대화 | 2점 |
| | | 3 | 쇼핑 장소 | 뉴스 | 2점 |
| 2 | 이어지는 말 고르기 | 4 | 장학금 | 대화 | 2점 |
| | | 5 | 진료 예약 | 대화 | 2점 |
| | | 6 | 결혼식 참석 | 대화 | 2점 |
| | | 7 | 소음 문제 | 대화 | 2점 |
| | | 8 | 단수 공지 | 대화 | 2점 |
| 3 | 이어지는 행동 고르기 | 9 | 감기 | 대화 | 2점 |
| | | 10 | 집 계약 | 대화 | 2점 |
| | | 11 | 액세서리 구입 | 대화 | 2점 |
| | | 12 | 현장 학습 | 대화 | 2점 |
| 4 | 세부 내용 파악하기 | 13 | 청춘 기차표 | 대화 | 2점 |
| | | 14 | 아파트 난방 | 안내 방송 | 2점 |
| | | 15 | 재활용 기부 자판기 | 안내 뉴스 | 2점 |
| | | 16 | 직업 체험관 | 인터뷰 | 2점 |
| 5 | 중심 생각 고르기 | 17 | 음원 내려받기 | 대화 | 2점 |
| | | 18 | 영화관 이용 | 대화 | 2점 |
| | | 19 | 승용차 요일제 | 대화 | 2점 |
| | | 20 | 식사 모임 | 인터뷰 | 2점 |
| 6 | 중심 생각, 세부 내용 파악하기 | 21-22 | 미신 | 대화 | 각 2점 |
| 7 | 특정 정보, 세부 내용 파악하기 | 23-24 | 소방 안전 체험 교육 | 대화 | 각 2점 |

| 대문항 | 문항 유형 | 소문항 | 주제 | 담화 유형 | 배점 |
|---|---|---|---|---|---|
| 8 | 중심 생각, 세부 내용 파악하기 | 25-26 | 움직이는 관광 안내소 | 인터뷰 | 각 2점 |
| 9 | 화자의 의도, 세부 내용 파악하기 | 27-28 | 동성애 | 대화 | 각 2점 |
| 10 | 특정 정보, 세부 내용 파악하기 | 29-30 | 가구 업체 | 인터뷰 | 각 2점 |
| 11 | 화자의 생각, 태도 고르기 | 31-32 | 담뱃세 인상 | 대화 | 각 2점 |
| 12 | 중심 내용, 세부 내용 파악하기 | 33-34 | 칭찬 | 강연 | 각 2점 |
| 13 | 특정 정보, 세부 내용 파악하기 | 35-36 | 운동선수의 은퇴 | 축사 | 각 2점 |
| 14 | 중심 생각, 세부 내용 파악하기 (교양 프로그램) | 37-38 | 음악 치료 | 인터뷰 | 각 2점 |
| 15 | 앞의 내용 추론, 세부 내용 파악하기 (대담) | 39-40 | 한국 민속촌 | 인터뷰 | 각 2점 |
| 16 | 세부 내용, 중심 생각 파악하기 (강연) | 41-42 | 사회 쇠약 증후군 | 강연 | 각 2점 |
| 17 | 세부 내용, 중심 내용 파악하기 (다큐멘터리) | 43-44 | 학용품 시장 | 다큐멘터리 | 각 2점 |
| 18 | 세부 내용, 화자의 태도 파악하기 (강연) | 45-46 | 재테크 | 강연 | 각 2점 |
| 19 | 세부 내용, 화자의 태도 파악하기 (대담) | 47-48 | 진주 등축제 | 대담 | 각 2점 |
| 20 | 세부 내용, 화자의 태도 파악하기 (강연) | 49-50 | 뇌 과학 | 강연 | 각 2점 |

| 실전 1회 정답 | | | | | | | | | |
|---|---|---|---|---|---|---|---|---|---|
| 1 | 2 | 3 | 4 | 5 | 6 | 7 | 8 | 9 | 10 |
| ③ | ① | ③ | ① | ② | ④ | ③ | ④ | ③ | ③ |
| 11 | 12 | 13 | 14 | 15 | 16 | 17 | 18 | 19 | 20 |
| ④ | ③ | ① | ③ | ② | ② | ① | ④ | ④ | ③ |
| 21 | 22 | 23 | 24 | 25 | 26 | 27 | 28 | 29 | 30 |
| ② | ① | ③ | ④ | ④ | ② | ② | ④ | ④ | ① |
| 31 | 32 | 33 | 34 | 35 | 36 | 37 | 38 | 39 | 40 |
| ④ | ③ | ③ | ② | ① | ③ | ④ | ① | ④ | ② |
| 41 | 42 | 43 | 44 | 45 | 46 | 47 | 48 | 49 | 50 |
| ① | ② | ④ | ③ | ② | ④ | ② | ③ | ④ | ② |

## 실전 1회 듣기 지문

실전편 실전 1(1~50)

※ [1~3] 다음을 듣고 알맞은 그림을 고르십시오. (각 2점)

**1.** 남자: 어서 오세요.
여자: 저, 어제 여기에서 산 원피스인데, 집에 가서 다시 입어 보니까 좀 작던데요.
남자: 손님, 그럼 한 치수 큰 걸로 보여 드릴까요?

**2.** 여자: 오늘 영화 어땠어요?
남자: 영화가 무서울까 봐 걱정했는데 생각보다 무섭지 않아서 좋았어요. 배우들의 연기도 인상적이었고요.
여자: 그래요? 저는 많이 무섭던데요.

3. 남자: 한국인 주부를 대상으로 자주 찾는 쇼핑 장소를 조사한 결과 대형 마트를 가장 많이 이용하는 것으로 나타났습니다. 그 다음으로는 백화점과 전통 시장이 뒤를 이었는데, 지난해에 비해서 대형 마트 이용객은 증가했지만 전통 시장 이용객은 크게 줄어든 것으로 조사되었습니다.

※ [4~8] 다음 대화를 잘 듣고 이어질 수 있는 말을 고르십시오. (각 2점)

4. 남자: 이번에 장학금을 받았다면서요? 정말 대단하네요.
여자: 열심히 했을 뿐인데……. 장학금을 받을 거라고는 생각도 못했어요.
남자: ______________________________

5. 남자: 수요일 오전에 예약했는데요, 진료 예약 시간을 오후로 바꿀 수 있을까요?
여자: 수요일 오후 예약은 다 찼습니다.
남자: ______________________________

6. 남자: 금요일에 해외로 출장가게 돼서 결혼식에 못 갈 것 같아.
여자: 정말? 친한 친구인 네가 못 가면 미선이가 섭섭해하지 않겠어?
남자: ______________________________

7. 여자: 옆집에 사는 사람인데요, 피아노 소리 때문에 잠을 못 자겠어요.
남자: 죄송해요. 주말에 피아노 대회가 있거든요. 앞으로 늦은 시간에는 피아노 치는 일이 없도록 할게요.
여자: ______________________________

8. 여자: 저, 물이 안 나오는데요.
남자: 어제 기숙사 게시판에 공지를 했는데 못 봤어요? 오늘 오전 8시부터 11시까지 물을 사용할 수 없어요.
여자: ______________________________

※ [9~12] 다음 대화를 잘 듣고 여자가 이어서 할 행동으로 알맞은 것을 고르십시오. (각 2점)

9. 여자: (따르릉) 감기는 좀 괜찮아졌어요?
남자: 아니요. 어제부터 기침도 더 심해진 데다가 목도 많이 아파요. 모레 중요한 발표를 해야 하는데 걱정이에요.
여자: 우리 집에 감기에 좋은 차가 있는데 지금 좀 가져다 드릴까요?
남자: 직접 가져다 주신다고요? 정말 고마워요.

10. 여자: 어제 제일 처음에 구경했던 학교 앞에 있는 집을 계약하고 싶어요.
남자: 결정을 잘 하셨어요. 계약하시려면 계약금 100만 원하고 신분증이 필요해요.
여자: 그럼 먼저 은행에 들렀다가 올게요. 삼십 분쯤 걸릴 거예요.
남자: 그래요. 저는 집주인한테 부동산으로 오라고 연락해 놓을게요.

11. 여자: 제가 낄 반지를 좀 사려고 하는데요. 아무 장식이 없는 금반지로요.
남자: 요즘은 손님들이 화려한 것보다 장식이 없는 걸 많이 찾으시네요. 이 반지를 한번 껴 보시겠어요? 가격은 10만 원이에요.
여자: 가격도 괜찮고 반지도 마음에 들어요. 근데 손가락에 꽉 끼네요. 조금만 더 컸으면 좋겠어요.
남자: 더 큰 사이즈는 따로 주문하셔야 해요. 집까지 택배로 보내 드릴 테니까 계산만 먼저 해 주세요.

**12.** 여자: 김 선생님, 이틀 동안 고생하셨어요. 선생님이 안 계셨으면 학생들을 인솔하기 힘들었을 거예요.

남자: 고생스럽긴 했지만 이번 현장 학습은 다양한 활동이 많아서 학생들 반응도 좋고 저도 재미있었어요.

여자: 다행이네요. 결과 보고서는 제가 쓸 테니까 김 선생님이 현장 학습 때 찍은 사진을 홈페이지에 좀 게시해 주시겠어요?

남자: 그럴게요. 이따가 사진을 정리해서 오늘 저녁까지 홈페이지에 올릴게요.

※ [13~16] 다음을 듣고 내용과 일치하는 것을 고르십시오. (각 2점)

**13.** 여자: 일주일 정도 국내 여행을 하고 싶은데 교통비가 생각보다 많이 들 것 같아요.

남자: '청춘 기차표'라고 일주일 동안 마음껏 기차를 이용할 수 있는 표가 있어요. 그걸 사서 여행하면 돈을 많이 아낄 수 있을 거예요.

여자: 와, 그렇게 좋은 게 있단 말이에요? 정말 잘 됐네요.

남자: 네, 25세 이하면 누구든지 살 수 있으니까 한번 알아보세요.

**14.** 여자: 안내 말씀 드리겠습니다. 최근 기온이 영상 25도 이상으로 상승함에 따라 세대 난방 사용량이 현저하게 감소하여 7월 1일부터 8월 31일까지 난방 공급을 중단합니다. 날씨의 변동 상황에 따라 습도나 온도 등을 검토하여 필요한 경우 일시적으로 난방을 공급할 예정입니다. 주민 여러분들께서는 참고하여 주시기 바랍니다.

**15.** 남자: 서울 명동에 재활용품을 모을 수 있는 자판기가 설치되었습니다. 이 재활용 기부 자판기는 지난해 11월 한 시민이 서울시 홈페이지에 아이디어를 제안하고 서울시가 이를 채택해 등장하게 되었습니다. 다 마신 음료수 병이나 종이를 쓰레기통에 버리지 않고 자판기에 넣으면 불우 이웃을 도울 수 있습니다. 서울시는 시민들이 넣은 재활용품들을 팔아서 모은 수익금은 노숙자들이나 독거노인들에게 기부한다고 합니다.

**16.** 여자: 어린이들의 진로 교육을 위해 국내 최대 규모의 종합 직업 체험관을 개관하셨는데요. 소개해 주십시오.

남자: 저희 체험관에서는 어린이들이 다양한 직업을 체험해 볼 수 있을 뿐만 아니라 놀이형 검사를 통해 자신의 적성에 맞는 직업을 알아볼 수 있습니다. 또한 직업의 역사와 첨단 직업에 대한 정보를 제공하여 다양한 직업에 대해 이해하는 데 도움을 주고 있습니다. 개관한 지 한 달이 안 됐지만 입소문을 듣고 자녀와 함께 찾아오는 타 지역의 학부모님들도 많아졌습니다.

※ [17~20] 다음을 듣고 남자의 중심 생각을 고르십시오. (각 2점)

**17.** 남자: 와, 미선 씨 컴퓨터에 음악 파일이 정말 많네요. 이 음악을 사는 데 돈을 많이 썼겠어요.

여자: 돈을 쓰기는요. 무료로 음악 파일을 내려받을 수 있는 곳이 얼마나 많은데요.

남자: 무료로 받았다고요? 음악은 가수의 열정과 노력으로 만들어진 작품인데, 무료로 내려받는 건 문제가 있다고 생각해요. 정당한 가격을 내고 음악을 들어야 가수들이 좋은 음악을 계속 만들 수 있잖아요.

**18.** 남자: 아직 영화 상영 시간까지 시간이 있는데, 먹을 것을 좀 사 가지고 갈까요?

여자: 영화관은 여러 사람들이 모여서 함께 영화를 보는 공공장소인데, 영화 상영 중에 음식을 먹으면 다른 사람들이 영화를 보는 데 방해가 되지 않을까요?

남자: 자극적인 냄새가 나거나 먹을 때 시끄러운 소리가 나는 음식만 아니라면 괜찮을 것 같은데요.

**19.** 남자: 요즘 일주일에 한 번 차를 운전하지 않는 날을 정해 놓고 해당 요일에는 차를 운행하지 않는 '승용차 요일제'에 동참하는 사람들이 늘고 있대요.

여자: 그래요? 그런데 늘 차를 이용하던 사람들은 불편하지 않을까요?

남자: 좀 불편하긴 하겠지만 일주일에 하루라도 대중교통을 이용하면 에너지를 절약할 수 있잖아요. 또 출퇴근 시간의 교통 혼잡도 줄어들 테니까 일석이조지요.

여자: 일주일에 한 번 차를 타지 않는다고 해서 에너지 절약에 큰 도움이 될까요?

**20.** 여자: 요즘 혼자 밥을 먹는 사람이면 누구나 참여할 수 있다는 식사 모임 '집밥'이 큰 인기를 끌고 있는데요. 하상진 씨, 이런 모임을 어떻게 만들게 되었습니까?

남자: 최근 1인 가구의 증가로 혼자 식사를 해결하는 사람들이 늘어나고 있는데요. 혼자 식사를 하게 되면 인스턴트 음식을 많이 먹게 되고, 대화 없이 식사를 하다 보니 급하게 식사를 끝내는 경우도 많습니다. 그래서 혼자 사는 사람들이 모여서 밥을 만들어 먹는 모임을 만들면 어떨까 하는 생각을 하게 되었어요. 같이 만나서 요리도 하고, 밥도 먹고, 사회에 대한 이야기를 나누면서 밥이라는 매개체로 다른 사람들과 함께 하는 의미를 배우는 것이지요.

※ [21~22] 다음을 듣고 물음에 답하십시오. (각 2점)

여자: 어제 친구들하고 같이 학교 앞에 있는 점집에 가서 점을 봤는데, 이번에 지원할 회사에 결국 합격하지 못할 거래. 그래서 그 회사에 지원하지 말까 봐.

남자: 재미로 보는 점을 그렇게 믿는단 말이야? 점은 그냥 미신일 뿐이잖아. 중요한 일을 앞두고 점을 보는 걸 이해할 수는 있지만 그걸 무조건 믿는 건 옳지 않다고 생각해.

여자: 점을 보는 게 비과학적이라고들 하지만 나는 점을 믿어. 실제로 점으로 중요한 일을 결정하는 사람들도 많잖아.

남자: 비과학적인 점에 의존해서 어떤 일을 판단하거나 결정하는 건 아니라고 생각해. 모든 일은 자신의 노력에 따라 얼마든지 달라질 수 있다고 생각하거든.

※ [23~24] 다음을 듣고 물음에 답하십시오. (각 2점)

남자: 여보세요, 중부소방서이지요? 어린이 소방 안전 체험 교육이 있다고 해서 문의 드리려고 하는데요. 아이들이 어떤 체험을 해 볼 수 있습니까?

여자: 소방차와 화재 진압 장비를 구경하고, 불조심과 관련된 주제의 만화로 안전 교육을 받습니다. 그리고 화재를 신고하는 방법을 배우고 소방관 체험도 해 볼 수 있습니다.

남자: 아이들에게 유익한 경험이 되겠네요. 그럼 신청은 어떻게 합니까?

여자: 소방 안전 본부 홈페이지에서 먼저 회원 가입을 하신 후 예약하시면 됩니다. 소방서 별로 참가 가능 인원수와 교육 시간이 다르니까 예약 전에 꼭 확인하시고요.

※ [25~26] 다음을 듣고 물음에 답하십시오. (각 2점)

여자: 전국 유명 관광 명소에 '움직이는 관광 안내소'가 운영되고 있다고 들었습니다. 어떻게 이런 관광 안내소를 만들게 됐는지 설명 좀 부탁드립니다.

남자: 관광 공사에서 외국인 관광객의 가장 큰 불편 사항인 언어 소통 문제를 해결하기 위해서 '움직이는 관광 안내소' 서비스를 시작하게 되었습니다. 움직이는 관광 안내소란 각기 다른 언어를 구사하는 2명이 한 팀으로 구성된 관광 안내원을 일컫는데, 이들은 도움을 필요로 하는 외국인을 발견하면 먼저 다가가 도움을 제공하는 찾아가는 서비스를 펼칩니다. 안내원들은 모두 자원 봉사자들이며, 관광 정보 안내와 통역 서비스는 물론 소지품 분실 처리 같은 다양한 서비스를 제공합니다. 움직이는 관광 안내소는 한국의 관광 산업 활성화에 큰 역할을 할 것으로 예상됩니다.

※ [27~28] 다음을 듣고 물음에 답하십시오. (각 2점)

여자: 어제 뉴스에서 미국의 모든 주에서 동성 결혼이 합법화됐다고 하더라.

남자: 응. 나도 뉴스를 봤어. 그런데 나는 아직도 동성애가 좀 낯설고 불편해.

여자: 낯설고 불편하다는 건 동성애를 잘 몰라서 그런 것이 아닐까? 나는 오늘 서울 광장에서 국내 동성애자 축제가 있다고 해서 동아리 친구들하고 그 축제에 한번 가 볼까 해.

남자: 정말? 어떻게 거기에 갈 생각을 다 했어?

여자: 동성애가 합법화되는 게 세계적인 추세인데, 나는 아직 동성애에 대해서 잘 모르거든. 축제에 가면 동성애를 잘 알고 이해하는 데 도움이 될 것 같아. 축제 일정을 보니까 다양한 공연도 하고, 동성애를 다룬 영화도 상영하더라.

※ [29~30] 다음을 듣고 물음에 답하십시오. (각 2점)

여자: 자신의 가구를 직접 만들고 싶어하는 사람들이 많아지면서 요즘 목수라는 직업이 인기를 끌고 있는데요. 어떻게 이 직업을 선택하셨고, 이 일의 매력은 무엇이라고 생각하십니까?

남자: 처음에는 취미로 목공을 시작했습니다. 나무의 느낌이 좋고 보고 있으면 마음이 편해졌습니다. 이미 재단된 목재를 조립하는 수준이었지만 나무를 다듬는 동안 시간 가는 줄 모르겠더군요. 우리 가족이 쓸 가구를 만들다가 가구가 너무 많아져서 주위에 나눠 줬는데 다들 무척 좋아했습니다. 10년쯤 취미로 목공을 하다가 지난해 가구 사업을 시작하게 되었습니다. 저는 대학 교직원이었는데, 그 일을 그만두고 여행사 직원, 인테리어업체 사장이었던 동호회 회원과 함께 셋이 가구 사업을 시작했습니다. 아직 큰돈을 벌지는 못하지만 함께 디자인한 가구를 만들어내는 과정에서 기쁨과 성취감을 느낀답니다.

※ [31~32] 다음을 듣고 물음에 답하십시오. (각 2점)

여자: 다음 달부터 담뱃세가 인상돼 담배 값이 2,000원 오른다고 합니다. 정부에서는 흡연율 감소 방안으로 담뱃세를 인상한다고 하지만 저는 효과가 없다고 생각합니다.

남자: 영국의 경우 담뱃세 인상 이후 최근 5년간 담배 소비량이 꾸준히 줄고 있다고 합니다. 담뱃세 인상이 흡연 인구 감소에 영향을 미친 것이지요.

여자: 글쎄요. 흡연율이 일시적으로 줄 수도 있겠지만 금연 효과는 잠깐일 거라고 생각하는데요. 담뱃세 인상과 관련된 또 하나 문제는 인상된 세금의 사용처가 불분명하다는 것입니다.

남자: 보건복지부 홈페이지에 담뱃세 인상으로 거둔 세금은 국민 건강 증진 사업에 쓰인다고 사용처를 분명히 밝히고 있습니다.

※ [33~34] 다음을 듣고 물음에 답하십시오. (각 2점)

여자: 대부분의 부모들이 칭찬의 중요성을 인식하고 있지만 칭찬의 부작용에 대해서는 간과하는 경향이 있습니다. 칭찬의 긍정적인 면을 무시할 수 없는 것은 사실입니다. 하지만 잘못된 칭찬은 오히려 독이 될 수 있습니다. 적절치 않은 과한 칭찬은 불안을 조장하는데, 과한 칭찬에 익숙한 아이들은 하루라도 칭찬을 받지 못하면 불안해합니다. 또 아이들은 자신을 칭찬의 수준에 맞추기 위해서 노력하면서 스트레스를 받습니다. 부모들의 결과 중심의 칭찬 방식도 아이들에게 결과에 대한 부담을 주게 됩니다. 결과를 칭찬하는 부모 밑에서 자란 아이들은 기대에 못 미치는 결과가 나오면 쉽게 자존감을 잃습니다. 이렇듯 칭찬은 그 방법에 따라 아이에게 득이 될 수도, 독이 될 수도 있습니다.

※ [35~36] 다음을 듣고 물음에 답하십시오. (각 2점)

남자: YS팀의 투수 김강호입니다. 그동안 정말 분에 넘치는 많은 사랑을 받았고 그 힘으로 여기까지 올 수 있었습니다. 선배, 후배들 그리고 팬들에게 진심으로 감사의 마음을 전합니다. 야구 선수 생활을 하는 동안 제게 가장 큰 힘이 되었던 건 우리 주위의 아버님들이었습니다. 나이가 들었는데도 계속 뛰고 있는 저를 보며 힘이 나신다며 손을 꼭 쥐어 주시던 아버님들, 그분들에게서 힘을 얻었고, 그분들에게 희망을 드리고 싶어 더 열심히 했습니다. 제 은퇴 결정은 결코 갑작스럽거나 충동적으로 이뤄진 것이 아닙니다. 저는 이제 선수로서는 은퇴하지만 또 다른 도전을 통해 새로운 인생을 개척하려고 합니다.

지도자로서의 두 번째 인생에서도 좋은 모습을 보여 드리겠습니다.

※ [37~38] 다음은 교양 프로그램입니다. 잘 듣고 물음에 답하십시오. (각 2점)

여자: 김 박사님, 최근 음악 치료에 대한 관심이 늘고 있는데요, 음악 치료에 대해 잘 모르는 분들을 위해 소개 좀 부탁드립니다.

남자: 음악 치료는 전쟁의 충격으로 고통스러워하는 군인들을 치료하는 과정에서 시작됐습니다. 현재는 음악 치료가 심리적으로 문제가 되는 환자를 대상으로 실시되고 있습니다. 우울증 환자의 경우 환자의 기분과 일치되는 분위기의 음악으로 치료를 시작해 점차 밝은 분위기의 음악으로 유도하는데, 음악의 변화로 환자의 심리 상태를 변화시키는 것입니다. 특별히 아픈 경우가 아니더라도 음악 치료는 아이들의 정서 발달과 창의력을 향상시키는 데에도 도움이 됩니다. 이처럼 음악 치료는 다양한 영역에서 긍정적인 영향을 미치고 있습니다. 앞으로 음악 치료 분야가 더욱 발전하기를 기대해 봅니다.

※ [39~40] 다음은 대담입니다. 잘 듣고 물음에 답하십시오. (각 2점)

여자: 한국 민속촌이 만들어진 데에는 그런 시대적인 배경이 있었군요. 그런데 최근 한국 민속촌에 대대적인 변화가 있어 화제인데, 어떤 변화가 있었는지 설명 좀 해 주십시오.

남자: 이전까지 한국 민속촌은 지루하고 따분한 인상이었고, 이런 이미지는 사람들에게 한국 민속촌을 외면하게 만들었습니다. 그런데 옛 향수를 가진 50대 이상의 관람객들만 찾던 민속촌이 최근 변신을 했습니다. 조선시대 전통 가옥과 풍경을 재현하는 것을 넘어서 당시 인물까지 그대로 재현한 것이지요. 관람객은 조선시대 복장을 한 다양한 인물들을 만나면서 시간 여행을 온 것 같은 착각을 하게 됩니다. 이런 민속촌의 변화로 이십 대와 삼십 대의 관람객 비율이 작년에 비해 30%나 늘어났습니다. 이제 민속촌은 '보여 주는 박물관'에서 누구나 쉽고 재미있게 전통문화를 만나고 즐기는 공간으로 변화해 국내외 모든 사람들에게 사랑을 받는 관광지로 성장할 것입니다.

※ [41~42] 다음은 강연입니다. 잘 듣고 물음에 답하십시오. (각 2점)

남자: 많은 사람들이 노인들에 대해 부정적인 인식을 갖고 있습니다. 노인들은 신체적으로 건강하지 않아 일의 능률이 떨어지고, 사고의 유연성이 부족해 젊은 사람들과 충돌이 잦다고 생각하는 경우가 많습니다. 이러한 노인에 대한 부정적 인식은 노인들을 무기력하게 만들어 타인에게 의존적인 존재가 되게 합니다. 노인에 대한 부정적 인식이 노인들의 노년기 적응과 발달에 좋지 않은 영향을 끼치는 것을 '사회 쇠약 증후군'이라고 합니다. 사회에서 노인을 쓸모없는 존재로 인식하는 노인 경시 풍조는 바람직하지 않습니다. 이제 노인들을 바라보는 인식이 바뀌어야 합니다, 노인들이 쌓아 왔던 경험을 활용할 수 있는 방안을 찾고, 소외된 노인을 위한 복지 제도가 마련되어야 할 것입니다. 이렇게 노인을 바라보는 인식이 달라지면 노인들도 자신을 가치 있는 존재로 여기고 적극적으로 노년의 삶을 누릴 수 있을 것입니다.

※ [43~44] 다음은 다큐멘터리입니다. 잘 듣고 물음에 답하십시오. (각 2점)

여자: 서울시 종로구 창신동에는 길이 200m의 골목 양옆으로 어린이들의 학용품을 파는 도매 상가들이 몰려 있습니다. 1960년대 동대문역 앞에서 볼펜을 팔던 것이 시초가 돼서 우리나라 최대의 문구 전문 시장으로 자리 잡아 90년대까지는 전국에서 물건을 사러 온 소매상들의 차량이 줄을 이었습니다. 그러나 이 골목은 언젠가부터 사람들의 발길이 뜸해졌습니다. 인터넷 쇼핑의 발달과 저출산으로 인한 문구 소비 인구의 감소 때문입니다. 시중보다 30% 정도 저렴하고 커다란 문구 단지가 형성되었다는 점 덕분에 그나마 명맥이 유지되고는 있지만 동네 문방구가 사라지고 있어서 거래처가 없어지는 등 어려움을 겪고 있습니다. 단순한 시장을 넘어 우리 시대의 애환이 담긴 이곳이 다시 사람들의 발길로 분주해지기를 꿈꿔 봅니다.

※ [45~46] 다음은 강연입니다. 잘 듣고 물음에 답하십시오. (각 2점)

여자: '공부를 안 하고 시험 점수를 올리는 방법이 있을까?' 학창 시절에 이런 생각 한번 안 해 본 학생이 없을 것입니다. 물론 그런 방법은 없습니다. 재테크도 비슷한데요, 노력하지 않고 돈을 모으기는 힘듭니다. 여러분도 아시다시피 돈을 모으는 방법은 크게 두 가지인데, 부동산이나 증권에 투자를 해서 돈을 모으는 방법과 평소에 절약해서 돈을 저축하는 방법이 있습니다. 이 두 가지 방법에는 차이가 있는데, 전자는 돈을 크게 벌 수 있지만 위험이 따릅니다. 반면 절약으로 돈을 모으는 건 나만 잘하면 됩니다. 큰 수익을 기대하기 어려울지 몰라도 가장 확실한 방법이지요. 저축을 늘리는 데 인색하면 안 됩니다. 10년 후의 목표를 기억하십시오. 미래를 위해 지금의 소비를 줄이는 건 힘든 일이지만 10년 뒤의 목표가 뚜렷하면 돈을 모으는 재미가 생길 것입니다. 미래의 나는 현재보다 늙고, 정신적으로나 육체적으로 돈을 벌기가 더 힘든 것만은 확실합니다. 따라서 건강한 지금 미래를 준비하는 것은 결코 현재를 낭비하는 것이 아니라고 생각합니다.

※ [47~48] 다음은 대담입니다. 잘 듣고 물음에 답하십시오. (각 2점)

여자: 진주시에는 진주시만의 독특하면서도 개성적인 행사가 많이 있는 것으로 알고 있습니다. 그 중에서 특히 주목할 만한 것이 최근 성황리에 막을 내린 진주 등축제인데요. 등축제의 성공이 지역에 미친 영향과 향후 등축제 세계화 전략에 대해서도 말씀해 주십시오.

남자: 진주 등축제는 3년 연속 대한민국 대표 축제로 선정되면서 한국 축제 문화 산업의 본보기로 성장해 나가고 있습니다. 경제적인 측면에서도 300만 명의 관광객과 2,000억 원의 지역 경제 파급 효과를 가져왔습니다. 또한 우리나라 축제 사상 최초로 캐나다에 축제를 수출해 세계인의 주목을 받았습니다. 내년부터는 전통 등 개발 연구소를 설치하고, 첨단 기술을 활용한 등도 제작할 예정입니다. 앞으로 진주 등축제는 한국을 벗어나 세계적인 등축제로 도약하기 위해서 세계 각국의 유명한 등도 전시할 예정입니다.

※ [49~50] 다음은 강연입니다. 잘 듣고 물음에 답하십시오. (각 2점)

여자: 우주에서 가장 복잡한 것은 인간의 뇌입니다. 뇌는 천억 개의 신경 세포로 연결돼 있습니다. 이렇게 복잡한 뇌가 어떻게 작용하는지는 아직까지 명확하게 밝혀지지 않았지만 최근 뇌 속의 정보를 읽고 전달하는 뇌 스캐닝 분야가 주목을 받고 있습니다. 현재는 초보 단계에 있지만 완전한 기술이 개발된다면 적용 분야는 무궁무진합니다. 의사는 뇌 스캐닝을 통해 자신의 생각을 표현할 수 없는 사람들의 내면을 더 잘 알 수 있고, 경찰들은 이 기술을 이용해 용의자의 뇌 속을 살펴봄으로써 수사에 도움을 받을 수 있습니다. 그러나 인간의 내면을 읽어내는 이 기술은 윤리적인 문제를 일으킬 수 있습니다. 당사자의 동의 없이 그 사람의 생각이나 감정을 알아낼 수 있기 때문입니다. 하지만 기술의 악용을 막을 수 있는 대책만 마련된다면 뇌 스캐닝 기술은 인류 발전에 큰 영향을 끼칠 것입니다.

## 실전 2회 문항 구성표

| 대문항 | 문항 유형 | 소문항 | 주제 | 담화 유형 | 배점 |
|---|---|---|---|---|---|
| 1 | 알맞은 그림 고르기 | 1 | 구두 수선 | 대화 | 2점 |
| | | 2 | 집들이 | 대화 | 2점 |
| | | 3 | 출퇴근 교통 | 뉴스 | 2점 |
| 2 | 이어지는 말 고르기 | 4 | 쇼핑 | 대화 | 2점 |
| | | 5 | 영화 | 대화 | 2점 |
| | | 6 | 복권 | 대화 | 2점 |
| | | 7 | 해외 봉사 | 대화 | 2점 |
| | | 8 | 시험 준비 | 대화 | 2점 |
| 3 | 이어지는 행동 고르기 | 9 | 날씨와 생활 | 대화 | 2점 |
| | | 10 | 미술관 해설 | 대화 | 2점 |
| | | 11 | 에어컨 청소 | 대화 | 2점 |
| | | 12 | 노트북 | 대화 | 2점 |
| 4 | 세부 내용 파악하기 | 13 | 안심 택배 보관함 | 대화 | 2점 |
| | | 14 | 불법 주차 | 안내 방송 | 2점 |
| | | 15 | 어린이대공원 | 안내 뉴스 | 2점 |
| | | 16 | 학교 행사 | 인터뷰 | 2점 |
| 5 | 중심 생각 고르기 | 17 | 동호회 | 대화 | 2점 |
| | | 18 | 식습관 | 대화 | 2점 |
| | | 19 | 서울광장 | 대화 | 2점 |
| | | 20 | 공연 | 인터뷰 | 2점 |
| 6 | 중심 생각, 세부 내용 파악하기 | 21-22 | 해외 여행 | 대화 | 각 2점 |
| 7 | 특정 정보, 세부 내용 파악하기 | 23-24 | 찾아가는 영화관 서비스 | 대화 | 각 2점 |

| 대문항 | 문항 유형 | 소문항 | 주제 | 담화 유형 | 배점 |
|---|---|---|---|---|---|
| 8 | 중심 생각, 세부 내용 파악하기 | 25-26 | 화재 사고 | 인터뷰 | 각 2점 |
| 9 | 화자의 의도, 세부 내용 파악하기 | 27-28 | 방송 촬영 | 대화 | 각 2점 |
| 10 | 특정 정보, 세부 내용 파악하기 | 29-30 | 올바른 양치법 | 인터뷰 | 각 2점 |
| 11 | 화자의 생각, 태도 고르기 | 31-32 | 드라마 간접 광고 | 대화 | 각 2점 |
| 12 | 중심 내용, 세부 내용 파악하기 | 33-34 | 공감과 동정 | 강연 | 각 2점 |
| 13 | 특정 정보, 세부 내용 파악하기 | 35-36 | 학술 대회 | 축사 | 각 2점 |
| 14 | 중심 생각, 세부 내용 파악하기 (교양 프로그램) | 37-38 | 유기 동물과 책 | 인터뷰 | 각 2점 |
| 15 | 앞의 내용 추론, 세부 내용 파악하기 (대담) | 39-40 | 행복 | 인터뷰 | 각 2점 |
| 16 | 세부 내용, 중심 생각 파악하기 (강연) | 41-42 | 경쟁 사회 | 강연 | 각 2점 |
| 17 | 세부 내용, 중심 내용 파악하기 (다큐멘터리) | 43-44 | 미술 작품 | 다큐멘터리 | 각 2점 |
| 18 | 세부 내용, 화자의 태도 파악하기 (강연) | 45-46 | 한류 | 강연 | 각 2점 |
| 19 | 세부 내용, 화자의 태도 파악하기 (대담) | 47-48 | 예술 | 대담 | 각 2점 |
| 20 | 세부 내용, 화자의 태도 파악하기 (강연) | 49-50 | 병역 거부 | 강연 | 각 2점 |

## 실전 2회 정답

| 1 | 2 | 3 | 4 | 5 | 6 | 7 | 8 | 9 | 10 |
|---|---|---|---|---|---|---|---|---|---|
| ② | ③ | ④ | ③ | ④ | ④ | ① | ③ | ④ | ② |
| 11 | 12 | 13 | 14 | 15 | 16 | 17 | 18 | 19 | 20 |
| ③ | ④ | ④ | ② | ② | ① | ③ | ③ | ④ | ③ |
| 21 | 22 | 23 | 24 | 25 | 26 | 27 | 28 | 29 | 30 |
| ④ | ③ | ② | ③ | ④ | ① | ④ | ② | ① | ① |
| 31 | 32 | 33 | 34 | 35 | 36 | 37 | 38 | 39 | 40 |
| ④ | ③ | ② | ① | ② | ③ | ④ | ① | ① | ① |
| 41 | 42 | 43 | 44 | 45 | 46 | 47 | 48 | 49 | 50 |
| ④ | ② | ② | ④ | ③ | ④ | ① | ② | ② | ④ |

## 실전 2회 듣기 지문

실전편 실전 2(1~50)

※ [1~3] 다음을 듣고 알맞은 그림을 고르십시오. (각 2점)

**1.** 남자: 어서 오세요.
여자: 구두 굽 좀 갈려고 하는데요. 지금 바로 가능한가요?
남자: 네, 거기 앉아서 잠깐만 기다려 주세요.

**2.** 여자: 그냥 와도 되는데 뭐 이런 걸 다 사왔어요. 고마워요.
남자: 고맙기는요. 집들이에 초대해 줘서 제가 더 고맙지요.
여자: 아직 다른 친구들이 안 왔으니까 저기 앉아서 좀 기다리세요.

3. 여자: 30대 회사원을 대상으로 출퇴근 시 이용하는 교통수단을 조사한 결과 지하철이나 버스를 가장 많이 이용하는 것으로 나타났습니다. 그 다음으로는 자가용과 셔틀버스가 뒤를 이었고, 건강에 대한 관심으로 자전거로 출근하는 회사원들도 많아졌습니다. 출퇴근 시 걸리는 시간은 30분에서 1시간 이내가 가장 많은 것으로 조사되었습니다.

※ [4~8] 다음 대화를 잘 듣고 이어질 수 있는 말을 고르십시오. (각 2점)

4. 여자: 처음 보는 지갑인데 새로 산 거야? 디자인도 특이하고 정말 예쁘다.
남자: 백화점에서 세일을 하기에 하나 샀어. 오늘까지 특가 행사를 한대.
여자: ______________________________

5. 남자: 지난주에 개봉한 '강'이라는 영화 봤어?
여자: 아니. 인터넷에 올라온 평이 좋던데 일하느라고 바빠서 아직 못 봤어.
남자: ______________________________

6. 여자: 복권에 당첨됐다면서요?
남자: 지난주에 돼지꿈을 꿨거든요. 돼지꿈을 꾸고 나서 정말 복권에 당첨됐어요.
여자: ______________________________

7. 여자: 선배님, 제가 해외 봉사 활동을 가게 됐는데 수업 때문에 걱정이에요. 한 일주일쯤 학교에 못 오는데 힘들게 얻은 기회라 꼭 해 보고 싶거든요.
남자: 교수님께 미리 말씀을 드리고 양해를 구해 봐. 봉사 일정표나 계획표 같은 걸 제출하면 수업을 보고서로 대신할 수 있게 해 주실 지도 몰라.
여자: ______________________________

**8.** 남자: 박 과장님, 요즘 많이 피곤해 보이네요.

여자: 승진 시험 준비를 하느라고 아침에 영어 학원에 다니는데, 새벽에 일어나서 학원에 가는 게 보통 일이 아닌 것 같아요.

남자: ____________________

※ [9~12] 다음 대화를 잘 듣고 여자가 이어서 할 행동으로 알맞은 것을 고르십시오. (각 2점)

**9.** 여자: 갑자기 비가 오네! 일기예보에서 오늘 비가 올 거라는 말이 없었는데……. 넌 우산을 가지고 왔니?

남자: 아니, 나는 일기예보를 확인조차 안 했는걸?

여자: 금방 그치지 않을 것 같은데 어떻게 하지? 얼마 전에 우산을 사서 또 사기는 싫은데…….

남자: 1층에 우산을 대여해 주는 곳이 있어. 거기에 가 보자.

**10.** 여자: 그림에 대한 설명을 들으면서 전시회를 보고 싶은데요. 어떻게 하면 돼요?

남자: 미술관 직원의 해설을 듣거나 음성 안내기를 이용하시면 돼요. 직원의 해설은 한 시간 후에 진행됩니다.

여자: 한 시간 후에요? 그럼 음성 안내기는 어떻게 이용하나요?

남자: 신분증을 맡기시면 대여해 드립니다.

**11.** 여자: 에어컨에서 이상한 냄새가 좀 나는 것 같지 않아요?

남자: 정말 그러네요. 에어컨 청소를 안 했어요?

여자: 에어컨을 사고는 한 번도 안 했어요. 집에서 혼자 할 수 있는 거예요?

남자: 혼자 할 수는 있는데, 번거로우니까 요즘은 다들 에어컨 청소 전문 업체의 도움을 받더라고요. 기사가 직접 방문해서 에어컨 청소를 해 준다니까 한번 전화해 봐요.

**12.** 여자: 이런. 노트북이 또 안 돼요. 요즘 들어서 노트북이 자꾸 멈추네요.
남자: 새 것으로 하나 사세요. 컴퓨터가 그렇게 잘 안 돼서야 어디 일을 제대로 할 수 있겠어요? 요즘 성능도 좋고 가벼운 게 얼마나 많은데요.
여자: 일단 수리 센터에 맡겨 보고 새 것을 살지 말지 생각해 볼게요.
남자: 그래요. 혹시 컴퓨터를 사게 되면 제가 같이 가서 도와 드릴게요.

※ [13~16] 다음을 듣고 내용과 일치하는 것을 고르십시오. (각 2점)

**13.** 여자: 퇴근 시간이 늦어서 택배를 받기가 참 힘드네요.
남자: 서울 시민이면 누구나 이용할 수 있는 '안심 택배 보관함'을 이용해 보는 게 어때요?
여자: 그런 게 있어요? 이용 방법이 번거롭지 않아요?
남자: 간단해요. 받는 사람의 주소에 안심 택배 보관함이 설치된 곳의 주소를 적으면 돼요. 택배 도착 문자 메시지를 받고 48시간 이내에 찾아가면 무료고요.

**14.** 여자: 안내 말씀 드리겠습니다. 교내 불법 주차를 엄격히 금지할 예정입니다. 불법 주차 단속 시간은 평일 오전 8시부터 오후 6시까지이며 주말 및 공휴일은 제외됩니다. 불법 주차 1, 2회는 경고 조치를 합니다. 3회 위반 시 정기 등록 차량은 등록이 취소되고 방문 차량은 교내 출입이 제한됩니다. 교내 주차 질서의 확립을 위하여 협조해 주시기 바랍니다.

**15.** 남자: 이번 주말에 30년 동안 일반인에게 공개되지 않았던 어린이대공원 숲 일부를 시민들에게 공개합니다. 이곳에서 맨발 걷기, 명상, 숲 체조 등 다양한 프로그램을 운영합니다. 이 프로그램은 평일에는 주부를 대상으로, 주말에는 가족을 대상으로 진행됩니다. 모든 프로그램은 무료이며 숲을 보존하기 위해 하루에 100명만 이용할 수 있습니다. 정확한 위치 및 자세한 내용은 어린이대공원 홈페이지를 이용하시면 됩니다. 프로그램 예약은 전화 예약만 가능합니다.

**16.** 여자: 한 고등학교에 특별한 행사가 있다고 해서 나와 있습니다. 어떤 행사인지 소개 부탁 드립니다.

남자: 저희 학교는 졸업을 앞둔 고3 학생을 대상으로 대학 신입생에게 어울리는 화장법을 알려 주는 행사를 열었습니다. 화장을 처음 시작하게 되면 색조 화장을 진하게 하게 되는 경우가 많은데요. 과한 색조 화장은 예뻐 보이지 않을 뿐더러 피부에도 좋지 않습니다. 미용 전문가들의 미용에 대한 조언과 시연을 통해 화장을 처음 접하는 학생들이 풋풋하고 자연스러운 멋을 낼 수 있도록 돕습니다. 반응이 좋아 해마다 이 행사를 진행할 예정입니다.

※ [17~20] 다음을 듣고 남자의 중심 생각을 고르십시오. (각 2점)

**17.** 남자: 지우 씨는 주말에 오히려 더 바빠 보이던데 특별한 일이 있어요? 주말에 잘 못 쉬면 월요일에 힘들 것 같아요.

여자: 주말마다 동호회 활동을 하거든요. 주말에 시간을 내는 게 부담스러울 때도 있기는 하지만 회원들과 어울리는 재미가 있거든요.

남자: 여럿이 하는 취미 활동도 좋지만 쉬면서 여행도 하고 개인적인 시간을 보내는 것도 기분 전환을 하는 데에 도움이 될 거예요. 생활에 활력소도 되고요.

**18.** 남자: 요즘 다들 건강에 관심이 많잖아요. 특히 나쁜 식습관이 암의 원인이 된다는 이야기를 듣고 음식에 신경 쓰기 시작했어요.

여자: 그래도 유전적인 원인이 가장 크지 않을까요? 아직 젊은데 뭘 그렇게 신경 쓰세요?

남자: 건강한 유전자를 갖고 태어났더라도 식습관이 좋지 않으면 암에 걸릴 수 있어요. 유비무환이라고 조심하면 좋죠 뭐.

19. 남자: 이번 여름부터 시청 앞 서울광장을 주말에 야영장으로 사용할 수 있도록 시민들에게 개방한대.

여자: 시내 한가운데에 있는 서울광장을 야영장으로 사용한다고?

남자: 응. 야영장이 생기면 멀리 가지 않고도 누구나 대중교통을 이용해서 야영을 할 수 있으니까 시민들이 여가 생활을 즐기는 데 큰 역할을 할 거야.

여자: 그래도 광장 바로 옆이 도로여서 공기도 안 좋고, 위험할 것 같은데.

20. 여자: 송 감독님이 기획하신 창작극이 공연계에서 큰 화제가 되고 있습니다. 이번 작품에 대해서 소개 좀 부탁드립니다.

남자: 이 공연은 언어의 경계를 넘어서기 위해 처음부터 대사가 없는 비언어극 형식으로 기획했습니다. 주방 용품 등 일상의 물건들을 두드리는 타악기 공연, 마술, 관객 참여 등으로 이루어진 종합 공연이기 때문에 누구든지 신나게 즐길 수 있습니다. 또한 한국 전통 사물놀이와 접목을 시도하여 국내 관객들에게는 친숙함을, 해외 관객들에게는 한국적이면서도 신나는 공연을 경험할 수 있게 했습니다.

※ [21~22] 다음을 듣고 물음에 답하십시오. (각 2점)

여자: 여름 방학 때 유럽으로 여행을 갔다 왔다면서? 좋았겠다.

남자: 응. 혼자 여행하면서 힘든 적도 있었지만 잊지 못할 추억도 많이 쌓고 새로운 친구들도 사귈 수 있어서 좋았어.

여자: 나도 유럽 여행을 하고 싶기는 한데 외국어도 잘 못하고 여행 경비도 많이 들 것 같아서 쉽게 결정을 못하겠어.

남자: 미리 여기저기 알아보면 저가 항공권도 구할 수 있고 꼭 호텔이 아니어도 편리하고 저렴한 숙박 시설도 있어. 언어야 어떻게든 통하기 마련이잖아. 20대 때 하는 여행은 돈 주고도 못 살 값진 경험이 될 거야.

※ [23~24] 다음을 듣고 물음에 답하십시오. (각 2점)

여자: 한국영상자료원이지요? 저희 마을 어르신들에게 영화를 좀 보여 드리고 싶은데, 그곳에서 도움을 받을 수 있다고 해서 전화를 드렸습니다.

남자: 저희 자료원에서는 찾아가는 영화관 서비스를 운영하고 있습니다. 거동이 불편하여 영화 관람이 어려운 분들이나 영화관이 없어 영화를 접하기 어려운 지역 주민들을 위해 무료로 운영되고 있습니다. 영화 상영 공간을 정해 주시면 저희가 가서 상영해 드립니다.

여자: 네, 마을 회관을 이용하면 될 것 같아요. 신청은 어떻게 해야 하지요?

남자: 영상자료원 홈페이지에나 전화로 신청해 주시면 됩니다. 신청이 접수되면 담당자와 상의하여 날짜와 장소를 정하게 됩니다.

※ [25~26] 다음을 듣고 물음에 답하십시오. (각 2점)

여자: 지난 28일 서울역으로 들어오는 기차에서 불이 났습니다. 하지만 긴박한 상황에서 침착하게 대응한 한 승객 덕분에 큰 피해를 막을 수 있었습니다. 박지섭 씨, 그때 상황을 좀 설명해 주시지요.

남자: 누군가 '불이야'하는 소리에 돌아보니까 화장실 쪽에서 불이 번지고 있었습니다. 그래서 먼저 비상벨을 누르고 사람들에게 119에 신고해 달라고 외쳤습니다. 그러고 나서 소화기를 들고 불을 끄기 시작했지요. 제가 소방관으로 일하다가 작년에 퇴직했기 때문에침착하게 소화기를 사용해 불을 끌 수 있었습니다. 불이 옆 칸으로 번질까 봐 걱정했는데 번지지 않아서 소방관의 도움 없이 서울역에 도착하기 전에 불을 모두 끌 수 있었습니다. 누구라도 이런 상황에 처했다면 저처럼 했을 겁니다.

※ [27~28] 다음을 듣고 물음에 답하십시오. (각 2점)

여자: 우리 아파트에서 또 방송 촬영을 하고 있네.

남자: 그러게. 익숙한 곳이 텔레비전에 나오면 신기할 것 같아. 우리 집 근처에서도 이런 촬영을 했으면 좋겠다.

여자: 처음엔 나도 신기하기도 하고 인기 있는 연예인들을 직접 보니까 좋았어. 그런데 주민들을 배려하지 않고 촬영을 하니까 이젠 좀 화가 나.

남자: 그래도 방송에 나가는 거니까 되도록 협조해 주는 게 좋지 않을까?

여자: 무조건 촬영장 주변으로 통행을 못하게 하거나 촬영 후 뒷정리도 제대로 안 하고 가 버릴 때고 있어서 주민들이 피해를 보는 경우가 많아. 주민들의 협조를 바라기에 앞서 불편 사항에 대한 배려가 우선돼야 한다고 봐.

※ [29~30] 다음을 듣고 물음에 답하십시오. (각 2점)

여자: 김 박사님, 충치 예방을 위한 올바른 양치법은 무엇입니까?

남자: 우리는 충치를 예방하기 위해서 양치질을 합니다. 그런데 문제는 양치질을 열심히 하는데도 충치가 생긴다는 겁니다. 그 이유는 양치질을 잘못하기 때문입니다. 저희 병원을 찾는 환자들은 이런 잘못된 습관 때문에 충치가 생겨서 오는 경우가 많습니다. 먼저 이를 닦는 건 하루에 몇 번을 닦느냐보다 어떻게 닦느냐가 중요한데, 입 안 곳곳을 빠짐없이 닦아야 합니다. 그런데 양치질만 잘한다고 해서 완벽하게 충치를 예방할 수 있는 것은 아닙니다. 양치질을 언제 하는지도 중요한데, 양치질은 아침에 일어나자마자 하기 보다는 아침 식사 후에 하는 것이 좋습니다. 마지막으로 충치를 예방하기 위해서는 정기적인 치과 검진도 매우 중요합니다.

※ [31~32] 다음을 듣고 물음에 답하십시오. (각 2점)

여자: 요즘 드라마에서 특정 상품을 지속적으로 노출하고, 드라마의 내용과도 관계없는데 계속 나오는 등 간접 광고가 심각한 수준이라고 생각합니다.

남자: 드라마를 만드는 데 상당한 돈이 드는데, 간접 광고가 없다면 제작비 부담이 커져서 완성도 있는 드라마를 만드는 데 어려움이 있을 겁니다. 간접 광고는 피할 수 없다고 생각해요.

여자: 하지만 시청자가 특정 상품의 광고를 보려고 드라마를 보는 것은 아니잖아요. 간접 광고 때문에 드라마에 집중하기가 힘듭니다.

남자: 말씀하신 대로 지나친 간접 광고는 드라마 시청에 방해가 됩니다. 따라서 간접 광고를 허용하되 지나친 광고 노출은 금지하는 법적인 규제가 필요하다고 생각합니다.

※ [33~34] 다음을 듣고 물음에 답하십시오. (각 2점)

여자: 공감이 상대의 입장과 감정을 이해하고 느끼는 것이라면, 동정은 상대방의 감정을 동일하게 느끼는 것입니다. 딸이 자신의 고민을 엄마에게 이야기했을 때 공감하는 엄마들은 딸의 감정을 읽고 딸이 스스로 이겨내도록 지지하지만 딸보다 더 슬퍼하거나 감정이 앞서가지 않지요. 반면 동정하는 엄마들은 딸 앞에서 먼저 울면서 딸을 보호하기 위해서 성급하게 나섭니다. 공감을 받은 딸은 힘든 감정을 쉽게 극복할 수 있으나 동정을 받은 딸은 오히려 더 힘들어지거나 자신보다 더 크게 우는 엄마를 보고 당황스러움을 느낍니다. 대부분 사람들은 상대방의 공감을 원하는데, 의사소통에서 중요한 기술 중 하나가 바로 공감입니다. 다른 사람을 이해하고 공감하는 방법이야말로 우리가 아이들에게 가르쳐 주어야 할 어떤 지식보다 중요한 것이 아닌가 생각합니다.

※ [35~36] 다음을 듣고 물음에 답하십시오. (각 2점)

여자: 세계 교육 학술 대회에 참석해 주신 모든 교육계 관계자분들께 감사드립니다. 학술 대회가 열린 지난 2박 3일 동안 회원국 대표단과 전 세계 교육계 명사 1500여 명의 참석자들은 열띤 토론을 하였습니다. 이번 학술 대회를 통해 국제 교육계는 특정 계층을 위한 교육이 아닌 모두를 위한 평등 교육의 중요성을 재확인했습니다. 누구나 양질의 교육, 평등한 교육을 받을 수 있는 사회를 만들기 위해 저소득층 아동을 위한 교육 지원이나 무상 의무 교육 기간 연장 등이 시행될 수 있도록 노력하겠습니다. 앞으로 교육의 형평성과 접근성을 교육 정책의 최우선으로 삼아 우리의 교육이 경쟁이 아닌 협력적인 문화로 바뀌기를 기대하며, 이번 학술 대회의 토론 결과가 여러분의 교육 현장에서 많은 도움이 되기를 바랍니다.

※ [37~38] 다음은 교양 프로그램입니다. 잘 듣고 물음에 답하십시오. (각 2점)

남자: 오늘은 유기 동물 보호소 소장님을 모시고 '책 친구들'에 대한 이야기를 들어 보겠습니다.

여자: 유기 동물 보호소에 있는 고양이들은 모두 사람에게 버림받아 상처를 받은 경험이 있습니다. 하지만 '책 친구들'이라는 프로그램을 통해 보호소를 찾은 어린이들이 고양이들에게 책을 읽어 주면서부터 버림받았던 고양이들에게도 친구가 생겼습니다. 고양이는 어린 아이의 음성을 좋아하기 때문에 가능한 일이었습니다. 사람을 두려워했던 유기 고양이들은 어린이와의 교감을 통해 심리적 안정을 얻게 되었고, 아이들 또한 동물을 아끼고 함께 하는 마음을 키우게 됐습니다. 버림받은 경험이 있는 고양이와 그런 고양이의 상처를 치료해 준 어린이들이 책을 통해 단짝 친구가 된 거죠.

※ [39~40] 다음은 대담입니다. 잘 듣고 물음에 답하십시오. (각 2점)

여자: 저는 40대 때까지 물질적으로 풍요로운 삶을 행복의 조건으로 여겼었지요. 그런데 저도 건강을 잃고 나서 보니 경제적인 부는 다 부질없이 느껴지더군요.

남자: 행복이란 어디 먼 곳에 있는 게 아닙니다. 인생을 살아가면서 누구나 힘들고 고통스러운 상황에 직면하게 됩니다. 하지만 그런 상황이 중요한 것이 아니라 상황을 받아들이는 태도가 중요합니다. 각자가 처한 상황을 어떻게 받아들이느냐에 따라서 그것은 고마운 일이 될 수도 있고 불만스러운 일이 될 수도 있습니다. 저는 한동안 건강이 좋지 않아서 힘들었습니다. 기침이 심해서 자다가도 일어나야 할 정도로 고생을 했었지요. 하지만 기침 때문에 새벽에 일어나서 책을 읽으니까 오히려 낮보다 집중이 잘 돼서 그런 시간을 갖게 된 것에 감사하는 마음을 갖게 됐습니다. 이렇게 작은 것에도 고마워하고 만족할 줄 알면 행복을 보는 눈이 열릴 거라 생각합니다.

※ [41~42] 다음은 강연입니다. 잘 듣고 물음에 답하십시오. (각 2점)

남자: 우리는 경쟁 사회에 살고 있습니다. 목표는 하나이나 그것을 이루고자 하는 사람들이 많을 때 경쟁은 생겨납니다. 경쟁은 이기는 것이 목적인데, 남을 이긴다고 해서 반드시 잘하는 것은 아닙니다. 사회 전반적으로 경쟁이 치열해지면서 경쟁으로 인한 부작용도 우리 사회 곳곳에서 발견할 수 있습니다. 경쟁 구조는 사람들에게 정서적으로 불안감을 조장할 뿐만 아니라 인간관계에도 매우 부정적인 영향을 미칩니다. 또한 극심한 경쟁을 조장하는 환경은 사회적으로 부패를 불러올 수밖에 없습니다. 이기기 위해 수단과 방법을 가리지 않으니까요. 저는 경쟁으로 인한 사회 구조를 바꾸기 위해 협력을 제안합니다. 협력은 같은 목표를 이루기 위해 서로 겨루는 것이 아니라 서로 돕는 것입니다. 다른 사람이 성공해야 나도 성공할 수 있습니다. 우리가 현재 경쟁 사회에서 살고 있지만 우리가 하는 경쟁 중에서 협력으로 바꾸지 못할 것은 거의 없다고 생각합니다.

※ [43~44] 다음은 다큐멘터리입니다. 잘 듣고 물음에 답하십시오. (각 2점)

여자: 지금 보시는 그림은 렘브란트의 대표작 중의 하나인 '야경'입니다. 하지만 이 그림은 제목과 달리 한낮을 배경으로 그린 것인데요. '야경'이라는 제목은 그림이 그려진 지 100년이 지나서 전체적으로 어둡고 검은 그림을 보고 추측하여 지어진 것입니다. 이 그림이 이렇게 어두워진 데에는 몇 가지 요인이 있습니다. 첫 번째는 보수와 관련된 문제입니다. 18세기에는 회화 보수의 기술이 발달하지 못해 그림 위에 갈색의 광택제로 덧칠만 했는데 광택제에 먼지층이 붙어 더 어두워졌습니다. 두 번째는 재료의 문제입니다. 현대 과학에 의해 밝혀진 바에 따르면 렘브란트는 다른 화가에 비해서 납이 들어간 물감을 많이 사용했다고 합니다. 납이 들어 있는 물감은 황이라는 성분과 만나면 검게 변하는 특성이 있는데 공해가 심해지면서 오염 물질인 황의 영향을 받았습니다. 이런 이유들로 이 어둡고 검은 그림으로 바뀌게 된 것입니다.

※ [45~46] 다음은 강연입니다. 잘 듣고 물음에 답하십시오. (각 2점)

여자: 1990년대 이후 중국에서 케이팝(k-pop)과 한국 드라마의 인기가 많아지면서 '한류'라는 단어가 생기게 되었습니다. 현재는 아시아를 넘어 유럽과 중남미 등 전 세계로 한류가 확산되고 있습니다. 이러한 한류 열풍이 불면서 한국을 방문하는 외국인 관광객 수가 크게 늘었고, 문화, 관광 등 직접적인 한류 관련 산업 외에 식품, 자동차, 의류 등 제조업 전반에도 긍정적인 영향을 끼치고 있습니다. 더 나아가 한류는 국가 이미지 향상에도 큰 기여를 하고 있습니다. 하지만 이러한 한류를 오래 지속시키기 위해서는 대중문화 중심으로 형성된 한류의 폭과 내용을 넓혀 전통문화, 예술, 관광, 스포츠 등 한국 문화 전반으로 확대하는 것이 필요합니다. 또한 우리 문화를 다른 나라에서 즐기는 것에 대해 자부심을 갖되 다른 나라의 문화를 열등한 것으로 여기는 일은 없어야 할 것입니다. 다른 나라와 영화 공동제작이나 문화 예술인의 인적 교류 등 쌍방향 문화 교류를 확대하는 것도 필요하다고 봅니다.

※ [47~48] 다음은 대담입니다. 잘 듣고 물음에 답하십시오. (각 2점)

여자: 예술이라고 하면 흔히 무겁거나 진지한 작품을 떠올리기 쉬운데요. 작가님의 작품을 보면 만화 같은 인물들의 과장된 신체 비율 때문에 귀여우면서도 웃음이 나기도 합니다. 이런 작품들에 어떤 의미가 있는지 궁금합니다.

남자: 예술은 일상의 고됨으로부터 영혼을 쉴 수 있게 해 준다고 믿습니다. 저는 사람들이 제 그림을 보면서 미소 짓고, 일상의 긴장을 풀면서 편안해하기를 희망합니다. 흔히들 예술을 진지하고 그 속에서 의미를 찾아야만 하는 것으로 인식해 가까이 하기 어렵다고 생각하지요. 제 그림은 미술사나 미술에 대한 지식이 있어야 이해할 수 있는 어려운 그림도 아니고, 의미를 찾기 위해 고심할 필요도 없습니다. 관람객들은 그저 마음을 열고 제가 그린 세계를 경험하고 즐기시면 됩니다.

※ [49~50] 다음은 강연입니다. 잘 듣고 물음에 답하십시오. (각 2점)

여자: 현재 병역 거부자 중에서 특히 특정 종교 신도들이 종교적 신념을 이유로 병역을 거부하는 사례가 많아 사회적으로 논란이 되고 있습니다. 현재 한국에서는 정당한 사유 없이 본인의 양심 문제로 군대에 가는 것을 거부하는 병역 거부자는 3년 이하의 징역형을 받습니다. 하지만 헌법에서 '모든 국민은 양심의 자유를 가진다'고 규정하고 있습니다. 우리 헌법에 양심의 자유 규정이 보장되어 있기 때문에 양심에 따른 병역 거부는 인정되어야 한다고 봅니다. 물론 한국이 분단국가이며 국민에게 강제적으로 병역 의무를 부과하는 징병제를 실시할 수밖에 없는 현실은 감안되어야 할 것입니다. 따라서 종교적 병역 거부를 인정하고, 이들에게 군 복무 대신에 그에 준하는 사회적 활동에 참가하게 함으로써 군 복무를 대체하는 제도인 대체 복무제 도입이 필요하다고 봅니다. 대체 복무제야말로 양심의 자유와 병역 의무라는 가치의 충돌을 원만하게 해결하기 위한 가장 이상적인 대안이라고 생각합니다.

## 실전 3회 문항 구성표

| 대문항 | 문항 유형 | 소문항 | 주제 | 담화 유형 | 배점 |
|---|---|---|---|---|---|
| 1 | 알맞은 그림 고르기 | 1 | 엘리베이터 고장 | 대화 | 2점 |
| | | 2 | 식당 | 대화 | 2점 |
| | | 3 | 여행 안전도 조사 | 뉴스 | 2점 |
| 2 | 이어지는 말 고르기 | 4 | 독서 | 대화 | 2점 |
| | | 5 | 휴대 전화 분실 | 대화 | 2점 |
| | | 6 | 영화 | 대화 | 2점 |
| | | 7 | 인터넷 쇼핑 | 대화 | 2점 |
| | | 8 | 손님 마중 | 대화 | 2점 |
| 3 | 이어지는 행동 고르기 | 9 | 셔틀버스 이용 | 대화 | 2점 |
| | | 10 | 보고서 자료 | 대화 | 2점 |
| | | 11 | 길 찾기 | 대화 | 2점 |
| | | 12 | 구인 | 대화 | 2점 |
| 4 | 세부 내용 파악하기 | 13 | 요리 수업 | 대화 | 2점 |
| | | 14 | 영업시간 안내 | 안내 방송 | 2점 |
| | | 15 | 영화관 공연 관람 | 안내 뉴스 | 2점 |
| | | 16 | 출판사 | 인터뷰 | 2점 |
| 5 | 중심 생각 고르기 | 17 | 대회 우승 | 대화 | 2점 |
| | | 18 | 1일 1식 | 대화 | 2점 |
| | | 19 | 신입 사원 채용 | 대화 | 2점 |
| | | 20 | 건축물 | 인터뷰 | 2점 |
| 6 | 중심 생각, 세부 내용 파악하기 | 21-22 | 일과 육아 | 대화 | 각 2점 |
| 7 | 특정 정보, 세부 내용 파악하기 | 23-24 | 아름다운 가게 | 대화 | 각 2점 |

| 대문항 | 문항 유형 | 소문항 | 주제 | 담화 유형 | 배점 |
| --- | --- | --- | --- | --- | --- |
| 8 | 중심 생각, 세부 내용 파악하기 | 25-26 | 녹색 디자이너 | 인터뷰 | 각 2점 |
| 9 | 화자의 의도, 세부 내용 파악하기 | 27-28 | 카드 결제 | 대화 | 각 2점 |
| 10 | 특정정보, 세부 내용 파악하기 | 29-30 | 사진 작가 | 인터뷰 | 각 2점 |
| 11 | 화자의 생각, 태도 고르기 | 31-32 | 귀농 | 대화 | 각 2점 |
| 12 | 중심 내용, 세부 내용 파악하기 | 33-34 | 공휴일 | 강연 | 각 2점 |
| 13 | 특정 정보, 세부 내용 파악하기 | 35-36 | 기업의 사회 공헌 활동 | 축사 | 각 2점 |
| 14 | 중심 생각, 세부 내용 파악하기 (교양 프로그램) | 37-38 | 한국 홍보 전문가 | 인터뷰 | 각 2점 |
| 15 | 앞의 내용 추론, 세부 내용 파악하기 (대담) | 39-40 | 카페인과 치매 | 인터뷰 | 각 2점 |
| 16 | 세부 내용, 중심 생각 파악하기 (강연) | 41-42 | 깨진 유리창 법칙 | 강연 | 각 2점 |
| 17 | 세부 내용, 중심 내용 파악하기 (다큐멘터리) | 43-44 | 팔색조 | 다큐멘터리 | 각 2점 |
| 18 | 세부 내용, 화자의 태도 파악하기 (강연) | 45-46 | 공부 못하는 아이 | 강연 | 각 2점 |
| 19 | 세부 내용, 화자의 태도 파악하기 (대담) | 47-48 | 다중 언어 번역 | 대담 | 각 2점 |
| 20 | 세부 내용, 화자의 태도 파악하기 (강연) | 49-50 | 대체 에너지 | 강연 | 각 2점 |

## 실전 3회 정답

| 1 | 2 | 3 | 4 | 5 | 6 | 7 | 8 | 9 | 10 |
|---|---|---|---|---|---|---|---|---|---|
| ② | ③ | ① | ② | ④ | ④ | ① | ② | ④ | ③ |
| 11 | 12 | 13 | 14 | 15 | 16 | 17 | 18 | 19 | 20 |
| ① | ④ | ③ | ② | ③ | ① | ③ | ③ | ① | ② |
| 21 | 22 | 23 | 24 | 25 | 26 | 27 | 28 | 29 | 30 |
| ② | ③ | ① | ③ | ② | ② | ③ | ③ | ② | ③ |
| 31 | 32 | 33 | 34 | 35 | 36 | 37 | 38 | 39 | 40 |
| ④ | ② | ④ | ② | ③ | ③ | ③ | ① | ① | ② |
| 41 | 42 | 43 | 44 | 45 | 46 | 47 | 48 | 49 | 50 |
| ④ | ④ | ② | ② | ① | ③ | ① | ④ | ③ | ② |

## 실전 3회 듣기 지문

실전편 실전 3(1~50)

※ [1~3] 다음을 듣고 알맞은 그림을 고르십시오. (각 2점)

**1.** 여자: 늦었어요. 우리 빨리 올라가요.
남자: 길이 막혀서 고생했는데 엘리베이터까지 고장이네요. 아침부터 이게 무슨 고생이에요.
여자: 운동도 되고 좋죠 뭐. 어서 서둘러요.

**2.** 남자: 야, 여기 불고기 양이 정말 많네요!
여자: 1인분에 6천원인데 값에 비해서 양이 많을 뿐만 아니라 맛도 좋아요. 유명한 맛집이거든요.

남자: 맛있어서 자주 와야겠어요.

**3.** 남자: 외국인 관광객들이 한국인들보다 한국 여행을 더 안전하게 생각하는 것으로 나타났습니다. 한국관광공사가 한국인과 외국인을 대상으로 조사한 결과 외국인 관광객의 81%가 '한국 여행이 안전하다'고 대답한 반면, 한국인은 61%가 안전하다고 답했습니다. 그리고 외국인 관광객들은 일본, 한국, 싱가포르, 중국 등의 순으로 여행하기에 안전한 나라라고 생각한다고 대답했습니다.

※ [4~8] 다음 대화를 잘 듣고 이어질 수 있는 말을 고르십시오. (각 2점)

**4.** 여자: 무슨 재미있는 책이에요? 네 시간째 꼼짝도 안 하고 읽고 있네요.
남자: 네, 저는 책만 손에 잡았다하면 시간이 가는 줄도 몰라요.
여자: ______________________________

**5.** 여자: 어젯밤에 몇 번이나 전화를 걸었는데 전화가 안 되더라.
남자: 친구들하고 놀러갔다가 휴대 전화를 잃어버렸어. 좀 조심했으면 잃어버리지 않았을 텐데…….
여자: ______________________________

**6.** 여자: 얼마 전에 TV에서 이 영화 소개하는 걸 잠깐 봤는데 재미있을 것 같아서 아이들과 내일 보러 가려고요.
남자: 아이들이 아직 어리지 않아요? 이 영화는 15세 이상 관람가이던데요.
여자: ______________________________

7. 여자: 인터넷 쇼핑을 하다가 보면 나도 모르게 자꾸 충동구매를 하게 돼요.
남자: 후회하지 않게 계획을 세워서 쇼핑하세요.
여자: ______________________________

8. 여자: 오늘 거래처 사장님을 마중하러 공항에 가야 하는데 몇 시에 도착하신다고 했지요?
남자: 저녁 7시쯤 도착하실 거예요. 아직 시간 여유가 많아요.
여자: ______________________________

※ [9~12] 다음 대화를 잘 듣고 여자가 이어서 할 행동으로 알맞은 것을 고르십시오. (각 2점)

9. 여자: 내일부터 3일 동안 연휴인데 오랜만에 놀이공원에 갈래?
남자: 우리 집 근처에 무료 셔틀버스도 있으니까 가기도 편하고 좋을 것 같아.
여자: 홈페이지에서 입장권을 구입하면 20% 할인이 된다니까 미리 사 놓을게.
남자: 그럼 나는 셔틀버스 시간을 알아 볼게.

10. 여자: 다음 주까지 기말 보고서를 써야 하는데 우리 학교 도서관에는 내가 찾는 논문이 없어.
남자: 찾는 논문이 없으면 도서관 홈페이지에 들어가서 신청을 하면 돼.
여자: 신청하면 시간이 많이 걸릴 텐데 어떻게 하지?
남자: 그럼 근처에 있는 시립 도서관에 네가 찾는 논문이 있는지 인터넷으로 검색해 봐. 거기 논문 자료가 많대.

**11.** 여자: 아무래도 길을 잘못 든 것 같아요. 차에 기름도 별로 없는데 큰일이에요.
남자: 이 길이 맞는 것 같은데 조금만 더 가 봐요.
여자: 주유소부터 찾고 다시 길을 확인해 보는 게 좋겠어요.
남자: 마침 저쪽에 가게가 하나 보이네요. 제가 가서 가까운 주유소가 어디에 있는지 물어 보고 올게요.

**12.** 남자: 이번 우리 회사 신제품 전시회에 중국어를 통역할 사람이 필요한데 혹시 해 줄 수 있어요? 시간 당 보수도 좋아요.
여자: 저는 번역을 주로 해서 통역은 아무래도 좀 자신이 없는데요.
남자: 그럼 주변에 전문 통역사나 통역 경험이 많은 친구가 있으면 좀 소개해 주시겠어요?
여자: 네, 통역 대학원에 다니는 친구가 있으니까 한번 알아보고 연락을 드릴게요.

※ [13~16] 다음을 듣고 내용과 일치하는 것을 고르십시오. (각 2점)

**13.** 여자: 요즘 요리를 배운다면서? 갑자기 무슨 일이야?
남자: 재료값만 내면 무료로 요리를 가르쳐 주는 수업이 있기에 신청했지. 요리를 안 해 봐서 걱정했는데 생각보다 재미있더라.
여자: 그런 수업이 있었단 말이야? 나도 요리하는 걸 참 좋아하는데 신청하면 좋았을 걸.
남자: 다음 달에도 수업이 있다더라. 사무실에 가서 한번 알아봐.

**14.** 여자: 안내 말씀 드리겠습니다. 저희 서점의 영업시간은 평일은 아침 9시부터 오후 8시까지, 토요일은 오전 10시부터 오후 9시까지입니다. 일요일은 휴무입니다. 도서 구입 시 영수증에 직원의 확인 도장을 찍어 오시면 2시간 동안 무료 주차가 가능합니다. 2시간 초과 시 30분 당 천 원의 주차료를 받으니 참고해 주시기 바랍니다.

**15.** 남자: 영화관에서 영화뿐만 아니라 공연 관람도 가능해졌다는 소식입니다. 한국 극장에서는 이번 달부터 발레, 뮤지컬, 오케스트라 등 해외의 세계적인 공연 실황을 극장에서 편하게 즐길 수 있는 기회를 마련하기로 했습니다. 유명한 해외 공연의 경우 내한을 하지 않거나 고가의 관람료로 인해 일반인들이 쉽게 접하기 힘들었는데요. 생생한 화질과 최고의 음향 시설을 갖춘 극장에서 일반인 2만 원, 청소년 1만 원의 저렴한 관람료로 수준 높은 공연을 가까이 할 수 있게 됐습니다.

**16.** 여자: 이곳은 요즘 인기를 끌고 있는 전국의 유명한 빵을 모아서 파는 출판사인데요. 어떻게 출판사에서 이렇게 빵을 팔게 된 건가요?

남자: 우리 출판사는 최근 출판업계의 불황으로 새로운 사업을 생각하고 있었습니다. 여러 번의 회의를 거쳐 책과 음식이 공존하는 문화 공간을 만들어 보기로 했습니다. 그러다가 젊은 층의 취향을 고려하여 전국에 흩어져 있는 유명한 빵집의 빵을 모아보자는 의견이 나와서 이 사업을 시작하게 되었습니다. 전국의 유명한 빵이 있고, 책도 읽거나 구입할 수 있어서 좋은 반응을 얻고 있습니다.

※ [17~20] 다음을 듣고 남자의 중심 생각을 고르십시오. (각 2점)

**17.** 남자: 국제 바이올린 대회에서 한국인이 우승했다는 기사 봤어? 최초의 한국인 우승자래.

여자: 응, 나도 봤어. 우승자는 유명한 음반 회사와 계약을 할 수 있다면서? 그렇게 되면 세계적인 연주자로 성장하는 것은 시간문제겠다.

남자: 이제부터가 시작이지. 국제 무대에서 도태되지 않으려면 우승 이후에 자기 관리를 더 잘해야 정말 훌륭한 연주자가 될 수 있어.

**18.** 남자: 수미야, 왜 아무것도 안 먹어? 그러고 보니까 요즘 만났을 때 뭘 먹는 걸 본 적이 없는 것 같다.

여자: 1일 1식이 건강에도 좋고 장수에도 좋다잖아. 요즘 나도 살이 많이 찌고 해서 아침, 저녁은 안 먹고 점심만 먹고 있는데 조금 힘들긴 하다.

남자: 내 생각에는 하루에 한 끼만 먹으면 폭식을 하게 돼서 건강에 더 나쁠 것 같은데? 조금씩 자주 먹는 것이 건강에 더 좋아.

**19.** 남자: 올해부터 우리 회사의 신입 사원 채용 방식을 새롭게 바꾸려고 합니다.

여자: 신입 사원 채용은 회사의 미래를 좌우하는 중요한 사안인데 갑자기 방식을 바꾸면 오히려 역효과가 나지 않을까요?

남자: 서류 심사와 기존의 면접 방식으로 회사에서 필요로 하는 인재를 선발하는 데 한계가 있습니다. 전문 분야의 지식뿐만 아니라 예상치 못한 상황에서의 대처 능력, 우리 회사와의 조화 능력 등을 함께 파악할 수 있는 심층 면접으로 진행돼야 합니다.

여자: 그래도 지금까지의 방식을 유지해 온 데는 그만한 이유가 있는 건데요.

**20.** 여자: 드디어 동대문 문화 회관이 완공되었습니다. 이번 건축에서 강조하신 부분은 무엇입니까?

남자: 이번 건축물을 설계하면서 가장 중점을 둔 부분은 과거, 현재, 미래의 공존입니다. 시대를 너무 앞서거나 현대적 건축 경향에만 맞춘 건물은 의미가 없다고 봅니다. 저는 건물의 곡선미를 살려 한국의 전통미를 나타냈고 건물의 문은 바쁜 현대인의 생활을 반영하기 위해 지하철 문을 형상화 하였습니다. 또한 우주선의 모습을 본 뜬 건물의 외형에 우주를 향한 미래 지향적 요소를 담고자 하였습니다. 동대문 문화 회관은 시대가 공존하는 독창적인 건축물이라고 할 수 있지요.

※ [21~22] 다음을 듣고 물음에 답하십시오. (각 2점)

여자: 이제 곧 출산인데 출산 휴가를 써야 할지 회사를 그만둬야 할지 고민이에요.

남자: 수년 간의 경력을 포기하고 집에서 육아와 살림만 하기에는 유 과장님의 능력이 아까워요. 처음에는 육아와 일을 병행하는 게 힘들어도 적응이 되면 괜찮아질 거예요.

여자: 그래도 저희는 맞벌이 부부인데 육아를 도와줄 가족이 없거든요. 아이를 키우며 일하는 직장 여성들을 보니까 보통 일이 아니더라고요,

남자: 요즘은 남자도 육아를 위해 쉴 수 있어요. 부부가 번갈아가며 휴직하는 방향으로 남편과 이야기해 보세요.

※ [23~24] 다음을 듣고 물음에 답하십시오. (각 2점)

여자: 오래된 책들과 안 쓰는 아이들 물건을 어떻게 처리해야 할지 모르겠어요. 버리기는 아까운데 쌓아 놓자니 짐이 되거든요.

남자: 지금 쓰지 않지만 버리기는 아까운 물건들은 아름다운 가게에 기부해 보세요. 기부한 물건들은 수선이나 수리를 해서 판매되고 거기에서 생기는 이익은 불우 이웃을 돕는 데 사용돼요.

여자: 와, 그렇게 좋은 곳이 있어요? 그럼 물건을 직접 가지고 가야 하나요? 책들이 조금 많아서 힘들 것 같은데…….

남자: 아니에요. 홈페이지에 기부 신청을 하고 방문 수거를 요청하셔도 돼요.

※ [25~26] 다음을 듣고 물음에 답하십시오. (각 2점)

여자: 교수님께서는 디자인과 환경을 접목한 녹색 디자이너로 유명하신데요. 작품을 만들 때 환경까지 생각하시게 된 데에는 이유가 있으실 것 같습니다.

남자: 저도 젊은 시절에는 소비자의 마음을 사로잡는 상업적인 디자인에 열중했었습니다. 하

지만 환경에 대한 관심이 생기면서 제가 하는 일과 환경을 접목해 대중에게 환경에 대한 메시지를 자연스럽게 전달하고 싶었습니다. 그래서 인사동 길거리에서 사람들이 가져온 헌 티셔츠에 녹색으로 그림을 그려 주는 일을 시작했습니다. 환경을 보호하자는 백 마디 말을 듣는 것보다 헌 옷이 재활용되어 새롭게 태어나는 걸 직접 보면 사람들이 자연스럽게 환경 문제를 인식하게 될 거라고 생각합니다.

※ [27~28] 다음을 듣고 물음에 답하십시오. (각 2점)

여자: 며칠 전에 가게에서 현금이 없어서 카드로 계산하려고 했더니 안 된다지 뭐야.

남자: 카드 결제를 하면 가게에서 카드 회사에 내야 하는 수수료가 높은 편인가봐. 그런데 소액까지 카드로 계산하면 배보다 배꼽이 더 커지게 되니까 싫어하더라고.

여자: 그건 가게와 카드 회사가 해결할 문제 아니야? 그것 때문에 가게에서 카드 결제를 거부하는 건 부당하다고 봐.

남자: 네 말이 맞기는 한데 1천 원 미만의 소액까지 카드로 결제를 하면 가게에서는 부담이 큰가 봐. 요즘 경기가 워낙 안 좋으니까 수수료라도 줄이고 싶겠지.

여자: 요즘에는 현금을 안 가지고 다니는 사람도 많잖아. 아무리 적은 금액이라도 손님이 원하면 카드 결제를 해 줘야지.

※ [29~30] 다음을 듣고 물음에 답하십시오. (각 2점)

여자: 제주도 오름을 주제로 한 작품 전시회를 개최하신 박민준 씨와 자리를 함께 했습니다. 지난 20년 동안 제주도의 아름다운 풍경을 담는 작업을 하셨는데요. 작품에 대해서 설명해 주시지요.

남자: 저는 서울이 고향이지만 20년 전에 제주도에 정착한 후 제주도의 모든 모습을 작품에 담으려고 노력했습니다. 이번 전시회에서는 제주도의 낮은 산인 오름의 모든 순간들을 제 작품에 담았습니다. 오름은 사람들이 작물을 재배하고 말과 소를 먹이며 사는 제주

섬사람들의 삶과 영혼이 공존하는 공간입니다. 이번 전시회 작품들은 그저 잠깐 지나가다 찍은 것도 아니고 사나흘 머물며 찍은 것도 아닙니다. 빛이 허락하는 한 비가 오든 눈이 오든 수만 시간을 서성이다 찍어낸 것들이지요. 제 영혼과 열정을 바친 작품들을 보면서 소박하면서도 황홀한 제주도의 풍경을 느껴 보시기 바랍니다.

※ [31~32] 다음을 듣고 물음에 답하십시오. (각 2점)

여자: 미리 노후를 준비하자는 의견에는 찬성하지만 그렇다고 한창 일할 나이에 조기 퇴직하여 귀농하는 것은 위험성이 따른다고 생각합니다.

남자: 퇴직 후에 귀농하면 이미 늦었다고 볼 수 있습니다. 젊을 때 제 2의 인생 설계를 제대로준비해야 한다고 생각합니다. 직장 생활을 하면서 틈틈이 귀농을 준비하다가 때가 됐다 싶으면 정년을 기다리지 않고 조기에 퇴직하자는 것입니다.

여자: 하지만 직장 생활을 하면서 귀농 준비를 하다니 말이 쉽지 직장 생활도 제대로 못하고 노후 준비도 제대로 못하는 상황이 되지 않을까요?

남자: 젊었을 때 조기 퇴직하여 귀농하는 사람들은 기업에서 쌓은 지식과 기술을 농업에 접목시킬 수도 있습니다. 회사는 그만두지만 앞으로 30년 이상 더 생활하고 일할 수 있는 곳에서 빨리 자리를 잡자는 것이지요.

※ [33~34] 다음을 듣고 물음에 답하십시오. (각 2점)

남자: 공휴일을 날짜가 아닌 요일로 지정하는 것은 어떨까요? 올해의 경우 어린이날이 화요일이어서 근무와 휴일이 반복되다 보니 일도 휴식도 제대로 되지 않아 불만이 많은 것 같습니다. 크리스마스 같이 날짜의 상징성이 큰 공휴일을 제외하고 나머지 공휴일은 월요일이나 금요일로 지정하여 사흘 연속으로 쉴 수 있게 된다면 더 효율적으로 휴식을 취할 수 있을 겁니다. 기업들 입장에서 휴일이 느는 것을 반기지 않을 거라고 생각하시는 분들도 계신데 휴일을 늘리는 것이 아니라 주중의 휴일을 몰아서 쓰자는 겁니다. 연

휴를 통해 재충전의 시간을 충분히 갖게 되면 일의 생산성이 높아지는 것은 물론 가정도 더욱 화목해질 거라고 봅니다.

※ [35~36] 다음을 듣고 물음에 답하십시오. (각 2점)

남자: 오늘 '사랑의 헌혈' 행사가 진행되었습니다. 행사에 참여해 주신 임직원 여러분께 감사의 말씀 드립니다. 우리 회사는 매년 12개의 사업장에서 '사랑의 헌혈' 행사를 통해 해마다 천여 명이 자발적으로 생명 나눔 운동에 동참하고 있습니다. 오늘 여러분이 기부한 헌혈증은 백혈병을 앓고 있는 어린이들을 위해 쓰일 예정입니다. 우리들의 작은 수고로 생명을 나누는 값진 일을 할 수 있으니 행복하지 않으십니까? 우리 회사는 임직원이 참여하는 사회봉사단 활동과 회사 이익의 1% 이상을 사회 공헌 활동에 지원하는 등 꾸준한 공익 활동을 펼치며 기업의 사회적 책임을 다하고 있습니다. 앞으로도 여러분의 지속적인 관심과 참여를 부탁드리며 다시 한번 감사의 말씀 전합니다.

※ [37~38] 다음은 교양 프로그램입니다. 잘 듣고 물음에 답하십시오. (각 2점)

여자: 교수님은 우리나라에서 유일하다고 할 수 있는 '한국 홍보 전문가'라는 직함을 가지고 계신데요. '한국 홍보 전문가'는 어떤 일을 하는지 소개 좀 해 주시겠어요?

남자: 제가 한국 홍보 전문가가 된 계기는 대학교 1학년 때 나간 유럽 배낭여행에서의 일 때문이었어요. 2개월 동안 가는 곳마다 외국인들이 으레 일본어나 중국어로 말을 걸어오는 것이 속상했습니다. 그래서 한국의 역사와 문화를 알리기 위해서 사람들이 친근하게 생각하는 한식과 한글로 홍보를 시작했습니다. 전공은 조경학이었는데 전공과는 상관없이 그저 한국을 알리고 싶은 욕망에 직접 나선 것이죠. 몇 백 군데의 후원을 받아 뉴욕미술관에서 처음 한국어 서비스를 시작하던 날 얼마나 감격적이었는지 모릅니다. 해외 전광판에 비빔밥 광고를 하기도 하고, 유명 인사나 연예인과 함께 한국 문화와 관련해 지속적으로 홍보 활동을 하고 있습니다. 우리 한국의 문화와 역사를 알려 세계인이 즐길 수 있게 하는 것이 제 꿈입니다.

※ [39~40] 다음은 대담입니다. 잘 듣고 물음에 답하십시오. (각 2점)

여자: 커피에 들어있는 카페인이 우리 몸에 안 좋은 영향을 끼친다고 생각하는 분들이 많은데 좋은 점도 있네요. 커피가 집중력을 향상시킬 수 있다는 것은 처음 알게 됐습니다. 또 다른 효과도 있습니까?

남자: 적정량의 커피는 두뇌 기능이 저하되는 것을 막아 치매를 예방한다는 연구 결과가 발표되었습니다. 하루에 한두 잔 정도의 커피를 마시는 사람의 경우 마시지 않는 사람에 비해 치매에 걸릴 확률이 낮다고 합니다. 카페인이 기억력 감퇴나 두뇌 기능 장애를 유발하는 물질로부터 두뇌를 보호하기 때문입니다. 그런데 커피 섭취량을 늘렸을 경우에는 두뇌의 기능이 오히려 감퇴하는 것으로 밝혀졌습니다. 이런 카페인의 효과를 입증하기 위해서는 더 많은 사람들을 대상으로 장기간에 걸친 연구가 지속적으로 이루어져야 할 것입니다.

※ [41~42] 다음은 강연입니다. 잘 듣고 물음에 답하십시오. (각 2점)

남자: '깨진 유리창의 법칙'을 들어본 적이 있습니까? 깨진 유리창 하나를 방치해 두면 그 지점을 중심으로 범죄가 확산되기 시작한다는 이론인데요. 요즘은 경영학적 이론에 많이 인용되고 있습니다. 아주 작고 사소해 보일 수 있는 문제들이지만 기업 홈페이지의 잘못된 정보, 말뿐인 직원의 약속, 정리되지 않은 매장 등과 같은 아주 작고 사소해 보이는 문제들에 소홀할 경우 기업은 엄청난 대가를 치르게 될 수도 있습니다. 기업 경영자들이 경영 전략과 혁신에는 많은 노력과 시간을 투자하면서 정작 기업을 갉아먹는 작은 실수에 대해서는 아무런 신경을 쓰지 않는다면 기업이 앞으로 나갈 수 없겠지요. 큰 변화는 작은 것에서 시작됩니다. 기업의 경영자, 관리자 그리고 모든 직원들이 항상 이 점을 명심하고 실천해야만 성공할 수 있습니다.

※ [43~44] 다음은 다큐멘터리입니다. 잘 듣고 물음에 답하십시오. (각 2점)

여자: 지금 보시는 팔색조는 이름처럼 여덟 가지 색을 가진 희귀한 여름 철새입니다. 그동안 울음소리만으로 그 존재를 면면히 알려온 팔색조, 신비로움을 간직하고 있는 팔색조는 어떤 새일까요? 하루 종일 알을 품는 어미에게 수컷은 염소나 소의 배설물을 물어다 줍니다. 암컷은 그걸 받아 잘게 쪼개고 둥지 주변에 골고루 바르는데 둥지에 동물의 배설물 냄새를 피워 천적의 접근을 막기 위한 팔색조만의 보안 장비입니다. 또한 팔색조의 신비로운 색깔은 살아가는 데 중요한 역할을 합니다. 이마와 머리의 갈색 바탕은 주변 둥지의 색깔과 비슷해 어미가 둥지 밖에 고개를 내밀고 알을 품으면 잘 보이지 않습니다. 또 빨간 바지를 입혀 놓은 것 같은 가슴과 엉덩이 쪽의 붉은색은 천적들을 위협하는 데 효과적입니다.

※ [45~46] 다음은 강연입니다. 잘 듣고 물음에 답하십시오. (각 2점)

여자: 자녀를 공부 잘하는 아이로 키우기 위해 대단한 열정을 보이는 학부모님들이 많습니다. 그런데 사랑이라는 미명 하에 아이들을 망치고 있는 건 아닐까요? 청소년을 대상으로 조사한 결과, 학교를 그만 두거나 자살을 생각할 만큼 우울한 이유로 공부를 꼽았습니다. 공부를 못하면 결국 인생에 실패한 낙오자가 된다는 불안에 싸이게 되는 겁니다. 성적 상위 1%의 아이들조차 예외는 아닙니다. 이러한 공부에 대한 불안과 공포는 결국 아이들이 공부를 더 못하게 만드는 주원인입니다. 실제로 학업 스트레스와 학업 성취도는 반비례한다는 연구 결과와 즐겁지 못한 상태에서는 결코 공부를 잘할 수 없다는 많은 연구 결과들이 이를 증명합니다. 공부는 즐거운 마음으로 해야 잘할 수 있습니다. 오늘의 제 강연이 아이들에게 새로운 공부의 방향성을 제시해 주는 계기가 되었으면 합니다.

※ [47~48] 다음은 대담입니다. 잘 듣고 물음에 답하십시오. (각 2점)

여자: 다중 언어 번역 회사를 설립하여 기업 규모는 작지만 큰 수익을 내고 있다는 소식을 들었습니다. 접속자가 170개국 230만 명이 넘는다고 하는데 이 대표님은 어떻게 이런 일을 시작하게 되셨습니까?

남자: 어릴 때 아버지 사업으로 미국, 유럽, 중동 등 여러 나라를 돌아다니며 다양한 언어를 접하게 되면서 번역 사업에 관심이 생겼습니다. 한국에 돌아와 사람들에게 영어를 한국어로, 한국어를 영어로 번역해 주면서 저 같은 일을 하는 사람이 많을 것 같다는 생각이 들더군요. 다양한 언어로 번역하는 사람을 한데 모아서 중앙 센터를 만들면 좋겠다는 생각이었습니다. 우리 회사는 고객들이 보내오는 문자나 음성을 실시간으로 여러 언어로 번역해주는 일을 합니다. 최근 영국에 있던 본사를 다양한 기업, 다양한 인종, 다국적 기업의 연구소가 많은 미국 실리콘밸리로 옮겨 사업을 확장했습니다. 가입자와 사용자가 많아질수록 번역 속도도 빨라지고 수준도 더 나아지게 될 것입니다.

※ [49~50] 다음은 강연입니다. 잘 듣고 물음에 답하십시오. (각 2점)

여자: 석유와 석탄 등의 주요 에너지원의 고갈이 얼마 남지 않았다는 예상은 전 세계적으로 많은 우려의 대상이 되었습니다. 이에 세계 각국은 대체 에너지 개발에 필요성을 인식하고 이에 막대한 예산을 들이고 있습니다. 특히 에너지 수입 의존도가 절대적인 우리나라의 경우 석유의 매장량이 감소하면 유가가 상승하게 되어 경제적으로 큰 타격을 입게 됩니다. 이에 따라 우리나라에서도 대체 에너지 분야에 관심을 갖고 노력을 기울이고 있으나 아직은 초보적인 수준이라고 할 수 있습니다. 우리는 좀 더 체계적이고 선도적으로 석유 부족 시대에 대비해야 합니다. 정부에서는 대체 에너지 개발을 위해 정책적 지원을 아끼지 않아야 하고 에너지와 관련된 대학, 연구소, 기업이 모여 새로운 에너지 연구 개발에 박차를 가해야 합니다. 우리나라가 대체 에너지 관련 산업에서 우위를 차지하게 되어 대체 에너지 개발 기술을 해외에 수출하게 된다면 국가 경제 발전에 큰 기여를 하게 될 것입니다.

## 실전 4회 문항 구성표

| 대문항 | 문항 유형 | 소문항 | 주제 | 담화 유형 | 배점 |
|---|---|---|---|---|---|
| 1 | 알맞은 그림 고르기 | 1 | 현금 자동 인출기 | 대화 | 2점 |
| | | 2 | 날씨 | 대화 | 2점 |
| | | 3 | 결혼 상대자의 조건 | 뉴스 | 2점 |
| 2 | 이어지는 말 고르기 | 4 | 수면 | 대화 | 2점 |
| | | 5 | 공원 나들이 | 대화 | 2점 |
| | | 6 | 신입생 환영회 | 대화 | 2점 |
| | | 7 | 방송 촬영 | 대화 | 2점 |
| | | 8 | 이직 | 대화 | 2점 |
| 3 | 이어지는 행동 고르기 | 9 | 수영 교습 | 대화 | 2점 |
| | | 10 | 수하물 분실 | 대화 | 2점 |
| | | 11 | 휴대 전화 분실 | 대화 | 2점 |
| | | 12 | 벼룩시장 홍보 | 대화 | 2점 |
| 4 | 세부 내용 파악하기 | 13 | 어학연수 | 대화 | 2점 |
| | | 14 | 영화 관람 전 안내 | 안내 방송 | 2점 |
| | | 15 | 공연 반값 표 | 안내 뉴스 | 2점 |
| | | 16 | 상주시 축제 | 인터뷰 | 2점 |
| 5 | 중심 생각 고르기 | 17 | 우유의 장단점 | 대화 | 2점 |
| | | 18 | 자동 회전문 | 대화 | 2점 |
| | | 19 | 파워 블로거 | 대화 | 2점 |
| | | 20 | 성장기 운동 방법 | 인터뷰 | 2점 |
| 6 | 중심 생각, 세부 내용 파악하기 | 21-22 | 벽 그림 | 대화 | 각 2점 |

| 대문항 | 문항 유형 | 소문항 | 주제 | 담화 유형 | 배점 |
|---|---|---|---|---|---|
| 7 | 특정 정보, 세부 내용 파악하기 | 23-24 | 다문화 가정 돌잔치 | 대화 | 각 2점 |
| 8 | 중심 생각, 세부 내용 파악하기 | 25-26 | 생활 만화 | 인터뷰 | 각 2점 |
| 9 | 화자의 의도, 세부 내용 파악하기 | 27-28 | 자전거 전용도로 | 대화 | 각 2점 |
| 10 | 특정 정보, 세부 내용 파악하기 | 29-30 | 예능 프로그램 | 인터뷰 | 각 2점 |
| 11 | 화자의 생각, 태도 고르기 | 31-32 | 안락사 | 대화 | 각 2점 |
| 12 | 중심 내용, 세부 내용 파악하기 | 33-34 | 취업 | 강연 | 각 2점 |
| 13 | 특정 정보, 세부 내용 파악하기 | 35-36 | 여행 박람회 | 축사 | 각 2점 |
| 14 | 중심 생각, 세부 내용 파악하기 (교양 프로그램) | 37-38 | 대학 문화 연구소 | 인터뷰 | 각 2점 |
| 15 | 앞의 내용 추론, 세부 내용 파악하기 (대담) | 39-40 | 프로그램의 인기 요인 | 인터뷰 | 각 2점 |
| 16 | 세부 내용, 중심 생각 파악하기 (강연) | 41-42 | 현대인의 인간관계 | 강연 | 각 2점 |
| 17 | 세부 내용, 중심 내용 파악하기 (다큐멘터리) | 43-44 | 우포 생태늪 | 다큐멘터리 | 각 2점 |
| 18 | 세부 내용, 화자의 태도 파악하기 (강연) | 45-46 | 기업 문화 | 강연 | 각 2점 |
| 19 | 세부 내용, 화자의 태도 파악하기 (대담) | 47-48 | 여성 기업가 | 대담 | 각 2점 |
| 20 | 세부 내용, 화자의 태도 파악하기 (강연) | 49-50 | 지진 대응 훈련 | 강연 | 각 2점 |

| 실전 4회 정답 | | | | | | | | | |
|---|---|---|---|---|---|---|---|---|---|
| 1 | 2 | 3 | 4 | 5 | 6 | 7 | 8 | 9 | 10 |
| ② | ④ | ② | ② | ① | ② | ③ | ① | ② | ② |
| 11 | 12 | 13 | 14 | 15 | 16 | 17 | 18 | 19 | 20 |
| ① | ② | ④ | ② | ④ | ③ | ④ | ④ | ③ | ④ |
| 21 | 22 | 23 | 24 | 25 | 26 | 27 | 28 | 29 | 30 |
| ① | ④ | ② | ④ | ① | ③ | ② | ① | ③ | ③ |
| 31 | 32 | 33 | 34 | 35 | 36 | 37 | 38 | 39 | 40 |
| ④ | ② | ④ | ④ | ② | ④ | ① | ② | ④ | ① |
| 41 | 42 | 43 | 44 | 45 | 46 | 47 | 48 | 49 | 50 |
| ④ | ② | ④ | ② | ① | ② | ③ | ② | ④ | ② |

## 실전 4회 듣기 지문

실전편 실전 4(1~50)

※ [1~3] 다음을 듣고 알맞은 그림을 고르십시오. (각 2점)

**1.** 여자: 어? 왜 카드가 안 나오지? 현금 자동 인출기가 고장 났나 봐요.
남자: 그럼 은행 직원에게 전화해 보세요. 여기 옆에 전화번호가 있는데요.
여자: 친구하고 영화 보기로 약속했는데 이러다가 늦을 것 같아요. 빨리 전화해 봐야겠어요.

**2.** 남자: 오랜만에 산책을 하니까 좋은데요. 스트레스가 확 풀리는 것 같아요.
여자: 맞아요. 경치도 아름답고 이렇게 쉴 수 있는 의자도 있어서 좋은 것 같아요.
남자: 그런데 하늘이 많이 흐리네요. 비가 올지도 모르니까 이제 집에 갑시다.

3. 남자: 20대, 30대 여성과 남성을 대상으로 결혼 상대자의 조건을 조사한 결과 여성은 능력, 성격, 외모 순으로, 남성은 외모, 성격, 능력 순으로 중요하다고 답했습니다. 그리고 결혼하기 적당한 나이를 조사한 결과 여성은 28세, 남성은 32세라고 답해 3년 전에 비해 젊은이들이 더 늦은 나이에 결혼을 하려는 것으로 조사되었습니다.

※ [4~8] 다음 대화를 잘 듣고 이어질 수 있는 말을 고르십시오. (각 2점)

4. 남자: 요즘 잠을 설쳤더니 너무 피곤하네요.
여자: 잠을 설치다니요? 무슨 일 있어요?
남자: ______________________________

5. 남자: 날씨도 좋은데 어디 가까운 데로 놀러 갈까?
여자: 이런 날씨에는 한강 공원에 가는 것이 제일 좋지. 자전거도 탈 수 있고.
남자: ______________________________

6. 여자: 이번 신입생 환영회에 졸업한 선배님들도 많이 오세요?
남자: 이번에 20명쯤 참석한다고 했으니까 많이 온다고 할 수 있지.
여자: ______________________________

7. 남자: 우리 회사 앞에 사람들이 많이 모여 있던데 무슨 일이 있는지 알아요?
여자: 방송국에서 다음 주에 방영할 프로그램을 촬영하러 왔대요.
남자: ______________________________

8. 남자: 새로 옮긴 회사는 어때요?
여자: 지난 회사에 비하면 업무량이 많기는 하지만 배울 것도 많고, 경력을 인정받아서 월급도 늘었어요.
남자: ______________________________

※ [9~12] 다음 대화를 잘 듣고 여자가 이어서 할 행동으로 알맞은 것을 고르십시오. (각 2점)

9. 여자: 영수야, 시간 있으면 나한테 수영 좀 가르쳐 주지 않을래? 수영복은 사 놓았는데 혼자 수영을 시작하려니까 좀 겁이 나네.
남자: 내가 누구를 가르쳐 줄 실력은 아직 안 돼. 매일 아침 학교 수영장에서 강습이 있대.
여자: 그래? 그럼 학교 수영장에 강습을 신청해야겠다. 그런데 아침에 일어날 일이 걱정이네.
남자: 처음에는 힘들겠지만 익숙해질 거야.

10. 여자: 1시간 전에 비행기에서 내렸는데 수하물이 나오지 않았어요. 저와 같이 내린 승객들은 다 짐을 찾은 것 같은데요.
남자: 죄송합니다. 뭔가 문제가 생긴 것 같습니다. 비행기 표에 붙어 있는 수하물 표를 좀 보여 주시겠어요?
여자: 여기 있습니다. 수하물이 분실된 것은 아니겠지요?
남자: 지금 확인해 보니 다음 비행기에 실려 있네요. 머무시는 곳의 주소와 전화번호를 알려주시면 다음 비행기가 도착하는 대로 배달해 드리겠습니다.

11. 여자: 여보세요? 혹시 택시 기사님이신가요?
남자: 네, 이 휴대 전화 두고 내리신 분 맞지요? 휴대 전화를 어디에서 전해 드릴까요?
여자: 제가 지금 지방으로 출장을 가는 길이라 바로 받을 수가 없는데 혹시 회사 안내 데

스크에 맡겨 주실 수 있나요? 기차 시간이 얼마 안 남았거든요. 죄송합니다.
남자: 그럼 오늘 바로 맡겨 놓을 테니까 나중에 찾아 가세요.

**12.** 남자: 다음 주말에 구청 광장에서 열릴 벼룩시장 준비는 잘 돼 가요? 제가 뭐 도울 일은 없어요?
여자: 중고 물품은 접수가 끝났고 이제 종류별로 분류만 하면 돼요. 그런데 홍보가 잘 안 된 것 같아서 걱정이에요. 많이들 오셔야 할 텐데…….
남자: 구청 소식지하고 홈페이지에는 홍보를 했는데, 신문에도 홍보를 해 볼까요?
여자: 좋은 생각이네요. 좀 부탁 드려요.

※ [13~16] 다음을 듣고 내용과 일치하는 것을 고르십시오. (각 2점)

**13.** 여자: 어학연수 잘 다녀왔어? 일본어는 좀 늘었니?
남자: 겨우 한 달 다녀왔는데 늘기는. 여행하고 일본 친구들도 만나고 그랬지.
여자: 많은 걸 경험해서 좋았겠다. 나도 어학연수를 해 보고 싶어.
남자: 시간이 짧아서 좀 아쉬웠어. 그래서 내년에는 1년 동안 일본어를 배우러 갈 계획이야.

**14.** 여자: 영화 관람 전에 잠시 안내 말씀 드리겠습니다. 앞자리 관객의 편안한 관람을 위해 앞 좌석은 발로 차지 않도록 해 주십시오. 휴대폰은 꺼 두시거나 진동으로 해 주시고 사진과 동영상 촬영은 삼가 주십시오. 쓰레기는 영화 관람 후 비상구 앞에 마련된 쓰레기통에 버려 주십시오. 상영관의 위치 및 출구 그리고 가장 가까운 비상구를 확인해 주십시오. 비상시에는 직원들의 안내에 따라 안전하게 대피해 주시기 바랍니다. 감사합니다.

15. 남자: 다음은 공연계 뉴스입니다. 너무 비싼 공연 표 때문에 부담스러우셨죠? 서울 국립문화극장에서 다음 달부터 반값 할인 표를 판매한다는 소식인데요. 서울 국립문화극장은 판매되지 않은 좌석을 공연 직전에 할인된 가격으로 살 수 있는 제도를 도입하겠다고 밝혔습니다. 당일 표 할인 판매 제도는 유럽에서 이미 보편적인 할인 행사입니다. 공연 2시간 전까지 판매되지 않고 남아 있는 좌석은 현장에서 반값에 살 수 있습니다.

16. 여자: 한 마을의 축제에 마을 주민 수의 40배나 되는 관람객이 찾고 있어서 화제가 된 마을이 있습니다. 상주시 시장님의 말씀을 들어보겠습니다.

남자: 상주 청리역에 1970년대 아버지 세대의 볼거리와 즐길 거리를 재현해 놓았습니다. 많은 관람객들이 70년대의 복장을 하고 구멍가게, 다방, 이발소 등 추억의 마을로 변신한 청리역 거리를 둘러보면서 타임머신을 타고 과거로 여행하는 분위기를 느낄 수 있습니다. 주말에는 노래와 춤 등 자원봉사자들의 재능 기부 공연도 펼쳐집니다.

※ [17~20] 다음을 듣고 남자의 중심 생각을 고르십시오. (각 2점)

17. 남자: 미선 씨, 왜 우유를 안 마셔요?

여자: 사람들한테 들었는데 우유가 별로 안 좋대요. 우유에 있는 단백질이 위에서 소화가 잘 안 되기도 하고 사람에 따라 복통을 유발하기도 한다던데요?

남자: 그래도 아직은 칼슘과 단백질을 얻는 방법으로 우유를 마시는 것만큼 좋은 게 없다고 봐요. 특히 뼈가 약한 여성이나 성장기 아이들에게 우유는 꼭 필요하다고 할 수 있지요.

18. 남자: 새로 만든 건물들은 대부분 자동 회전문을 설치해 놓았네요.
여자: 자동 회전문이 있으니까 짐이 있을 때 손으로 문을 열 필요가 없어서 편한 것 같아요.
남자: 그런데 노인들이나 어린이들은 회전 속도를 따라가지 못해서 문에 끼이는 사고가 많이 발생하던데요. 자동 회전문을 설치할 때 모두가 안전하게 이용할 수 있는 기준이 만들어져야 할 것 같아요.

19. 남자: 오늘 점심으로 뭐 먹을까?
여자: 어제 내가 인터넷에서 맛집을 소개해 주는 블로그를 봤는데 경기도에 정말 맛있는 한정식집이 있대. 우리 거기에 갈까?
남자: 뉴스에서 봤는데 인기 있는 블로그를 운영하는 사람들이 식당을 소개하는 글과 사진을 올려 주고 돈을 요구하거나 음식 값을 내지 않는 경우가 많대. 좋은 블로그도 있겠지만 돈을 받고 소개하는 곳들이 있으니까 그런 정보는 믿을 수 없다고 생각해.
여자: 그런데 많은 식당 중에서 어디가 맛이 있는지 어떻게 알아? 모든 맛집 소개가 다 믿을 수 없는 것은 아닐 거야.

20. 여자: 김 소장님께서는 성장기 아이들을 위한 스포츠 의학 연구소를 운영하고 계십니다. 아이들에게 바람직한 운동 방법은 무엇입니까?
남자: 성장기 아이들은 어른보다 쉽게 피로감을 느끼지만 빨리 회복하는 특징이 있습니다. 따라서 운동할 때 운동 강도를 다양하게 변화시키거나 단시간의 운동을 여러 차례로 나눠서 운동 프로그램을 짜는 것이 좋습니다. 특히 뼈나 관절에 심한 충격이 가는 운동이나 장시간 동안의 운동을 피하고 준비 운동과 정리 운동을 필수적으로 해야 합니다. 또한 규칙적으로 꾸준히 운동하는 것도 중요합니다.

※ [21~22] 다음을 듣고 물음에 답하십시오. (각 2점)

여자: 와! 이 벽에 있는 그림 좀 봐. 벽에 이런 화려한 글씨나 그림이 그려져 있으니까 지저분한 벽도 안 보이고 좋은데.

남자: 글쎄. 나는 가끔 의미도 알 수 없는 낙서 같은 글씨나 그림이 벽에 그려져 있는 걸 보면 눈살이 찌푸려지기도 해. 밤에 몰래 그리고 사라지는 사람들이 있어서 문제가 될 때도 있고.

여자: 요즘은 건물 벽에 그리는 그림을 새로운 공공 예술의 장르로 인정하는 추세야. 어두운 지하도나 벽들을 아름답게 만드는 환경 사업도 하고 거리의 예술로 태어날 수도 있어서 좋은 것 같아.

남자: 나는 그걸 예술이라고 말하기는 어려울 것 같은데. 특히 주인의 허락도 받지 않고 하는 경우는 남의 재산에 피해를 입히는 것과 다를 바가 없잖아.

※ [23~24] 다음을 듣고 물음에 답하십시오. (각 2점)

남자: 우리 구청에서 사회 복지 사업의 하나로 다문화 가정의 아이들을 위한 돌잔치를 열어 주기로 했습니다. 지난번에 검토했던 기획안대로 하나하나 진행하도록 합시다.

여자: 그럼 우선 대상 가정을 조사하고 보고 드리겠습니다. 돌잔치이니 사진사도 알아보고 돌상도 준비해야겠네요.

남자: 네. 부모님들이 한국 전통 문화를 잘 모르시니 구청에서 조금이라도 부족한 것이 없도록 준비하세요. 특히 돌잡이는 전통적인 방법으로 진행하여 한국의 전통을 알리고 한국 문화를 더 이해할 수 있도록 하십시오.

여자: 네. 알겠습니다. 그럼 돌잡이 용품으로는 전통적인 물품을 준비하겠습니다.

※ [25~26] 다음을 듣고 물음에 답하십시오. (각 2점)

여자: 10년 넘게 일상생활을 소재로 만화를 그려 대중에게 많은 사랑을 받고 있는 만화가 이양수 씨를 만났습니다. 어떻게 이런 평범한 생활을 만화로 그리게 되셨나요?

남자: 생활 만화의 힘은 공감에 있습니다. 금세 잊혀 질 수 있는 평범한 하루, 일상적인 대화도 기억해 뒀다가 글과 그림으로 옮겨 재미있는 이야기로 기록합니다. 이러한 만화를 보면서 그리는 저나 제 만화를 보는 독자들이나 모두 웃고 울면서 자연스럽게 공감이 형성됩니다. 독자들은 마음을 알아주는 누군가가 있다고 생각하고, 때로는 잘 살고 있다는 안도감을 느끼기도 합니다. 격려를 받고 때로는 위로를 받기도 합니다. 앞으로도 계속 독자들이 공감할 수 있는 소재를 찾아 꾸준히 만화를 그리는 것이 제 꿈입니다.

※ [27~28] 다음을 듣고 물음에 답하십시오. (각 2점)

여자: 최근에 우리 집 근처에도 자전거 전용도로가 생겼어. 차도나 인도에서 타는 것보다 안전해 보이고 좋은 것 같아.

남자: 글쎄 난 자전거 통행량도 미리 파악하지 않고 여기저기 만들어서 오히려 불편하던데. 차선이 줄어들어서 길도 더 막히고.

여자: 복잡한 도심에서 자전거를 타고 빨리 갈 수 있어서 좋잖아. 자전거를 타는 사람들의 안전 공간도 확보할 수 있고.

남자: 난 아직 자전거 이용자가 많지 않은 우리나라에서는 시기상조가 아닌가 싶어. 자전거 전용 도로에 주차돼 있는 차들만 봐도 알 수 있어.

여자: 그런 문제가 있기는 하지만, 전국의 자전거 도로가 연결되면 자전거를 타고 자연을 즐기면서 여행도 할 수 있어서 특히 좋을 것 같지 않니?

※ [29~30] 다음을 듣고 물음에 답하십시오. (각 2점)

여자: 배우도 예능인도 아닌 감독이 백상예술대상에서 대상을 받아서 화제가 되고 있습니다. 이 감독님, 대상을 받으신 것 축하드립니다. 감독님의 프로그램이 이렇게 성공할 거라고 예상하셨습니까?

남자: 아닙니다. 제가 할 수 있는 게 많고 성공을 예측했다면 제가 만든 프로그램에 대해서 여기저기 자랑하며 다녔을 겁니다. 하지만 전 할 줄 아는 것이 별로 없습니다. 단지 어릴 적 시골에 있는 외갓집에서 놀던 기억이 아직도 생생해요. 초록색 들판, 계곡……. 자연에 대한 갈망은 누구나 가지고 있지 않습니까? 저는 프로그램을 통해 시청자들을 대리 만족하도록 만드는 것이 우리와 같은 예능을 만드는 사람들의 의무라고 생각합니다. 그리고 저와 함께 일을 하고 있는 조감독, 작가들, 그리고 출연자들이 없었다면 이런 재미있는 프로그램은 만들지 못했을 겁니다.

※ [31~32] 다음을 듣고 물음에 답하십시오. (각 2점)

여자: 현재 안락사나 존엄사를 검토하고 이미 허용한 국가들이 늘어나고 있습니다. 우리나라도 회생 가능성이 없는 환자들의 경우 생명을 유지하기 위한 연명 치료를 할지 하지 않을지 환자와 가족들이 결정할 수 있어야 한다고 생각합니다.

남자: 난치병이나 불치병 등으로 오랫동안 입원해 있는 환자의 경우 가족들에게 부담을 안겨 준다는 죄의식 등으로 환자가 자기 의사를 제대로 표현하지 못하는 경우가 있습니다. 이런 경우 환자의 의사 결정은 실제 속마음과 다를 수 있습니다.

여자: 그렇지만 현대 의학으로 회복 가능성이 거의 없고 치료할 수 없는 환자의 경우는 인위적으로 생명만 연장하는 것에 대해 반대하는 사람들이 늘고 있습니다.

남자: 회복 불가능한 환자의 생명도 회복 가능한 환자나 건강한 사람의 생명과 동등한 가치를 지니고 있습니다. 따라서 모든 환자들에 대해서 끝까지 최선을 다해 치료해야 합니다.

※ [33~34] 다음을 듣고 물음에 답하십시오. (각 2점)

여자: 면접 중에 자주 접하게 되는 질문은 '이 일을 하기 위해 어떤 준비를 해왔는가'입니다. 사실 기업에서는 단순히 학력과 성적이 좋은 사람보다는 일에 열정이 있는 사람을 원합니다. 지원 분야에 관심이 있다면 궁금증을 해소하기 위해 정보를 찾아보고, 관련된 활동을 하는 것이 취업에 도움이 됩니다. 취업 관련 활동으로 대부분 기업의 인턴을 가장 먼저 떠올립니다. 그러나 기업의 인턴 자리는 한정되어 있기 때문에 모두에게 기회가 주어지는 것은 아니지요. 하지만 열정만 있다면 기업 인턴을 통해서 뿐만 아니라 혼자서도 얼마든지 관련 경험을 쌓을 수 있습니다. 예를 들어 홍보 직무를 목표로 한다면 1인 출판을 통해 나를 알리는 내용을 담은 책자를 발간하는 것도 스스로 관련 경험을 쌓는 것이라 할 수 있습니다. 누구나 같은 방법으로 관련 자격증을 획득하고 시험 점수를 높이는 것보다 나만의 방법으로 경험을 쌓는 것이 자신의 능력과 가능성을 보여 주는 것이라고 할 수 있습니다.

※ [35~36] 다음을 듣고 물음에 답하십시오. (각 2점)

남자: 안녕하십니까? 우리나라의 다양한 여행 정보를 모두 모아 놓은 이 자리에서 여러분과 만나게 되어 참으로 기쁘게 생각합니다. '한국 여행 박람회'에 관심을 가지고 참석해 주신 주한 외교관 여러분께도 감사의 말씀을 드립니다. 국내 관광을 활성화하고 경쟁력을 키우기 위해 시작한 여행 박람회가 올해로 벌써 4회째가 되었습니다. 아직도 많은 사람들이 '국내에는 가 볼만한 곳이 별로 없다'고들 이야기합니다. 하지만 널리 알려지지 않았을 뿐이지, 외국의 그 어떤 곳보다 더 가 볼만한 곳들이 많습니다. 앞으로 각 지역의 고유한 특색을 활용하여 더 많은 여행 프로그램들이 개발된다면 국내 여행 활성화에 도움이 될 것이라고 생각합니다. 앞으로 더 많은 프로그램이 개발될 수 있기를 바라고 저희 박람회에서도 적극적인 지원을 아끼지 않겠습니다.

※ [37~38] 다음은 교양 프로그램입니다. 잘 듣고 물음에 답하십시오. (각 2점)

여자: 오늘은 오상운 대표님을 모시고 '대학 문화 연구소'에서 어떤 일을 하는지 이야기를 들어 보겠습니다.

남자: 10년 전에 대학가 일대를 기반으로 한국의 놀이 문화를 바꾸겠다는 야심으로 설립된 문화 공동체입니다. 놀 거리, 볼거리, 즐길 거리의 기근에 시달리는 한국의 문화 판도를 바꾸자는 취지로 창설되었습니다. 정서적, 문화적 풍요를 추구하는 사람이 모였기 때문에 수익보다는 우리 각자가 추구하는 문화 활동을 지지하면서 서로의 꿈에 한 발짝씩 다가가는 것을 응원하고 있습니다. 3년 전 문을 연 제비꽃 다방은 누구나 손쉽게 문화와 예술 교류를 나누고 공연과 전시가 함께 어우러져 즐길 수 있는 놀이 공간이자 문화 공간입니다. 일종의 전시장이자 공연장이며 놀이터가 되는 것이지요. 앞으로도 많은 놀 거리와 볼거리, 즐길 거리를 만들기 위해 노력할 계획입니다.

※ [39~40] 다음은 대담입니다. 잘 듣고 물음에 답하십시오. (각 2점)

여자: 프로그램이 단순히 감독의 아이디어로만 만들어지는 것이 아니라 시청자들의 생활 수준이나 요구에 따라 방송 프로그램도 변화하고 있는 것이네요. 요즘 방송에서는 음식 관련 프로그램이 주목을 받고 있습니다. 박사님, 시청자들이 요리하고 먹는 방송에 열광하는 이유는 무엇일까요?

남자: 요리하고 먹는 방송 프로그램들이 인기를 얻는 데는 여러 가지 이유가 있습니다. 유명한 연예인이 먹는 것을 보면서 대리 만족을 느끼는 경우도 있고 막연했던 요리 방법을 방송으로 보면서 쉽게 이해하는 것도 인기 요인 중의 하나입니다. 예전에는 누구에게도 알려 주지 않던 요리 비법을 요즘 방송에 출연하는 요리사들은 서슴없이 공개합니다. 우리나라가 경제 수준이 높아지면서 사람들은 그냥 한 끼를 대충 때우는 것이 아니라 밥 한 끼를 먹더라도 기분 좋고 맛있게 먹으려고 합니다. 이 때 방송 프로그램에서 전해 주는 재미와 정보는 우리의 눈을 뗄 수 없게 만듭니다.

※ [41~42] 다음은 강연입니다. 잘 듣고 물음에 답하십시오. (각 2점)

남자: 5포 세대라는 말을 들어 보셨습니까? 연애, 결혼, 출산, 내 집 마련, 대인 관계를 포기하는 요즘 젊은 세대를 지칭하는 겁니다. 현대 사회에서 심리적으로나 경제적으로 여유가 없어진 청년들이 행복의 중요한 요소 중 하나인 인간관계마저 포기하고 마는 것입니다. 인맥 관리를 위한 휴대 전화 주소록에 저장된 사람의 수는 많아도 마음을 나눌 수 있는 관계를 맺고 있는 사람은 별로 없고, 자신에게 이익이 되는 관계가 아니라면 인간관계를 맺는 것이 거추장스럽다고 느끼는 사람도 많은 것이 현대인의 모습입니다. 하지만 삶에서 인간의 행복과 불행을 좌우하는 것은 진솔한 인간관계와 거기에서 생기는 유대감입니다. 이것을 포기한다면 우리의 삶이 과연 행복할 수 있을지 생각해 볼 문제입니다.

※ [43~44] 다음은 다큐멘터리입니다. 잘 듣고 물음에 답하십시오. (각 2점)

여자: 이곳은 '생태계의 살아 있는 자연사 박물관'이라고 불리는 우리나라 최대의 늪지인 우포늪입니다. 옛날부터 인근 주민들이 소를 풀어 키우던 곳이라 해서 '우포'로 불리기 시작한 이곳은 다양한 어류의 서식지로 유명합니다. 수량이 풍부해지면 근처 낙동강에서 산란을 위해 많은 물고기들이 우포늪으로 유입됩니다. 또한 우리나라 전체 식물 종류의 약 10%인 430여 종의 식물이 서식하고 있으며, 그중 수생 식물이 차지하는 비율은 50% 이상입니다. 늪임에도 불구하고 우포늪이 맑은 물빛을 가질 수 있는 이유가 바로 수생 식물들이 우포늪의 수질을 자연 정화시켜 주고 있기 때문입니다. 그 외에도 우포늪은 철새들의 이동 경로에 위치하고 있어서 이동하는 새들에게 먹이와 휴식처를 제공하는 역할을 합니다.

※ [45~46] 다음은 강연입니다. 잘 듣고 물음에 답하십시오. (각 2점)

남자: 혁신적인 기업 문화는 조직을 보다 창조적이고 효율적으로 만들어 주는데요. 창조적인 기업가 정신을 갖춘 조직은 혁신적인 문화를 통해 더 많은 부를 창출할 수 있습니다. 기업 조직이 성장하고 커질수록 조직 안에는 여러 가지 부작용이 나타나게 됩니다. 조직이 관료화되고 일 처리가 정형화되면 직원의 창의력을 저하시켜 생산성이 떨어집니다. 성공적인 제품은 창의적인 조직 문화에 의해 탄생하는 경우가 많기 때문에 새로운 아이디어를 중시하여 보다 효율적이고 창의적으로 조직 구조를 개편해야 합니다. 혁신적인 기업 문화의 시작은 조직의 리더입니다. 조직의 리더는 창의적이고 혁신적인 기업 문화를 조성하고 새로운 아이디어를 수용해야 합니다. 창조 경제의 시대에 창의성과 혁신을 수용하지 않으면 현대 사회에서 살아남기 어렵습니다. 결과적으로 기업의 발전을 위해서 창조적이고 효율적인 기업 문화를 조직 문화로서 정착시켜야 합니다.

※ [47~48] 다음은 대담입니다. 잘 듣고 물음에 답하십시오. (각 2점)

남자: 한국의 많은 기업의 여성 대표들을 보면 거의 대부분 부모로부터 물려 받아 대표의 자리에 올라간 경우가 많은데요. 한 대표님은 평범한 주부에서 1,000억 원 매출을 달성한 성공 기업의 대표가 되었는데 어떻게 사업을 시작하게 되셨습니까?

여자: 사실 저도 직장을 다니는 평범한 주부였습니다. 워낙 깔끔한 성격 탓에 퇴근 후 반복되는 가사일도 대충하기는 싫었습니다. 그 중 가장 힘든 것이 걸레질이었는데 어느 날 아이디어 하나가 떠올랐습니다. 뜨거운 스팀이 나오는 걸레가 있으면 좋겠다는 생각이었지요. 이런 제품이 나오기만 하면 주부들에게 인기가 있을 것이라고 예상했습니다. 주위의 우려에도 불구하고 안정된 직장을 박차고 나와 사업에 뛰어들었습니다. 비록 작은 생각으로 시작되었지만 유용하고 실생활에 꼭 필요한 제품으로 시장을 개척해 보겠다는 목표가 있었습니다. 생활 가전뿐만 아니라 주방용품, 화장품 등 사업을 확대하여 여성의 삶을 혁신적으로 변화시킬 수 있는 제품을 통해 주부가 행복한 사회를 만드는 데 기여하고 싶습니다.

※ [49~50] 다음은 강연입니다. 잘 듣고 물음에 답하십시오. (각 2점)

여자: 세계 여러 나라에서 매년 지진으로 많은 인명과 재산 피해가 발생합니다. 그렇지만 한국에서는 강진이 발생한 적이 거의 없어서 지진으로부터 비교적 안전하다는 의식을 갖고 있습니다. 그러나 기록을 살펴보면 조선왕조실록, 삼국사기 등 각종 역사서에 총 2,160번의 지진 발생 기록이 있고 성 위에 있는 담이 무너지거나 땅이 갈라지는 지진은 14회 기록되어 있습니다. 1978년 이후 규모 5.0 이상의 지진이 6회로 6년에 한 번꼴로 지진이 발생하고 있어서 결코 안전지대가 아니라는 인식이 확산되는 추세입니다. 따라서 건물을 지을 때 지진에 견디도록 내진 설계를 하고, 지진에 신속하고 체계적으로 대응할 수 있는 정보 기술 기반의 대응 시스템도 구축해야 합니다. 그리고 국민의 인식 전환과 개개인의 대응 역량을 키우기 위해 정기적인 재난 대응 훈련이 필요합니다. 평소에 대응 요령을 익혀두지 않으면 실제 상황에서는 신속하고 적절히 대응할 수 없습니다.

## 실전 5회 문항 구성표

| 대문항 | 문항 유형 | 소문항 | 주제 | 담화 유형 | 배점 |
|---|---|---|---|---|---|
| 1 | 알맞은 그림 고르기 | 1 | 도서 분실 | 대화 | 2점 |
| | | 2 | 대중 문화 | 대화 | 2점 |
| | | 3 | 대학수학능력시험 | 뉴스 | 2점 |
| 2 | 이어지는 말 고르기 | 4 | 운동 | 대화 | 2점 |
| | | 5 | 아침 식사 대용 | 대화 | 2점 |
| | | 6 | 한복 대여 | 대화 | 2점 |
| | | 7 | 전공 선택 | 대화 | 2점 |
| | | 8 | 거래처 제안서 | 대화 | 2점 |
| 3 | 이어지는 행동 고르기 | 9 | 물품 교환 | 대화 | 2점 |
| | | 10 | 제품 판매 위치 | 대화 | 2점 |
| | | 11 | 약 처방 | 대화 | 2점 |
| | | 12 | 신입 사원 오리엔테이션 | 대화 | 2점 |
| 4 | 세부 내용 파악하기 | 13 | 온라인 쇼핑몰 | 대화 | 2점 |
| | | 14 | 기차 안내 방송 | 안내 방송 | 2점 |
| | | 15 | 우편번호 변경 | 안내 뉴스 | 2점 |
| | | 16 | 걷기 안내판 | 인터뷰 | 2점 |
| 5 | 중심 생각 고르기 | 17 | 여름 자유 복장 | 대화 | 2점 |
| | | 18 | 영수증 | 대화 | 2점 |
| | | 19 | 가수와 뮤지컬 | 대화 | 2점 |
| | | 20 | 동물 병원 | 인터뷰 | 2점 |
| 6 | 중심 생각, 세부 내용 파악하기 | 21-22 | 여름 건강식 | 대화 | 각 2점 |

| 대문항 | 문항 유형 | 소문항 | 주제 | 담화 유형 | 배점 |
|---|---|---|---|---|---|
| 7 | 특정 정보, 세부 내용 파악하기 | 23-24 | 공동 육아 | 대화 | 각 2점 |
| 8 | 중심 생각, 세부 내용 파악하기 | 25-26 | 환경 | 인터뷰 | 각 2점 |
| 9 | 화자의 의도, 세부 내용 파악하기 | 27-28 | 저출산 | 대화 | 각 2점 |
| 10 | 특정 정보, 세부 내용 파악하기 | 29-30 | 세탁기 청소 | 인터뷰 | 각 2점 |
| 11 | 화자의 생각, 태도 고르기 | 31-32 | 범죄자 실명 공개 | 대화 | 각 2점 |
| 12 | 중심 내용, 세부 내용 파악하기 | 33-34 | 빈둥지 증후군 | 강연 | 각 2점 |
| 13 | 특정 정보, 세부 내용 파악하기 | 35-36 | 장학금 | 축사 | 각 2점 |
| 14 | 중심 생각, 세부 내용 파악하기 (교양 프로그램) | 37-38 | 대학 교양 강좌 | 인터뷰 | 각 2점 |
| 15 | 앞의 내용 추론, 세부 내용 파악하기 (대담) | 39-40 | 공연장 불법 촬영, 불법 복제 | 인터뷰 | 각 2점 |
| 16 | 세부 내용, 중심 생각 파악하기 (강연) | 41-42 | 비만의 원인 | 강연 | 각 2점 |
| 17 | 세부 내용, 중심 내용 파악하기 (다큐멘터리) | 43-44 | 멕시코 마을의 변화 | 다큐멘터리 | 각 2점 |
| 18 | 세부 내용, 자의 태도 파악하기 (강연) | 45-46 | 돌고래 | 강연 | 각 2점 |
| 19 | 세부 내용, 화자의 태도 파악하기 (대담) | 47-48 | 기업 이미지 | 대담 | 각 2점 |
| 20 | 세부 내용, 화자의 태도 파악하기 (강연) | 49-50 | 남한과 북한 | 강연 | 각 2점 |

## 실전 5회 정답

| 1 | 2 | 3 | 4 | 5 | 6 | 7 | 8 | 9 | 10 |
|---|---|---|---|---|---|---|---|---|---|
| ① | ③ | ③ | ② | ② | ④ | ③ | ④ | ① | ① |
| 11 | 12 | 13 | 14 | 15 | 16 | 17 | 18 | 19 | 20 |
| ② | ② | ④ | ② | ④ | ③ | ④ | ① | ① | ③ |
| 21 | 22 | 23 | 24 | 25 | 26 | 27 | 28 | 29 | 30 |
| ④ | ④ | ③ | ③ | ② | ① | ④ | ④ | ④ | ③ |
| 31 | 32 | 33 | 34 | 35 | 36 | 37 | 38 | 39 | 40 |
| ① | ③ | ④ | ③ | ① | ② | ③ | ① | ② | ① |
| 41 | 42 | 43 | 44 | 45 | 46 | 47 | 48 | 49 | 50 |
| ④ | ④ | ① | ④ | ② | ② | ① | ① | ③ | ③ |

## 실전 5회 듣기 지문

실전편 실전 5(1~50)

※ [1~3] 다음을 듣고 알맞은 그림을 고르십시오. (각 2점)

**1.** 여자: 저, 지난달에 빌린 책을 반납해야 하는데 제가 책을 분실했어요. 어떡하죠?
남자: 그 책과 같은 새 책을 사 오시거나 책값을 내셔야 합니다. 어떻게 하시겠어요?
여자: 그럼 책값을 낼게요.

**2.** 남자: 방송 정말 재미있다. 오늘 나온 가수는 노래도 잘 하고 춤도 잘 추네.
여자: 맞아. 그리고 노래 가사도 아름답고 의상도 멋있었어.
남자: 콘서트에서 보는 것만 재미있을 줄 알았는데 방송으로 보는 것도 좋다.

**3.** 남자: 지난해 대학수학능력시험 제2 외국어 영역에서 수험생들이 선택한 언어를 조사한 결과 선택 비율이 베트남어가 45%, 아랍어가 25%를 차지하는 것으로 나타났습니다. 이는 독일어, 프랑스어 등 유럽 언어는 말할 것도 없고 중국어 10%, 일본어 13%보다 높은 비중입니다. 특히 베트남어를 선택한 수험생은 지난해보다 10% 증가했고 독일어의 선택 비율은 감소했습니다.

※ [4~8] 다음 대화를 잘 듣고 이어질 수 있는 말을 고르십시오. (각 2점)

**4.** 여자: 요즘 계속 살이 찌고 건강도 나빠져서 운동을 시작했어.
남자: 그래? 날씨가 많이 더워졌는데 운동하기가 힘들지 않아?
남자: ______________________________

**5.** 남자: 아침을 먹지 않고 출근을 하니까 기운도 없고 힘들어요.
여자: 저는 아침에 떡을 하나씩 먹으니까 간편하고 좋아요.
남자: ______________________________

**6.** 여자: 지난주에 한복을 빌린 사람인데 한복에 얼룩이 졌네요. 어떡하죠?
남자: 세탁비 15,000원을 추가로 내시면 됩니다.
여자: ______________________________

**7.** 남자: 며칠 동안 계속 고민하더니 전공을 선택했어요?
여자: 아직 못 했어요. 경영학이 취업이 잘 되기는 하지만 제가 정말 공부하고 싶은 것은 심리학이거든요.
남자: ______________________________

8. 여자: 부장님, 거래처에서 오전에 보내 온 제안서입니다.
남자: 고마워요. 김 과장도 제안서를 검토해 봤나요?
여자: ______________________________

※ [9~12] 다음 대화를 잘 듣고 여자가 이어서 할 행동으로 알맞은 것을 고르십시오. (각 2점)

9. 여자: 어떡하지? 아까 사 온 이불이 집에 있는 침대와 크기가 안 맞아.
남자: 물건 살 때 받은 영수증을 가지고 왔지? 그거랑 이불을 가지고 가면 교환이나 환불을 해 줄 거야.
여자: 그런데 할인을 많이 받은 물건이라서 환불은 안 된다고 했어.
남자: 그 가게는 물건이 많으니까 우리 집 침대 크기에 맞는 이불도 있을 거야. 가서 맞는 크기로 바꿔.

10. 여자: 한국 전통 요리책은 어디에 있는지 알려주시겠어요?
남자: 이 통로 끝에 사전 코너가 있는데 거기서 오른쪽으로 돌면 요리책 코너가 있습니다. 오늘 새로 나온 책도 몇 권 있으니 한번 보세요.
여자: 과자를 만드는 방법이 나온 책도 있나요?
남자: 네, 같은 코너에 있습니다. 여러 나라 과자를 만드는 책들이 있으니 그쪽에 가셔서 필요하신 것을 찾아 보세요.

11. 여자: 선생님이 지난번에 처방해 주신 약을 먹고 두통이 많이 나았어요.
남자: 효과가 있다니 다행입니다. 다른 불편하신 것은 없으십니까?
여자: 환절기여서 그런지 이번 주 내내 목이 아프고 코가 막히네요.
남자: 감기에 걸리신 것 같습니다. 감기약을 처방해 드릴 테니까 처방전을 받아서 약국으로 가세요.

12. 여자: 신입 사원 오리엔테이션 일정을 잡아야 하는데 언제가 좋을까요?
남자: 다음 주 수요일이 어때요? 직원들 급여와 복지에 대한 자료도 준비하려면 시간이 조금 걸릴 것 같거든요.
여자: 좋아요. 지금 회사에서 제공하는 휴가와 병원 혜택 등 복지에 관한 자료는 제가 준비하겠습니다.
남자: 그렇게 해 주면 좋겠네요. 그리고 오리엔테이션 때 먹을 점심도 주문해 주세요.

※ [13~16] 다음을 듣고 내용과 일치하는 것을 고르십시오. (각 2점)

13. 여자: 백화점에서 파는 옷을 온라인 쇼핑몰에서 사면 더 싸다면서?
남자: 응, 배송을 받는 데 며칠 걸리긴 하지만 10% 정도 더 싸게 살 수 있어. 급하지만 않으면 같은 옷을 저렴하게 살 수 있으니까 좋지.
여자: 회원 가입을 해야 주문할 수 있어? 요즘 개인 정보 유출 문제도 있고 해서 회원 가입은 안 하고 싶은데.
남자: 회원이 아니어도 주문할 수 있어. 결제하는 카드에 따라 할인 혜택이 있으니까 잘 알아보고 하면 좋을 거야.

14. 여자: 안녕하십니까? 저희 열차를 이용해 주셔서 감사합니다. 승객 여러분들께 쾌적하고 즐거운 여행을 위해 부탁 말씀 드리겠습니다. 휴대 전화는 진동으로 바꿔 주시고 통화를 하실 때는 작은 목소리로 하시거나 객실 밖 통로를 이용해 주시기 바랍니다. 또한 어린 자녀들이 소란을 피우지 않도록 보살펴 주시기 바랍니다. 승강장과 열차 내 모든 장소는 금연 구역입니다. 여러분과 다른 승객들의 건강을 위해 협조해 주시고 쓰레기는 객실 밖 통로에 있는 휴지통에 넣어 주시기 바랍니다. 감사합니다.

**15.** 남자: 다음 소식입니다. 2년 전부터 시범 사용되던 도로명 주소를 내년부터 전국에 걸쳐 사용하게 되었습니다. 지번 주소는 오랜 세월 동안 사용되면서 번호가 뒤섞이고 복잡해져서 목적지를 제대로 찾기가 어려웠습니다. 이러한 불편함을 보완하고자 도로명 주소를 도입했습니다. 도로명 주소는 도로 시작점에서 20m 간격으로 왼쪽은 홀수, 오른쪽은 짝수로 건물 번호를 부여하여 모르는 건물도 찾기가 쉬워집니다. 그렇지만 100여 년간 사용된 주소를 하루아침에 바꾸기란 쉽지 않을 것입니다. 도로명 주소가 완전히 정착되는 데에는 상당한 시간이 필요할 것으로 보입니다.

**16.** 여자: 소장님, 충남 보건소에서 걷기 홍보 안내판을 제작하여 공원이나 아파트에 설치하셨다면서요? 어떤 이유에서 걷기 홍보 안내판을 제작하셨습니까?

남자: 걷기는 특별한 장비나 경제적인 투자가 없어도 할 수 있는 가장 안전한 운동입니다. 그런데 저희 지역 주민들이 다른 지역에 비해 많이 걷지 않는다는 조사 결과가 나와서 안내판을 제작하게 되었습니다. 걷기는 나이 드신 분들이나 어린이들, 처음 운동을 시작하는 사람, 임산부, 건강이 좋지 않은 사람 등 모든 주민들이 실천할 수 있는 쉬운 운동으로 체지방을 감소시키고 성인병을 예방하는 데에 효과가 있습니다. 모든 주민들이 걷기 운동을 통해 건강을 찾고 활기찬 생활을 하면 좋겠습니다.

※ [17~20] 다음을 듣고 남자의 중심 생각을 고르십시오. (각 2점)

**17.** 남자: 더운 여름철에 자율적인 복장을 허용해 주는 회사들이 많이 늘었어요.

여자: 가끔 반바지를 입거나 회의 때 티셔츠를 입은 직원들을 보면 좀 성의가 없어 보여요. 그래도 회사에서는 정장을 입는 것이 단정해 보이고 좋죠.

남자: 요즘 같은 날씨에 와이셔츠를 입고 넥타이를 매면 덥고 힘들어요. 편하고 시원한 옷을 입고 일하면 업무의 효율적인 면에서도 도움이 되지 않을까요?

**18.** 남자: 가방에 있는 종이들은 다 뭐야?

여자: 아, 이거? 영수증들이야. 며칠 정리하지 않으면 영수증이 이렇게 모이네. 카드 번호 등 개인 정보가 있으니 그냥 버릴 수 없잖아.

남자: 카드 회사에 신청하면 문자 메시지로 카드 사용 정보를 알려 주니까 영수증을 받을 필요가 없어. 영수증을 필요한 경우에만 발행하면 좋겠어. 우리나라는 종이도 다 수입해야 하는데 말이야.

**19.** 남자: 요즘 인기 가수가 뮤지컬에 출연하는 경우가 많아졌어.

여자: 인기 가수가 나와야 사람들이 많이 관람하러 오니까 제작하는 회사에서는 인기 가수들을 필요로 할 것 같아.

남자: 인기 가수들은 일정이 바쁘니까 연습에 자주 참여하지 못하잖아. 노래와 춤, 연기까지 완벽하게 갖춰져야 할 뮤지컬 무대에서 연습이 없이는 좋은 공연을 보여줄 수 없다고 생각해.

여자: 네 말도 맞아. 하지만 난 인기 가수의 출연이 뮤지컬 시장을 더 성장하게 만든다고 생각해.

**20.** 여자: 권 원장님, 원장님 동물 병원은 치과 전문 병원이라고 들었습니다. 치과 전문 병원을 만드신 이유는 무엇입니까?

남자: 사람들처럼 동물들도 다양한 질병에 걸립니다. 수의사 한 사람이 다양한 질병을 치료하는 것은 한계가 있습니다. 실제로 다른 병원에서 치료를 하다가 힘들어서 저희 병원으로 보내진 경우가 많습니다. 동물 치아의 신경 치료가 생각보다 까다롭거든요. 증세도 다르고요. 안 그래도 문을 닫는 동물 병원이 많은데 치과 전문 병원은 영업이 될까 걱정하시는 분들도 많습니다. 그러나 동물도 사람과 같은 고통을 느낀다고 생각하면 다양한 전공의 전문 수의사들이 많이 필요하다는 것을 이해하실 수 있을 겁니다.

※ [21~22] 다음을 듣고 물음에 답하십시오. (각 2점)

여자: 이렇게 더운 날에는 냉면을 먹으면 딱 좋을 것 같아. 냉면 먹고 후식으로는 팥빙수 어때?

남자: 이열치열이라는 말 모르니? 오늘 같은 날에는 삼계탕이 좋지.

여자: 가만히 있어도 땀이 줄줄 흐르는 이런 날에 뜨거운 삼계탕을 먹자니 너무해. 난 땀 흘리면서 뜨거운 음식 먹기는 싫은데…….

남자: 더운 날일수록 뜨거운 음식을 먹고 땀을 흘리면 더 시원하게 느껴질 거야. 게다가 삼계탕에는 인삼과 대추도 들어 있어서 영양 보충도 되잖아.

※ [23~24] 다음을 듣고 물음에 답하십시오. (각 2점)

여자: 뉴스에서 어린이집이나 유치원에서 사고가 나는 소식을 보면 아이를 맘 편히 맡기지 못하겠어.

남자: 부모들이 안심하고 아이를 키운다는 생각으로 만든 공동 육아 몰라? 공동 육아는 단순히 아이를 맡기는 것이 아니라 부모들이 직접 운영에 참여하는 거야.

여자: 그런 게 있어? 무엇보다도 부모들이 참여하는 거라니까 믿을 수 있겠다.

남자: 나도 우리 동네에서 뜻을 같이 하는 부모들이 자금을 모아 협동조합을 만들어서 공동 육아를 하고 있어. 식단에서부터 교육 과정도 부모들이 같이 의논해서 정하니까 믿을 수 있어서 참 좋아.

※ [25~26] 다음을 듣고 물음에 답하십시오. (각 2점)

여자: 게임 하나로 지구를 지키는 분이 있다고 해서 화제입니다. 김 대표님, 게임에서 나무를 키우는 것이 실제 나무를 키우게 되는 거라고 하던데 그게 가능한 일입니까?

남자: 네. 가능합니다. 저희 회사에서는 게임을 이용하는 사람이 게임 속에서 가상의 나무를 키우면 사막이나 자투리땅에 실제로 나무를 심습니다. 이 뿐 아니라 배우나 가수를 좋

아하는 팬들이 기금을 모으면 그 팬들이 좋아하는 스타의 이름을 딴 숲을 만들어 줍니다. 사업을 시작한 지 5년 만에 약 51만 그루의 나무를 심었습니다. 축구장 164개 정도를 합쳐 놓은 규모이죠. 그 숲에서 나오는 산소는 하루 동안 약 10만 명이 사용할 수 있는 양입니다. 즐거운 마음으로 다 같이 나무를 심다 보면 20년 후에는 지금과는 다른, 환경이 잘 보존된 살기 좋은 지구가 되어 있을 겁니다.

※ [27~28] 다음을 듣고 물음에 답하십시오. (각 2점)

여자 : 주변 사람들을 보면 거의 아이가 한 명이야. 둘 이상 낳은 집은 별로 없는 것 같아.

남자 : 내 주변도 그래. 취직도 힘들고 결혼 비용도 많이 드니까 결혼하는 시기도 점차 늦게 되고 그러다보니 사람들이 아이를 낳는 데에도 소극적이 되는 것 같아.

여자 : 그렇지만 저출산이 지속되면 경제 활동 인구가 줄어들게 되잖아. 그럼 결국 젊은 세대가 짊어져야 하는 부담이 늘어나게 되고 나라 경제 규모는 줄어들게 될 거야.

남자 : 아이를 많이 낳으면 육아에 드는 비용이 늘어나니까 당연히 부모들의 경제적 부담이 커지잖아. 그러다 보니 국가의 미래 경제에 대해서 생각할 여유가 없는 것 같아.

여자 : 출산율을 높이려면 자녀 양육에 따르는 경제적인 부담을 줄일 수 있는 정책과 육아 때문에 여자들이 직장에서 불이익을 받지 않는 정책들이 국가 차원에서 마련되어야 할 것 같아.

※ [29~30] 다음을 듣고 물음에 답하십시오. (각 2점)

여자: 여러분, 세탁을 했는데도 옷에서 이상한 냄새가 나서 불쾌했던 경험이 있으십니까? 이는 세탁기 오염이 그 원인인 경우가 많은데요. 오늘은 세탁기 청소에 대해 알아보겠습니다. 세탁기 청소를 하지 않으면 왜 이런 일이 생깁니까?

남자: 세탁기는 물을 사용하기 때문에 항상 습기가 남아 있습니다. 따라서 정기적으로 관리하지 않으면 습기로 인해 곰팡이나 세균들이 빠르게 번식해서 가족들의 건강을 해치게 됩

니다. 세탁기 내부는 세제 찌꺼기와 각종 곰팡이 등으로 가득 차 있습니다. 세균의 양은 화장실 변기의 100배가 넘습니다. 내부에서 나오는 악취는 말도 못할 정도입니다. 세탁기를 청소하지 않고 방치하면 세균이나 곰팡이들이 세탁물에 묻어 천식과 같은 각종 호흡기 질환을 일으키기도 합니다. 따라서 가족들의 건강을 위해 세탁기 뚜껑은 항상 열어두고 세탁기는 한 달에 두세 번 정도는 청소를 하는 것이 좋습니다.

※ [31~32] 다음을 듣고 물음에 답하십시오. (각 2점)

여자: 강력 범죄자의 실명과 얼굴을 공개하도록 개정한 법은 범죄자 인권 침해의 소지가 있다고 생각합니다.

남자: 모든 강력 범죄자를 공개하는 것은 아닙니다. 강력 범죄자의 실명과 얼굴이 공개되는 경우는 범죄 사실이 확실하고 재범 가능성이 있으며 범죄자가 청소년이 아닌 경우입니다.

여자: 그렇지만 공개 여부를 결정하는 기준이 경우에 따라 다르게 해석이 될 수도 있기 때문에 문제가 될 수 있습니다. 최근에 동일한 범죄를 저질렀더라도 직업이 없고 전과가 있는 경우 재범의 가능성을 우려해 신상이 공개된 반면 대기업에서 임원을 지냈던 경우는 신상이 공개되지 않았습니다.

남자: 개개인의 권리도 중요하겠지만 공익을 위해서 강력 범죄자의 실명과 얼굴 공개는 필요합니다. 국민에게 정확한 정보를 알리고 범죄자를 심리적으로 압박하여 같은 범죄를 다시 저지르지 못하게 하는 효과가 있습니다.

※ [33~34] 다음을 듣고 물음에 답하십시오. (각 2점)

여자: 많은 부모들이 자녀들이 결혼을 한 후에 마음 깊은 곳이 비어 있다는 느낌에 힘들어 우울증을 느낀다고 합니다. 바로 이런 증세를 빈둥지 증후군이라고 합니다. 이런 경우 많은 사람들은 술에 의존하거나 지나치게 일에 몰두함으로써 문제 해결을 하려고 하는데 과음과 과로와 같은 자기의 몸과 마음을 파괴하는 습관과 행동은 문제를 해결하는 방법

이 될 수 없습니다. 빈둥지 증후군에서 벗어나기 위해서는 부부가 서로 이해하고 도우려는 마음가짐을 가져야 합니다. 빈둥지 증후군은 특히 자녀와 남편의 뒷바라지에 헌신한 전업 주부들에게 많이 나타나는 현상인데 부부가 가사에 대한 책임을 분담하며 주부들이 자신의 취미 생활을 할 수 있도록 배려하는 것이 필요합니다. 무엇보다도 중요한 것은 부부 각자의 솔직한 희망과 꿈을 이야기하고 서로 그 꿈을 이룰 수 있도록 도와주는 것이 좋습니다.

※ [35~36] 다음을 듣고 물음에 답하십시오. (각 2점)

남자: 오늘 장학금 전달식에 참석해 주신 여러분들, 진심으로 감사합니다. 저희 서대문구 체육회에서 올해로 벌써 1,000명의 장학생을 배출하게 되었습니다. 장학생으로 선정된 학생들은 다양한 체육 경기에서 우수한 성적을 보이며 한국의 체육계를 짊어질 인재로 성장하고 있습니다. 장학생 여러분, 앞으로 어려운 역경이 오더라도 꿈을 향해 끊임없이 도전하십시오. 또 지금 가슴에 품고 있는 운동에 대한 열정도 늘 간직하시기 바랍니다. 또한 여러분이 세계적인 선수로 성장해서 여러분의 후배들이 스포츠 꿈나무로 성장할 수 있는 디딤돌이 되어 주시기 바랍니다. 앞으로도 저희 체육회는 우수한 학생들의 성장을 위해 관심과 지원을 아끼지 않을 것을 약속 드립니다.

※ [37~38] 다음은 교양 프로그램입니다. 잘 듣고 물음에 답하십시오. (각 2점)

여자: 교수님, '나를 찾아 떠나는 여행'이라는 강좌가 학생들 사이에서 큰 인기를 끌고 있다면서요? 어떤 수업인지 설명해 주시겠어요?

남자: 이 강의는 특강과 체험 활동으로 이루어져 있습니다. 매주 다양한 분야에서 활발하게 활동하는 분들이 강연자로 오시는데 이번 학기에는 국회의원, 한국 항공 우주 연구원 원장님, 영화배우, 방송국 감독 등의 특강이 진행되고 있습니다. 체험 활동으로는 1박 2일 동안 사찰 경험을 하는 템플 스테이를 진행합니다. 우울증과 폭력이 증가하는 각박

한 현대 사회를 살아가는 우리들에게 가장 필요한 것은 성찰이라고 생각합니다. 템플스테이 체험은 학생들이 스스로 자신의 내면을 들여다보면서 참된 자신을 찾고 일상에 지친 심신을 치유할 수 있는 좋은 기회가 될 것입니다. 이 강의를 듣는 학생들이 때로는 채우고 때로는 비우는 과정을 통해 넓은 시야를 가지고 자신만의 진정한 삶을 살게 되기를 바랍니다.

※ [39~40] 다음은 대담입니다. 잘 듣고 물음에 답하십시오. (각 2점)

여자: 공연장과 영화관에서의 촬영 행위는 다른 사람들의 관람을 방해한다는 점에서도 지양돼야 한다는 목소리가 높습니다. 이렇게 창작자의 허락 없이 무단으로 복제하고 유통하는 경우가 비일비재합니다. 이 점에 대하여 어떻게 생각하십니까?

남자: 사실 공연계뿐만 아니라 출판계의 불법 복제도 고질병입니다. 대학이나 학원에서 교재를 불법으로 제본하는 일은 과거에도 있었지만 제본된 책이 온라인에서까지 판매되면서 피해가 심각해졌습니다. 이렇게 창작자들의 노력을 허사로 만드는 불법 복제의 주원인은 소비자가 저작권에 대한 인식이 부족하기 때문이라고 할 수 있습니다. 방지 대책도 중요하지만 사후 처벌에도 주의를 기울여 경각심을 강화해야 합니다.

※ [41~42] 다음은 강연입니다. 잘 듣고 물음에 답하십시오. (각 2점)

남자: 비만의 원인이 무엇이라고 생각하십니까? 흔히들 비만의 원인을 식사량과 운동 부족이라고만 생각하고 간과하는 것이 있습니다. 첫째, 유전적인 요인입니다. 부모가 비만인 경우 자녀도 비만이 될 확률이 높습니다. 둘째, 수면 부족도 비만의 중요한 원인입니다. 수면 시간이 부족하면 식욕을 조절하는 물질들의 분비에 변화가 생겨 식욕을 자극하고 비만을 유발합니다. 셋째, 약물에 의해 비만이 되는 경우가 있습니다. 일부 우울증 치료제나 당뇨병 치료제 등 호르몬제는 체중을 증가시키는 원인이 됩니다. 이처럼 비만의 원인은 다양합니다. 따라서 비만 환자는 비만의 원인을 정확하게 파악하고 자신에게 맞는 치료법을 선택함과 동시에 좋은 생활 습관을 가지도록 노력해야 합니다.

※ [43~44] 다음은 다큐멘터리입니다. 잘 듣고 물음에 답하십시오. (각 2점)

여자: 멕시코의 수도 멕시코시티 외곽에 있는 한 마을의 모습입니다. 마치 한 폭의 무지개 그림을 보는 것 같습니다. 이 마을 집들의 벽면이 여러 가지 색으로 칠해져 아름다운 산들바람의 마을로 불리게 되었습니다. 보통 멕시코 각지에서는 공사용 콘크리트 블록으로 집을 짓는데 페인트를 칠하지 않은 회색의 집들이 산 중턱까지 다닥다닥 붙어 있는 것을 쉽게 볼 수 있습니다. 밤에 보면 불빛만 반짝여 예쁘다는 탄성이 나오기도 하지만 낮에 보면 도시 미관을 해치는 콘크리트 집들에 눈살이 찌푸려지기도 합니다. 그런데 벽화 전문가로 이뤄진 예술가 단체가 이 마을의 집들을 화려하게 바꾸어 놓았습니다. 이 마을 사람들은 예전에는 이웃과 말도 제대로 하지 않고 밤에는 외출을 꺼렸었다고 합니다. 그런데 마을이 화려하게 바뀌자 마음의 문을 열고 서로 터놓고 대화를 나누게 되었습니다. 마을의 변화가 마을 사람들의 마음까지 변화시킨 것이지요.

※ [45~46] 다음은 강연입니다. 잘 듣고 물음에 답하십시오. (각 2점)

여자: 야생의 돌고래는 하루 100km를 자유롭게 헤엄치며 살아있는 물고기 10~12kg을 먹습니다. 두뇌가 인간보다 더 커 복잡한 감정을 느끼고 사회성도 뛰어납니다. 그런 돌고래가 살기에 10m 안팎의 수조는 너무나 비좁습니다. 또한 돌고래는 친척끼리 무리 지어 살기 때문에 각지에서 포획한 돌고래들을 한 수조에 넣어도 사회적인 관계를 형성하지 않습니다. 관람객의 환호, 박수, 음악 소리도 돌고래에게 스트레스를 줍니다. 야생 돌고래의 수명이 30~50년인데 반해 수족관에서 태어난 돌고래의 수명은 4년 정도에 불과합니다. 자연의 삶을 박탈당한 돌고래의 애처로운 삶의 단면을 보여주는 것이지요. 따라서 돌고래 관광은 자연에서 실제 모습을 관찰하는 생태 관광으로 전환해야 합니다. 생태 관광은 자연 보호와 지역 경제 두 마리 토끼를 잡을 수 있는 방법입니다.

※ [47~48] 다음은 대담입니다. 잘 듣고 물음에 답하십시오. (각 2점)

여자: 최근 기업들의 이미지가 경영 활동에 영향을 주는 일이 점점 증가하고 있습니다. 따라서 기업 이미지에 대한 관심도 증가하고 기업 이미지를 관리하는 일도 중요해졌습니다. 요즘 같은 시대에 좋은 기업 이미지를 만들고 유지하기 위해서는 어떤 노력이 필요할까요?

남자: 기업이 좋은 이미지를 만들기 위해서는 상품의 품질도 중요하겠지만 무엇보다도 소비자들이 신뢰할 수 있는 기업이라는 믿음을 주는 것이 가장 좋은 방법입니다. 호의적인 기업 이미지가 구축된 경우에는 위기가 닥치거나 수익이 줄었을 때도 회복 속도가 빠릅니다. 평소 정직한 경영을 꾸려갔다면 기업의 일시적인 잘못과 결점에 사람들이 크게 반응하지 않기 때문입니다. 많은 시간과 노력을 들여 만들어진 기업의 이미지라도 무너지는 것은 한순간입니다. 좋은 이미지 구축도 필요하지만 지속적인 관리가 중요하다는 것이지요. 기업의 좋은 이미지를 유지하고 강화하기 위해서는 기업들이 이미지 관리의 중요성을 인식하고 시간과 비용 등의 경영 지원을 아끼지 않아야 합니다.

※ [49~50] 다음은 강연입니다. 잘 듣고 물음에 답하십시오. (각 2점)

남자: 현재 전 세계에서 유일하게 분단되어 있는 나라는 바로 한국입니다. 한국은 2차 세계 대전이 끝나고 강대국들의 정치적 이해관계에 의해 남과 북으로 갈라졌습니다. 뿐만 아니라 1950년에는 전쟁이 벌어지기까지 했습니다. 한국전쟁으로 남북한을 합쳐 약 500만 명의 사상자가 발생했으며 남한의 경우 제조업의 반 정도가 파괴되어 경제적으로도 큰 손실이 있었습니다. 그런데 한국전쟁은 아직 끝난 것이 아닙니다. 전쟁 후 약 60여 년 동안 남한과 북한이 각각 다른 정치 체제를 유지해 오면서 오늘날에도 이념적으로 대립하고 있고 군사적으로도 늘 충돌 위험에 노출되어 있습니다. 이러한 한반도의 긴장을 완화하고 통일을 이루기 위해서는 민간 차원의 교류를 활발히 하고 상호 대화를 통해서 군사적 긴장을 완화시킬 필요가 있다고 봅니다.

최신판
한국어능력시험 II

토픽을 체계적으로 공부하기 위한

# 연세 토픽 II 듣기

유형과 실전

http://press.yonsei.ac.kr